RRETOS HHUMANOS

TIEMPOS DE PANDEMIA

Rosa Allegue, Juan Antonio Esteban Bernardo,
Luis Expósito Rodríguez, Aurora Herráiz Águila,
Astrid Nilsen de la Cuesta, Tomás Otero Pino,
Manuel Pozo Gómez, Lorenzo Rivarés Sánchez,
Enrique Rodríguez-Balsa, Julio Rodríguez Díaz,
Beatriz Soriano Muñío, Juanjo Valle-Inclán Bustamante

KOLIMA BOOKS

Categoría: Directivos y líderes

Colección: Gestión de personas y del talento

Título original: *RRetos HHumanos.*
Tiempos de pandemia

Primera edición: Septiembre 2021
© 2021 Editorial Kolima, Madrid
www.editorialkolima.com

Autores: Rosa Allegue, Juan Antonio Esteban Bernardo, Luis Expósito Rodríguez, Aurora Herráiz Águila, Astrid Nilsen de la Cuesta, Tomás Otero Pino, Manuel Pozo Gómez, Lorenzo Rivarés Sánchez, Enrique Mª Rodríguez Balsa, Julio Rodríguez Díaz, Beatriz Soriano Muñío, Juanjo Valle-Inclán Bustamante

Dirección editorial: Marta Prieto Asirón

Maquetación de cubierta: Sergio Santos Palmero

Maquetación: Carolina Hernández Alarcón

Colaboradora: Mercedes Galán García

ISBN: 978-84-18811-24-1
Depósito legal: M-24731-2021

Por Lourdes.
Por Juan Antonio.

ÍNDICE

PRÓLOGO

Es realmente curiosa la obsesión que tienen los seres humanos por ser humanos y la cantidad de consejos y sugerencias que se les hacen en este sentido para alcanzar la excelencia en la materia. A lo mejor bastaría con convencerlos de que los seres humanos son siempre forzosa e inevitablemente humanos «velis nolis» y cualesquiera que sean sus talentos, virtudes o capacidades.

Prologar un libro de relatos o retratos humanos no es por ello cosa sencilla. En los dos primeros volúmenes, Paolo Vasile y Carme Chaparro lo han hecho con decisión y sin darle más vueltas de las necesarias. Yo pretendo hacerlo con dudas de todo género y dándole revueltas hasta el límite del mareo porque ellos ya han ocupado todo el terreno por cubrir y todas las ideas sensatas aplicables. Mi propuesta sería hacer una colección de historias inhumanas para que los lectores pudieran comparar los dos extremos y llegar a conclusiones que muy probablemente representarían el término medio entre lo uno y lo otro porque, como dice el refrán romano, «in medio stat virtus».

La humanidad ha dado todo género de ejemplos de comportamientos, incluyendo los más dramáticos y los más brillantes, y ese proceso dual continuará «sine die».

Ojalá algún día acaben siendo un yin-yang en donde las fuerzas distintas sean opuestas pero interdependientes y tengan capacidad para transformarse en sus opuestos.

Sugiero, con otros que lo han hecho antes, eliminar la palabra recursos y sustituirla por activos, o cualquier otra mejor que dignifique a los trabajadores y su función en la empresa. Y ya puestos, seguir perfeccionando las medidas para humanizar el trabajo y no darnos ningún descanso en esta tarea decisiva.

Antonio Garrigues Walker
Presidente de Honor del bufete Garrigues
Presidente de la Fundación Garrigues
Presidente de Honor de España con ACNUR

INTRODUCCIÓN

Muchas cosas han sucedido en nuestras vidas desde que en agosto de 2015 un grupo de profesionales vinculados a los Recursos Humanos decidimos embarcarnos en la maravillosa aventura de escribir un libro. Si hacemos un repaso rápido nos puede parecer hasta mentira cuántas cosas pueden pasar en la vida de once personas en tan pocos años. En lo literario conseguimos publicar aquel primer libro con la editorial LID (*RRelatos HHumanos*, 2016), y le dimos continuidad con un segundo libro publicado por la editorial Kolima (*RRetratos HHumanos*, 2019). En lo personal hemos vivido matrimonios, el nacimiento de nuevos hijos, enfermedades severas, el fallecimiento de los seres más queridos, cambios importantes en la trayectoria profesional, la jubilación de algunos miembros del equipo y también hemos sufrido una pandemia.

El grupo inicial se ha modificado ligeramente. En este tercer proyecto no nos han podido acompañar ni Ana López Seisdedos ni Carlos Cid Babarro, pero se han incorporado tres mujeres, Aurora Herráiz, Beatriz Soriano y Astrid Nilsen, con lo que hemos aumentado el grupo a doce personas. Nuevas voces, perspectivas nuevas, que nos han traído como fruto una mayor diversidad. En aquel primer libro hablábamos de las emociones, y tuvimos presente que lo humano está antes que el recurso y que las personas son el valor más importante que tiene la empresa. En el segundo encontramos que el tema de fondo deberían ser los valores, y nos inspiramos en una cita de Albert Einstein, que se extendió por el libro como un hilo conductor perfecto: «Procure no ser un hombre de éxito, sino un hombre de valores». Este tercer libro es más personal, más intimista, pues sus relatos dejan más desnudo que nunca a cada autor. Por fuerza, en este contexto una palabra tenía que brillar más que las demás: sentimiento.

Y esto es lo que se va a encontrar el lector en este libro de doce relatos: sentimientos. Porque no podemos eludir el hecho de que hemos vivido un confinamiento, de que nuestros horarios, nuestras costumbres, el mundo laboral, y también nuestras relaciones personales y familiares, se han visto modificados por esta pandemia. Por ello, porque la realidad no se puede esquivar, el lector se va a encontrar con nuestros sentimientos, que le llegarán a través de los personajes de este libro, y principalmente a través de nuestra protagonista, Irene Díaz de Otazu, directora del departamento de Recursos Humanos de la empresa Green Technology, que con el paso del tiempo y de tres libros se ha vuelto más sensible y más humana, aunque también se ha ganado unos cuantos detractores. Desde luego nuestra Irene es una persona que no pasa desapercibida.

Pero no hemos querido quedarnos bloqueados en una época removiendo nuestras lamentaciones. Hemos querido hurgar en lo más profundo del tiempo de reflexión que nos ha tocado vivir para buscar una salida airosa, positiva y optimista, pensando que después de la pandemia hay algo más, que hay un nuevo tiempo al que nos tendremos que adaptar para afrontar la vida con entusiasmo y fortaleza.

Este tercer libro es ante todo un libro de amor que nace para mantener vivo el recuerdo de Lourdes, la esposa de Juan Antonio Esteban, a quien está dedicado el libro. «El dolor de ahora es parte de la felicidad de antes. Ese es el trato». La cita del británico Clive Staples Lewis no puede ser más acertada para iniciar el primer relato del libro, «La distancia», un auténtico poema de amor que Juan Antonio Esteban escribe en recuerdo de Lourdes.

No puede faltar el homenaje a las personas mayores que con tanta entereza y ejemplaridad han transitado por este tiempo de sombras. «Sourire, toujours sourire», de Manuel Pozo, un relato que toma su nombre de una canción de Joséphine Backer, y «El hada del vergel», de Aurora Herráiz, son el claro homenaje a la generación que tiene ahora alrededor de ochenta años. En este contexto de honrar a nuestros mayores y a la tierra que les vio nacer situamos también el relato «Todos los hombres que fui», de Julio Rodríguez Díaz, que sorprenderá al lector por su lírica, por la belleza descriptiva de sus paisajes... y por algo más imposible de anticipar en esta introducción.

La COVID-19 nos ha puesto las cosas difíciles en lo personal y en lo laboral, obligándonos a sacar lo mejor de nosotros mismos. Hay relatos que describen nuestra inmensa capacidad de superación personal de cualquier obstáculo. Son relatos que emocionarán al lector porque se verá innegablemente reflejado en sus personajes y en su lucha por sobreponerse a las adversidades. «Retazos Humanos», de Lorenzo Rivarés, nos presenta la dignidad de un discapacitado en una empresa llena de hostilidades y luchas de poder. Y «María se hizo invisible», de Astrid Nilsen, nos demuestra que, con tenacidad y astucia, las nuevas situaciones que se han producido en las empresas, que han traído un impulso tecnológico, ocultan herramientas que bien aprovechadas pueden contribuir al desarrollo personal. Este relato tiene continuidad en «La reina multitarea en el embudo del amor», de Beatriz Soriano, en el que la protagonista nos revela las extrañas amistades y alianzas que se tejen a través de las redes sociales y cómo estos nuevos círculos de amistad pueden ayudar a superar los problemas.

Pero si queremos destacar un relato que contiene un verdadero ejemplo de superación personal hay que leer «Una de las ocho», de Rosa Allegue. Estoy convencido de que muchos lectores no se conformarán con una única lectura y una vez terminado volverán al inicio para recrearse en lo emocionante de sus líneas. A estas alturas del libro el lector habrá descubierto la carga personal que hay detrás de cada personaje, y le será difícil separar qué pertenece a los protagonistas de la historia y qué al autor de cada relato.

«El problema eléctrico», de Tomás Otero, viene a incidir en las posibilidades tecnológicas que ha abierto esta nueva etapa y en lo necesario de encontrar nuevas perspectivas y nuevas personas que permitan desbloquear los problemas y las relaciones estancadas.

«Mi mejor año», de Enrique Rodríguez-Balsa y «El club de los siete», de Luis Expósito, son relatos endogámicos, metaliterarios, ya que hablan de nuestro grupo y de las actividades que hemos realizado al margen de estos libros que hemos escrito. Tocando de manera tangencial el mundo de los Recursos Humanos, plantean una visión personal y optimista de cómo afrontar una época de crisis y de cómo ayudar a los demás en momentos difíciles como los que nos ha tocado vivir. Desde la conversación entre dos amigos en un café con tintes literarios que se plantea en «Mi mejor año» hasta los múltiples escenarios que se nos presentan en «El club de los siete», el lector se ve inmerso en una búsqueda personal para abrir nuevos caminos a recorrer en la vida, ya que las viejas sendas por las que transitábamos en el pasado se han cerrado por distintas circunstancias.

Pero hemos dicho que no nos queremos quedar anclados en el presente, que queremos mirar hacia el futuro. No se me ocurre mejor cierre para nuestro tercer libro que un relato futurista y distópico como el que ha escrito Juanjo Valle-Inclán con el título «Jaque mate en tres». Juanjo nos sitúa en la España de 2034, tan cerca y tan lejos, año en el que las cosas en España habrán cambiado de manera significativa. Esperamos que podamos avanzar juntos hacia ese 2034 que está a la vuelta de la esquina y que nuestras historias, lector, te hagan más llevadero el camino.

MANUEL POZO GÓMEZ
COORDINADOR LITERARIO DE LA OBRA

I. LA DISTANCIA

«El dolor de ahora es parte de la felicidad de antes.
Ese es el trato».
C.S. Lewis

En las primeras semanas de la pandemia todos estábamos un poco aturdidos. La empresa nos había mandado a trabajar a casa y nuestro día a día era frenético.

Pasábamos la jornada, y mucho más, enfrente del ordenador y enganchados al teléfono. Los primeros días de tele-trabajo habían transcurrido entre la incredulidad y una mezcla de euforia por la sensación de libertad al quedar fuera del escrutinio físico de compañeros y jefes, y de incertidumbre por lo que significaba la amenaza del virus. Se había generado una necesidad compulsiva de estar activos y en contacto, negando la realidad del confinamiento.

Era extraño mirar por la ventana y ver la calle desierta. La enfermedad aún era un enemigo invisible, una cifra que había que creerse. Lo único tangible eran los aplausos en el frío de la noche. Ver a todo al mundo asomado a las ventanas provocaba la sensación de estar viviendo una película. Éramos prisioneros en una cárcel familiar y nos asomábamos por las rejas de nuestras celdas para aplaudir a los carceleros.

Recuerdo que ese día estábamos en una videoconferencia todos los directores de departamento, con el director general. Era la tercera de la tarde y estaba siendo especialmente complicada. Por alguna razón había un problema en la red y nos escuchábamos con retardo. Un retraso breve, pero lo suficiente para que las conversaciones se solaparan de manera incómoda.

En esas reuniones nadie se mira a los ojos. Todos están observando desde arriba un punto indeterminado, y así es difícil mantener una conversación con un mínimo de humanidad. La mayoría de los hombres se habían dejado crecer la barba, en una inconsciente protesta por el encarcelamiento, o quizás era una señal rebelde de abandono, como si estuvieran de vacaciones.

Recuerdo lo que estaba pensando cuando el teléfono sonó, porque confieso que me fascinan los segundos planos. Me gusta mirar la decoración del hogar, lo que hay detrás de las caras y adivinar —o imaginarme—, algo personal de la vida de los demás.

Era una llamada de la empresa de Mario. Había perdido el conocimiento. El asunto parecía muy grave y una ambulancia con UCI se lo acababa de llevar.

* * *

Del hospital recuerdo el silencio.

Las salas de espera de Urgencias parecen haber sido diseñadas especialmente para ser odiadas. Esa noche el panorama helaba el alma. En plena pandemia estaba llena, pero todos allí parecíamos estar solos. Nadie se atrevía a mirar a nadie. Solo se oían las toses. Los enfermos, a la espera de que se les llamara; y los familiares, separados, inmóviles y cabizbajos.

Recuerdo el camino en el coche hacia el hospital. En realidad recuerdo la sensación física que me acompañó. Y si me esfuerzo un poco, aún soy capaz de sentirla de nuevo. Un vacío en la boca del estómago, como si tuviera ahí dentro una mano invisible que hubiera cerrado el puño oprimiendo todo lo que encontraba y una pesadez en la frente que me cerraba los ojos y me nublaba el pensamiento, dejando solo y en primer plano la incertidumbre y el miedo.

Recuerdo, como envuelta en niebla, la primera conversación con el médico: «Su marido ha sufrido un síncope provocado por un ictus frontoparietal derecho. Es grave, muy grave, y estas primeras cuarenta y ocho horas son críticas». Recuerdo la flojedad en las piernas y cómo iba oyendo su voz cada vez más lejos. Recuerdo haberme dejado caer en la silla sin atreverme a mirar a nadie.

Me entregaron sus cosas en una impersonal bolsa gris. Casi con escalofríos guardé en mi bolso su cartera, su reloj y cogí su teléfono. Lo encendí para tratar de entender qué había pasado, pero también, qué absurdo, para sentirme más cerca de él. Abrí su wasap, por si había mensajes. Encontré uno, inacabado. «Cielo, ¿qué tal vas? ¿Y si preparas». Lo último que Mario había estado haciendo antes del ataque era intentar hablar conmigo.

* * *

El tiempo en los hospitales es distinto que en el resto del mundo. En la frontera de la sala de espera transcurre con cuentagotas. Imaginas que dentro están pasando muchas cosas, y todas afectan a tu vida. Ves médicos y enfermeras moviéndose con indiferencia, y esa falta de empatía con tu angustia te hiere. Cuanto más tiempo pasa, más te consumes. Cuanto más tiempo pasa, más te convences de que todo está peor.

Recuerdo haber pensado que los prisioneros de los campos de concentración debieron pasar por algo muy parecido. Tanto tiempo sin hacer nada, en una espera programada para destruir poco a poco su esperanza.

Recuerdo haber deseado no tener dos hijas para no sufrir la tortura de tener que llamarlas para ver cómo estaban, decirles que se hicieran la cena y tranquilizarlas como si no pasara nada. Cómo odié a cada miembro de la familia que me llamó o me mandó un mensaje, seguros desde el cobijo de sus casas, para preguntarme. Recuerdo cómo me apuñalaba la envidia cada vez que veía a un paciente irse con el alta.

Recuerdo con una claridad muy vívida cuando me llamaron por segunda vez, la impresión que me produjo el médico tras su traje de protección, lo alejada que sonaba su voz, como la de un robot, y lo sola e indefensa que me sentí.

–Vamos a llevarlo a la Unidad de Cuidados Intensivos... No, no puede quedarse con él... las normas son muy estrictas... Su seguridad y la de todos... Solo le permitimos verle unos segundos, en el traslado... La informaremos por teléfono...

Y recuerdo, sobre todo recuerdo, el esfuerzo que me costó poner mi mejor cara para sonreír a Mario cuando su camilla pasó a mi lado. Tenía los ojos entreabiertos y no sé si miraba; me pareció que hacía amago de levantar la mano para intentar coger la mía sin conseguirlo, y mientras veía cómo se lo llevaban los enfermeros envuelto en máquinas, no pude evitar preguntarme si sería esa la última vez que iba a ver a mi marido vivo.

* * *

La gente me pregunta cómo puedo ser tan fuerte.

A mí me parece que todos somos lo suficientemente fuertes si se nos ponen las pruebas adecuadas para demostrarlo.

Hace un año yo tenía una vida plácida. Plácida, sí. Un trabajo llevadero que casi me gustaba, y eso que Green no es una empresa fácil. Un buen marido que me quería y al que amaba, y unas hijas que crecían felices.

Pero la pandemia llegó a escondidas, aprovechándose de nuestra ingenuidad, para cambiarnos la vida para siempre. Para algunos fue una molestia larga e incómoda que puso a prueba su habilidad para adaptarse a cambios que no habían planeado. A otros les arrojó a la cara su incapacidad para estar solos o les enseñó lo que es vivir con miedo. Y a unos cuantos nos ha enseñado que todo lo que nos une a la felicidad está atado con un nudo muy fácil de deshacer, que más nos vale no renegar de lo cotidiano, no vaya a ser que tengamos que usar esa fuerza que mantenemos escondida.

Lo que hacía más irreal la situación era el tener que hablar con los médicos por teléfono. Una llamada al final de la mañana era el parte diario. Apenas unos minutos para escuchar, con mi corazón latiendo tan fuerte que podía oírlo, los avances o retrocesos. Por muy amables que fueran, cuando colgaba me quedaba una sensación heladora de vacío. Las preguntas siempre se me ocurrían después.

Por necesaria que fuera la medida de impedir visitas a los pacientes, era de una crueldad infinita. Es un dolor imposible de compartir. No habría sido capaz de explicarle a nadie lo que se siente al imaginar la soledad de la persona a la que quieres. Se supone que de alguna manera el orden natural de las cosas de pareja te lleva a cuidar del otro hasta el final de sus días. Pero arrancarte de repente a tu ser querido sin posibilidad ni siquiera de verle es tan inhumano, tan animal... Día a día, minuto a minuto, pensando en qué hará, qué sentirá, quién y cómo le estarán cuidando, con la angustia de no poder aliviarlo estando junto a él...

Tener que pensar en la empresa de Mario mientras él estaba ingresado fue un salto al vacío que tuve que dar sin ni siquiera saber si llevaba paracaídas. Al principio los médicos me dijeron que la recuperación iba para largo y que podría haber secuelas severas. Enseguida supe que su ausencia no iba a ser como cuando tienes gripe o coges unas vacaciones, en las que puedes resolver cualquier problema aunque te cueste varias horas de teléfono.

Mario había heredado de su padre una imprenta de barrio en las afueras de la ciudad, que con mucho trabajo había conseguido reconvertir en una empresa de artes gráficas que vendía al mundo de la televisión y la organización de eventos.

Él llevaba esa responsabilidad de manera muy liviana, como si apenas le pesara. Ahora que yo tenía delante la tarea majestuosa y enigmática de cuidar del negocio de la familia, del futuro de mis hijas y de las casi treinta familias a las que daba de comer el negocio, me sentía muy pequeñita, algo así como estar en la base de un enorme rascacielos mirando hacia arriba.

Juan Fran era la mano derecha de Mario. Leal, abnegado y polivalente, era el escudero ideal, un complemento que lo convertía en una ayuda impagable.

Cuando le conté por teléfono que había decidido tratar de cubrir su ausencia, asumiendo el peso de compaginarlo con mi actual trabajo y el cuidado de la familia, pareció sentirse complacido.

—No te preocupes mucho por no conocer el negocio. En el fondo, da igual que imprimas carteles para saraos de la farándula o que vendas naranjas. Lo que hace funcionar a los negocios son las personas. Trata de hacer que estén a gusto y lo demás vendrá solo.

»¿Sabes? Cuando tu marido está en el taller nadie de fuera sabría decir quién es el jefe. De alguna manera él les hace sentir que no son empleados, sino personas. Es una cosa tan simple y que sin embargo hace tan poca gente...

»¿Te ha contado que los días del cumpleaños de sus hijos les da la tarde libre? Sin pedirles que recuperen las horas. Incluso les da dinero de su bolsillo para que les compren un regalo. Pues no te puedes imaginar el efecto que eso tiene. Y muchas cosas así. Luego ellos se lo devuelven con creces.

»Tú solo tienes que ser tú misma; no trates de imitarle. Procura que la gente sepa que hay alguien al frente para que no tengan miedo y déjame a mí el trabajo sucio.

Tan sencillo y tan complicado.

Sí. ¿De dónde salen las fuerzas para llevar una casa, manejar una empresa que no conoces, seguir con tu trabajo y tranquilizar a tus hijas para que hagan vida normal cuando tu marido está grave en el hospital rodeado de muerte?

¿Voy a estar a la altura? ¿Qué va a ser de mí? ¿Cómo me voy a quedar después de esto?

La voz de Juan Fran seguía sonándome en la cabeza. Necesitaba recordar su tono sereno para calmarme.

«Sobre todo, procura estar atenta y tranquila. Todas las crisis, pero esta más, sacan lo mejor y lo peor de cada uno. Va a ser el momento para las personas de verdad».

* * *

Sus palabras a lo largo del confinamiento se fueron convirtiendo en una turbadora profecía.

En Green, cada día que pasaba, la distancia nos iba desgastando sin piedad. Parecía que las paredes de las oficinas hubieran sido el dique de contención de una serie de problemas latentes, como si el contacto físico fuera el cordón umbilical que nos unía a la cordura.

La actividad también se multiplicó de manera insólita. Yo creo que en cierto modo muchos se sentían obligados a demostrar que estaban ahí, detrás del teléfono o del ordenador, y las llamadas y las videoconferencias se convirtieron en la razón que justificaba nuestro trabajo. Lo irreal de la situación apenas camuflaba el cansancio que íbamos acumulando.

Clientes, compañeros y directivos estaban confusos y asustados, y pronto se pudo ver que nadie se ponía al frente, por lo que unos y otros parecíamos náufragos que no saben nadar y se mueven de forma frenética para evitar ahogarse.

Debe ser difícil manejar el miedo de los otros cuando parte de tus obligaciones es cuidar de ellos. Los bebés se tranquilizan cuando ven el gesto de su madre u oyen su tono de voz. Pero eso tan mágico se pierde con el tiempo. No todos estaban preparados para manejar ese temor, ni el propio, ni mucho menos el de los demás.

Pero tampoco es tan fácil esconderse. Y la temeridad y la ignorancia, mezcladas con la distancia, pueden ser muy destructivas, como lo fue la torpe intervención de nuestro presidente ya bien avanzado el confinamiento.

Por aquel entonces todos nos preguntábamos, de forma más o menos abierta, adónde iba Green y cómo íbamos a salir de esta.

Nuestra relación con la empresa apenas se limitaba a recibir noticias, casi nunca buenas, desde Recursos Humanos, que además se preocupaban de hacerte ver que estaban trabajando desde la oficina, como para expiar sus decisiones.

Cuando te llamaban, o peor, te escribían un frío correo, solía ser para notificarte que te quedabas en ERTE, o si lo estabas, para decirte que ibas a trabajar aún menos. Hubiera sido de mucha ayuda que alguien explicara cosas básicas como el porqué y el para qué de esas decisiones, para no minar más el estado de ánimo de una plantilla que esperaba las noticias como los legionarios traidores esperaban la señal del centurión para ser diezmados.

Pues bien, el presidente nos convocó a una conferencia multitudinaria un viernes por la mañana a última hora. Se me pasó por la cabeza, como un presentimiento, que todos los despidos mal hechos que he visto durante mi carrera se habían hecho ese día de la semana y a esas horas.

Su discurso causó un efecto devastador. Incómodo tras la pantalla, en un tono tan optimista que parecía irreal e insultante, y con muy pocas ganas, se limitó a agradecer el esfuerzo de todos y a darnos ánimo ante lo que nos quedaba por delante, «que es mucho y desconocido». Ni siquiera tuvo la decencia de ponerse ropa adecuada para la ocasión y se dirigió a nosotros con una camiseta deportiva desde el salón de su casa, un escenario en el que detrás asomaba una bicicleta estática que no se dignó a quitar.

Sin rumbo, sin sensibilidad, con la mitad de los trabajadores de Green agotados y la otra mitad derrotados por el desaliento, no fue de extrañar que a partir de ese momento se abriera la veda para el saqueo de la moral y de los valores, como cuando en una ciudad en toque de queda se apagan todas las luces y los vecinos se lanzan a la calle de rapiña porque saben que no hay nadie al mando.

* * *

No sé cómo habría actuado yo en este estado de cosas si no hubiera ocurrido lo de Mario.

Descubrí que hay varios tipos de horror, y que cada uno puede ser más terrible que el anterior hasta el punto de anularlo.

En el hospital me repetían una y otra vez que las visitas estaban prohibidas debido a la pandemia, fuera cual fuera la causa por la que mi marido estaba hospitalizado, y que en este caso además mi presencia no iba a resultar de ayuda para el enfermo y era una práctica de riesgo para él, para mí y para los demás.

Lloré, protesté, supliqué, busqué influencias, quién sabe de lo que hubiera sido capaz para poder visitarlo. Todo en vano.

Y comprendí que la angustia es más que un estado mental: es un lastre físico, como llevar en el estómago un globo lleno de ácido que alguien ha pinchado y que va dejando escapar un hilo que te come por dentro, que no te permite olvidarte ni un segundo de tu tragedia. Tan cruel que aunque no duermas y debieras estar agotado, te mantiene no solo alerta sino en un estado de clarividencia asesino.

Vivir sin noticias cuando la persona a la que quieres se consume en la distancia se parece mucho a morir. Todos los días, al final de la mañana, el médico llamaba puntual para informar de las novedades. Una llamada corta, protocolaria, fría como la sala de urgencias. Si acaso, esa conversación servía para reanimar un poco el espíritu, pero hasta el mediodía el ácido fluía hasta provocar dolor.

Después de hablar con el hospital había una tregua, muy breve, pero que me daba fuerzas para informar a mi entorno y mantener el tipo ante las niñas, guardar una sonrisa para responderles cuando levantaban la cabeza de sus deberes y preguntaban por papá, ajenas a mi tortura.

Todo lo demás era accesorio. Eran miedos anulados por el miedo supremo.

El interés de todos, las llamadas de la familia, los wasaps de los amigos, los despachaba con frialdad inmisericorde. Ellos me decían que admiraban mi fuerza y mi entereza, yo no les contestaba que en realidad era indiferencia.

En Green también había miedo.

Lo vi enseguida en las videoconferencias posteriores al discurso del presidente. Aunque el malestar aún no fuera explícito, los comportamientos se convirtieron en síntomas inequívocos de putrefacción. No era difícil recibir mensajes de compañeros que estaban en la misma reunión, intercambiando memes, o burlándose de cualquier aspecto que se comentara.

Y cada vez más veces el tiempo intermedio se llenaba de llamadas para comentar los saqueos. «Fulanito» se ha cogido una baja por estrés. A «menganito» le han pedido que trabaje aun estando en ERTE. «Zutanito» lleva tres meses sin cobrar del SEPE y parece que ha tenido que pedir dinero a sus propios hijos. La madre de «merengano» ha muerto sola en la residencia.

Dicen que ser valiente no es no tener miedo, sino saber mantener la calma cuando lo tienes. Yo me pregunto cómo se puede tener templanza y cordura en un mundo en el que los padres y los seres queridos mueren solos.

* * *

Vivir pendiente de que el silencio se interrumpa; es lo que pasa cuando tu esperanza se asocia al timbre del teléfono.

Mario continuaba sin responder favorablemente. Se había estabilizado y los doctores decidieron sacarlo de la UCI y llevarlo a planta, seguir con las pruebas y determinar con más precisión la gravedad y el pronóstico. Las visitas seguían prohibidas y la información se limitaba a los partes diarios, cada vez más cortos, más monótonos.

Una tarde, el teléfono sonó. Sentí que el corazón se me paraba, como siempre que llamaban a deshoras. Me lancé sobre el aparato, temiendo lo peor. Para alivio mío vi en la pantalla que era el móvil de Juan Fran.

Él solía mantenerme informada de cómo iba el negocio por wasap a diario, y los fines de semana me enviaba un largo correo con detalles. Yo también le informaba cada noche de la evolución de Mario. Por él sabía que la empresa, como casi todas, prácticamente había dejado de funcionar.

La compañía estaba saneada, aunque no había que confiarse. Si la situación duraba mucho más íbamos a entrar en dificultades. Me decía que a pesar de todo había buen espíritu y los trabajadores habían comprendido la situación y estaban respondiendo bien.

En los últimos correos me mandaba cada vez más cifras, señal inequívoca de que estaba preocupado, y me señalaba los temas que requerían mi atención.

Juan Fran tenía siempre un tono de voz tranquilizador:

—¿Cómo estás, Charo?

Dejó que me explicara y me desahogara, pero de alguna manera me pareció que todo lo que le estaba contando ya lo sabía.

—Puedo intentar imaginarme lo que tienes en la cabeza. Aquí ya sabes cómo van las cosas, pero he pensado que podías venir a verlo en persona, y así te distraes. Y la empresa es vuestra; nadie te va a poner problemas para circular por la calle.

»No es imprescindible que vengas, pero harás mucho bien... y probablemente a ti también.

* * *

Con el único argumento de la esperanza que me transmitía Juan Fran, me armé con las pocas fuerzas que tenía para acercarme a la empresa en la que Mario dejaba parte de su vida.

Tuve que justificar mi viaje en dos controles. En el segundo estuve a punto de darme la vuelta.

Juan Fran me recibió en la puerta con una sonrisa franca y sincera. A pesar de la mascarilla se le podía adivinar por las arrugas de las comisuras de sus ojos.

—Han venido todos a verte, Charo.

Aquello sí que no me lo esperaba. Yo iba a despachar con Juan Fran la marcha de la empresa, no a someterme a un tercer grado por parte de la plantilla ni a ofrecer soluciones que no tenía.

–No se lo he pedido yo. Han venido ellos a darte su apoyo y su cariño. Están muy afectados. No les he podido convencer de que era más seguro quedarse en casa. Ya ves, la indisciplina tiene a veces un lado amable.

En efecto, estaban todos esperándome en el taller. Algunos habían llevado a sus familias y se podía ver a niños corriendo entre las prensas, ajenos a la gravedad de la situación.

Yo no solía visitar mucho la empresa, pero a la mayoría los conocía de vista. Se me fueron acercando uno a uno, chocando los codos, pero muchos me acariciaban el brazo con calidez. Me presentaron a sus mujeres, maridos e hijos, y todos tenían un gesto o una palabra de ánimo.

Al terminar la ronda de saludos hicieron un círculo espontáneo alrededor de mí y de Juan Fran.

–Bueno, Charo, las cosas están así. Lo que te cuento a ti ya lo saben ellos, porque es lo que solía hacer Mario. Es bueno que todos sepamos cómo está la situación.

»Ya sabes que está todo parado; nosotros llevamos sin pedidos desde el 13 de marzo.

»La mayoría de la plantilla está en ERTE, ya sea total o parcial. Todos sabemos que esto es una empresa familiar y que nuestra capacidad de aguante es limitada. Así que todo va a depender de lo que dure el cierre y del nuevo negocio que seamos capaces de traer.

»Han surgido algunas iniciativas interesantes. Hemos asumido algún pedido de empresas más pequeñas que la nuestra que han tenido que cerrar, y Jorge y Pablo, que están allí –saludaron con orgullo al oír sus nombres–, han empezado a ofrecer servicios de formatos virtuales a productoras de televisión. También estamos buscando otro tipo de clientes; todos están dando ideas sobre ello.

Mientras Juan Fran hablaba, yo miraba a los demás. Vi en sus ojos más determinación que tristeza. Qué difícil se estaba haciendo el mundo con la barrera de las mascarillas. ¿A nadie se le había ocurrido inventar unas que fueran transparentes? Debajo de ellas, una persona podía pensar cualquier cosa sin temor a ser descubierta; ahora era más fácil ocultarse. Pero, afortunadamente, una mirada sincera no podía esconderse tras una mascarilla.

Aun estando físicamente separados en el amplio taller, me pareció que allí existía una conexión muy poderosa. Había algo común en todos ellos, algo que me resultaba familiar. De repente lo entendí: todos tenían la mirada de Mario.

Quise saber de sus familias, de sus mayores, cómo estaban llevando en casa los nuevos hábitos de vida, las compras, el encierro de los niños.

—Donde no alcanza la empresa, Charo, intentamos llegar nosotros. Nos hemos organizado con grupos de wasap para ayudarnos en lo que cada uno pueda.

Nuria, una robusta mujer con aspecto decidido que trabajaba en el taller, había tomado la palabra.

—Unos cuidan a los niños cuando tenemos que venir a trabajar, otros hacen compra para los mayores que viven cerca... Mira, la hermana de Belén, esa que está allí, trabaja en una compañía de teatro y una vez a la semana organiza un Zoom para todos los niños. Ya se han apuntado hasta los primos.

»Somos más fuertes si somos más que una empresa, si nos apoyamos como una familia. Es lo que Mario nos ha enseñado.

»Para que lo sepas, Charo, si las cosas empeoran estamos dispuestos a ajustarnos e igualarnos en el ERTE según la situación familiar de cada uno. Sabemos que cuando Mario vuelva encontrará la forma de compensarnos. Pero seguro que no va a hacer falta. Ya verás, entre todos vamos a sacar esto adelante.

Pregunté, tratando de que no se me notara la emoción, si necesitaban algo de mí.

–Nada, Charo, céntrate en Mario. Él nos ha hecho sentir como si fuéramos su familia. Cuida de él y nosotros cuidaremos de la empresa hasta que vuelva.

Fue solo entonces cuando noté que una preciosa niña rubia, hija de una de las empleadas más jóvenes, se había acercado por detrás y me había cogido con su manita.

* * *

Necesitaba asimilar lo que había visto y oído. Tras llegar a casa bajé a dar un paseo con la excusa de hacer algo de compra. Madrid seguía pareciendo una ciudad fantasma y llena de miedo.

Era fácil percibir cómo nos alejábamos los unos de los otros al cruzarnos en la acera, al esperar la cola de la tienda, en el descansillo del portal... Nos mirábamos de reojo y nos sentíamos como amenazas. La distancia había alterado de un tajo la condición humana, pero aún quedaban sitios, y lo había visto por la mañana, en los que a pesar de ello podías sentirte cerca de tus semejantes.

De regreso, las ventanas se abrieron y los vecinos salieron a aplaudir. Después de todo, había vida, agazapada a la espera de poder mostrarse. Los aplausos me caían encima como la lluvia fresca en verano, y pensé que eran para animarme; sentía que me empujaban y me abrían el camino.

El ambiente onírico me había atrapado hasta el punto de que apenas presté atención al sonido del teléfono que salía de mi bolso. Lo cogí con despreocupación, pero al instante el ácido del globo de angustia que llevaba en el estómago salió a borbotones. Mario se había infectado de COVID.

* * *

A veces la vida utiliza a la gente insensible para borrar todo el sentido al dolor que causa.

Apenas dos días después de contagiarse, Mario volvió a la UCI con muy mal pronóstico, y a la vez yo fui convocada por Hernán a una reunión presencial. No podía esperar, no podía excusarme.

Encontrarnos en persona era una demostración de autoridad que él disfrazó de preocupación por mantener la confidencialidad del tema a tratar. La indiferencia por mi estado anímico ante el agravamiento de la salud de mi marido solo podía deberse a una bajeza moral imperdonable en quien dirige personas en momentos de normalidad, y letal cuando en una crisis dependes de ellas.

Tras una pregunta personal protocolaria, que yo esperaba, Hernán me lanzó a bocajarro sus órdenes. No había que esperar más, ni siquiera atender los escrúpulos de Recursos Humanos: el negocio estaba parado y tenía que ser radical con los recortes de mi departamento. Despidos donde se pudiera, más ERTEs donde no. Sin piedad, sin prisioneros. Sin proyecto y sin esperanza.

«No es tu trabajo plantear alternativas». «La empresa en esta época no puede entender de personas». «Así por lo menos tienes la cabeza entretenida».

Si no tenía fuerzas para ponerme en pie, ¿cómo iba a tenerlas para despedir a nadie? Ni siquiera discutir o negociar estaba a mi alcance, de modo que me levanté y me fui a casa sin decir adiós, todo lo insensible que se esperaba de mí.

Convoqué al equipo al día siguiente para informarles del agravamiento de la situación. Tenía la extraña esperanza de que finalmente alguien lo fuera a hacer por mí, pero el tiempo me arrastró como arrastra al condenado al patíbulo. Cuando estábamos apenas comenzando, el teléfono sonó. Apagué el micrófono del ordenador, pero no la cámara.

Me han dicho que a pesar de estar en modo silencio casi pudieron oír mi grito, que vieron cómo se me rompía el alma y el cuerpo, que siempre recordarán las caras de miedo y dolor de mis hijas cuando aparecieron, que me olvidé de que estaba conectada a la mitad de mi mundo y que todos lloraron conmigo cuando lloré la vida, por mucho que en esa llamada me dijeran algo que ya sabía.

* * *

¿Cómo se llora cuando no se puede llorar?

¿Cómo se puede convivir con un dolor tan grande que siento que ni me pertenece ni cabe dentro de mí?

¿Quién ha puesto esta historia tan macabra en el centro de mi vida? ¿Por qué? ¿Por qué?

Necesito comprender cómo he llegado hasta aquí. Quién o qué me ha arrojado a la puerta de un tanatorio, sola y con el alma helada, después de estar más de dos semanas esperando que me devolvieran a mi marido.

Todavía no me creo que lo que he vivido vaya conmigo. No lo merezco, no lo he pedido, no lo quiero.

¿Cómo voy a ser capaz de convivir con esto el resto de mis días? Sin saber por qué me han arrebatado el derecho a estar con él en su partida, enseñándome con ello el final de mi vida. O sin saber si murió solo o tenía a alguien cogiéndole la mano, y si voy a poder perdonarme alguna vez el pecado que no cometí de no haberle velado.

No puedo llorar. Debería estar haciéndolo todo el día pero no soy dueña de mi pena. Solo a veces, y si tengo la suerte de estar sola, cuando un recuerdo −por leve que sea−, una frase inocente mencionada por alguien o una foto vista de reojo hacen desbordar el caudal de lágrimas retenidas puedo desahogarme. Y eso me da fuerzas durante algo más de tiempo.

Mario, no me conformo con tus recuerdos. Quiero seguir mandándote wasaps con canciones, esas que tú decías que elegía tan bien porque sus letras te explicaban mi estado de ánimo. Quiero seguir recibiendo los tuyos, esos mensajes con los que coqueteabas y que me hacían sentirme deseada.

Quiero seguir intercambiando contigo besos de chocolate y champán. Quiero seguir oyendo cómo me dices que te encanta mi sonrisa, despeinada y sudorosa, porque me convierten en la chica que hace años te enamoró como a un niño.

Nadie te ha llevado, Mario, y sin embargo yo te he perdido, perdido para siempre. Daría todo lo que me queda de vida por pasar un solo día más contigo.

Ahora cierro los ojos y no soy capaz de recordarte, y lo único que tengo de ti es el peso de tus cenizas en una bolsa, el roce de tu anillo de boda en mi mano, y en el teléfono tu último wasap sin terminar de escribir.

* * *

Esta mañana, al despertarme, he pasado un largo rato en la ventana, esperando para comprobar la terquedad del sol, ese empeño en demostrarnos que la vida sigue.

Y el sol va a seguir saliendo. Pero eso es lo único de mi vida que no depende de mí. Es duro descubrir que tienes que valerte por ti misma, pero es bueno intuir que puedes hacerlo. Aunque he perdido la poca fe que tenía y sé que la misericordia no existe, presentir que lo que yo haga puede mejorar la vida de otros y que estoy aquí porque Mario me ha puesto en este camino me da fuerzas para vivir por segunda vez.

Hace ya días que dejé Green. No ha sido especialmente doloroso; creo que he hecho lo que debía. Además, tengo que aprovechar que me siento anestesiada para los sentimientos más básicos, buenos o malos.

Irene quería que me lo pensara; creía que era una decisión fruto de la pena. Pero yo le he dicho que el peor ausente es el que tiene el alma en otro sitio aunque físicamente esté ahí. Y ahora hay demasiadas personas así en Green.

Le he deseado mucha suerte; ella seguro que la necesita más que yo porque su trabajo va a consistir en tratar de traerlos de vuelta, y estoy segura de que muchos no van a querer.

Ahora, en la puerta de mi nueva empresa, mi empresa, respiro hondo y por primera vez en mucho tiempo me siento sonreír.

Estamos unidos a las cosas de la vida, la familia, la pareja, el trabajo, por un hilo muy fino. Pero a veces los hilos más finos son los más resistentes.

II. MI MEJOR AÑO

L o encontré mucho mayor. Sin embargo, el brillo había vuelto a sus ojos y la ironía había invadido de nuevo su lengua, algo de lo que me di cuenta algunos minutos después. También eran evidentes los kilos de más que acolchaban aquí y allá su anatomía. Pelo más canoso y un aire más informal. Las gafas eran nuevas.

Gus hoy era una versión muy mejorada de aquella que me inquietó tres años y medio antes, cuando coincidimos en un evento. Me pareció entonces desecado y esquivo. Las conversaciones con él eran un borbotón de ideas e intercambios acerca de todo y de todos, pero en aquel momento no me resistió ni medio asalto. Me miraba y desviaba sus ojos, como en búsqueda de alguien que hiciera sonar la campana. Rehuía el contacto.

Hace dos días me llamó. Me propuso tomar un café. Gus era adicto a la cafeína y a cualquier ritual asociado a ella. Le vi invadir el santuario cafetero en el que habíamos quedado y avanzar hacia mí con una energía poco habitual a esas horas. Su sonrisa —detectable bajo su mascarilla— presagiaba buenos momentos.

—Te veo bien, Gus —le dije tras concluir el baile de saludos de pandemia en el que nos enfrascamos por unos instantes.

—Ahora sí —me respondió—, por eso quería verte.

En aquella ocasión en la que lo vi por última vez, Gus no solo me evitaba. Con su capacidad de adjetivar casi todo y como ausente, me dirigió entonces una retahíla de lamentos que describían una escena recurrente en su vida.

—Estoy jodido. Jodido y agotado. No aguanté más, ¿sabes? Llegué a un acuerdo con la empresa. Me tragué los elogios de buenas personas con mejor voluntad —me explicaba mientras sus ojos apuntaban a un foso imaginario que se abría a sus pies y daba golpecitos en una botellita de agua cerrada— que estaban muy lejos de la realidad. Ahora todo esto me supera.

—Gus, chaval, para el carro —le interrumpí—. Hace solo dos meses que has salido de Green. ¿Quieres frenar un momento y explicarme qué te pasa?

No, Gus no pensaba en parar o detenerse. De hecho, realizó un quiebro por mi izquierda y cuando me quise dar cuenta, vi, tan solo por un segundo, su abrigo persiguiéndolo por la puerta del salón hacia la salida. Anunciaron el inicio del evento y ocupé un asiento, mientras dedicaba unos segundos de atención a la situación que acababa de vivir.

Casi cuatro años después estábamos frente a frente de nuevo. Nos habían servido, con la alabada diligencia del establecimiento, unas tazas de café con canela y unos tentadores bollitos. Le observé con detenimiento: las canas habían acampado con gracia en su cuero cabelludo, la alianza se había mudado a la mano izquierda, su atuendo no era el habitual juego de telas grises o azules que contrastaban con corbatas de colores vivos, sino que tenía un aire británico informal que relajaba su porte. De todos sus rasgos físicos, la mirada aguda y su sonrisa eran los más intensos.

Gracias a la distancia social, la burbuja facilitada por la limitación del aforo permitía una conversación más íntima.

—Me alegro de que me llamaras —comenté.

—Te lo debía.

–Estaba preocupado por ti.

–Lo sé.

Jugueteaba con la efímera flor de Edelweiss que habían delineado en la superficie de su café y tras el peloteo verbal de bienvenida y un sorbo de prueba, que dejó un bigotillo en su labio, entramos en faena.

–En estos largos meses, he sido descartado de un buen número de oportunidades laborales por motivos casi todos fuera de mi control: mi edad, mi sexo, el sector en el que trabajé previamente...

–Ojalá tu historia fuera la única, Gus.

–Cierto; me he encontrado a muchos que han vivido lo mismo. Somos víctimas de una estética social que te convierte en sospechoso de obsolescencia por tener más de cincuenta años y no descansar despreocupado en el regazo de una prejubilación generosa.

–O porque te cuelgan del cuello los vergonzantes sambenitos del arcaísmo tecnológico o la rigidez mental. Sí, lo he escuchado demasiadas veces.

No me gustaban este tipo de conversaciones. Más veces de las que era capaz de aguantar las había tenido con otros «Guses» de mi entorno. Denuncias de la traición colectiva, de los dorados postulados del talento, del reaprendizaje y la reinvención, del *mentoring*, del elogio de la verdadera experiencia. Gus era en ese momento una encarnación más del fracaso del parloteo de salón y las teorías sin vida. Volví a la conversación cuando alzó un poco su tono de voz y me rescató de mi evasión momentánea.

–¿Cómo decírtelo? –se preguntó mientras lamía su espumoso mostacho–. He obtenido un postgrado vital en estos años. Cuando nos vimos por última vez sentía que empezaba a cumplir una condena sin fecha de terminación. Hace poco me he dado cuenta de que, en realidad, he completado un máster por inmersión.

–Eso es bueno, ¿no? –se me ocurrió apostillar.

–Sí, doloroso pero bueno.

Miró hacia un letrero con la lista de productos que antaño servían en el establecimiento cuando el agua de Seltz o el mosto no sufrían la competencia del «gin-tonic». Uno de esos carteles que te animan a empezar una colección que nunca acabarás. Pero en realidad su vista vagaba por el interior de su memoria e imponía orden a las escenas.

–Fue hace unos días, ¿sabes? –Gus había encontrado el hilo–. Dicen que unos somos autillos y otros somos gallos. A mí se me ve la cresta. Me gustan las mañanas. Me regalan la sensación de una página en blanco, de una oportunidad adicional, de una pequeña victoria sobre una rutina limitante, de novedad ante lo repetitivo. Disfruto del tránsito de lo onírico a lo real.

–Sí, a mí me pasa algo similar –convine.

–Hace unos días –dijo, tras bajarse un poco la mascarilla y esbozar una sonrisa– oficiaba mi liturgia matutina y posé mis ojos en el calendario del Sagrado Corazón.

–Mi abuela tenía uno. Lo recuerdo.

–Cada hoja de ese calendario es una maravilla, con su santoral, sus datos astronómicos y el variado catálogo de temas en su reverso: chistes, notas históricas, estadísticas, reseñas de libros...

–El de mi abuela no lo recuerdo así –le dije.

–Y también citas de celebridades. Olvido con frecuencia leer la frase diaria; mis ojos no siempre están fijos en el «hoy y ahora». Pero aquel día sí la leí: «Cuando nada es seguro, todo es posible», de una tal Margaret Drabble.

–No me suena.

–No me extraña. A mí me resultan desconocidos muchos de los protagonistas de esas frases.

Los compases de «Night in white satin» inundaron de dulzura y armonía el viejo local. La melodía produjo un efecto de frenado en los movimientos de todos los que compartían —alejados entre sí— ese espacio social. Gus se dejó invadir por un momento de ese bálsamo y continuó su relato.

—Casi nada ha sido seguro para mí en los últimos cuatro años. Yo pensaba que sí: tenía trabajo, una familia, una magnífica casa, mi fe asentada, mi dulce rutina, un cierto prestigio... una edad.

—Sí, bueno, ahora hay muchos sin todo eso —apunté—. Aunque la edad no perdona.

—¿Sabes? Tengo que pedirte un favor.

Como si estuviera plasmado en un guion, Gus interrumpió su anuncio y apuró de dos sorbos el resto del café. Recogió con su cucharilla la espuma de café que se refugiaba en el fondo de la taza. Yo no sabía qué decir y, mientras le observaba, capté la escena del otro lado del ventanal frente a mí. Nada grave: una mujer de edad tropezó y, tras ser ayudada por unos viandantes, se ajustó la mascarilla azorada y con sonrisa de circunstancias mostró su agradecimiento a quienes la habían ayudado. «La gente es buena por naturaleza», pensé.

—Sí, claro Gus. Si está en mi mano...

—Ahí es justo donde está. En tus manos.

—Tú dirás.

—¿Conoces a Irene Díaz de Otazu? —me preguntó.

Irene Díaz de Otazu. ¿Quién no había oído hablar de su salvaje atropello? Una historia negra que sorprendió mucho a los que la conocíamos de Green Technology.

Irene había contribuido desde joven al desarrollo admirable de una de las empresas más innovadoras en el campo de los videojuegos y la realidad virtual en España. Luego vino el *boom* de las plataformas alternativas y los lenguajes de programación abiertos, y Green Technology se vio obligada a reinventarse y adelgazar. Pero lo más tenebroso fue el desenlace de un oscuro juego de intereses torcidos y miserables afanes de poder: una salvaje agresión, tras la cual Irene tuvo que soportar una penosa y larga rehabilitación, de cuerpo y de alma. Tuvo un buen final, pero el trayecto fue arduo.

—Sí, claro que la conozco. Somos colegas de la misma asociación profesional.

—Ya lo sabía; era una pregunta retórica. Irene me ha hablado muy bien de ti, aunque llovía sobre mojado; sabes que te aprecio mucho —dijo Gus.

—Bueno, es mutuo. Irene me apoyó en algunas cuestiones técnicas, pero sobre todo me ayudó con su capacidad de escucha en un momento difícil.

—Sí, sé de lo que hablas. Nos vimos en uno de esos eventos a los que asistía antes, más arrastrado por el sentido del deber que por convicción, como el último en el que tú y yo coincidimos y en el que batí el récord de velocidad en huida. —Se rio cuando recordó aquella anécdota—. Irene se detuvo a hablar conmigo, me hizo dos preguntas y la sola escucha de sus ojos provocó un inicio de cambio en mí.

Gus volvía a hablar con un tono vivo, como si hubiera recibido una inyección de energía. El local se unió a esa dosis de vitalidad: los apliques de estilo retro se encendieron y sus bombillas led difundieron su luz sostenible al entorno. Pude ver con más claridad su rostro cuando me habló.

—Irene ha sido un buen regalo en el que es probable que haya sido mi mejor año.

—¿Tu qué? —me pilló por sorpresa—. ¿Sabes que te pueden apedrear por decir eso?

—¿Sí, verdad? Todo el mundo enterrando 2020 sin funeral y yo a lo mío. Memes, parodias, artículos de demonización y yo aupando ese año maldito a un pedestal con focos. Un gran año.

—¿Y se puede saber por qué? Además, ¿qué pinta Irene en todo esto? Y ya puestos, ¿qué pinto yo, Gus?

Tres en una. Gus no se inmutó. Parecía esperar tres y más preguntas siguiendo un guion. Con renovado brío comenzó una descripción cronológica y emocional que parecía ser fruto de repetidos ensayos ante un espejo.

Habló de deterioro físico, de vértigo creciente, de somatizar y trasladar a su cuerpo las decepciones externas y los acusadores juicios internos que brotaban con fuerza en su cabeza. La pérdida del trabajo dio paso vertiginoso a la de confianza, a la percepción de inutilidad, a la ausencia de valor...

–Podías haberme llamado, Gus.

Pero Gus no estaba conmigo. Revivía su historia.

–Estaba hundido en un pozo. Sentía frío a todas horas. A la sensación de frío contribuían mi pérdida de peso y mi mala condición física. Me abandoné por completo sin darme cuenta. El proceso se aceleró cuando en casa empecé a verme privado de ayuda. Me puse a la defensiva con mi mujer y con mi tribu de adolescentes.

Y adoptando una postura diferente, con un casi imperceptible ladeo del rostro, pareció dar entrada a un tercer e imaginario individuo, aunque conocido, alrededor de la mesa.

–«No te lo tomes así», me decía Irene; «no te lo dicen a ti, sino a ellos mismos. Necesitan remediar su inseguridad y acallar sus temores».

–«Ya, Irene, pero golpean fuerte», le decía yo, porque sus comentarios entraban como cuchillos en mi alma de mantequilla.

–«Esto pasará, ya lo verás; es cuestión de tiempo» sentenció Irene.

Gus abordó la cuestión del tiempo. No el cronológico, sino uno percibido por él, con voluntad propia e intención dañina. Irreal. Los días laborables se le pasaban raudos, neutros y sin metas, con un silencio atronador. Los fines de semana, por el contrario, ralentizaban su paso con desgana y prorrogaban arteramente un tiempo de convivencia familiar que la falta de perspectiva convertía en una «escape room» de comentarios, actitudes, silencios y conductas que emponzoñaban sus imaginarios agravios y sus más que reales pesares.

—Gus, ¿te apetece otro café?, ¿una copa? —le ofrecí para sobrellevar lo que me parecía una espiral peligrosa.

—¿Eh?, ¿otro café?... Sí, sí, lo que quieras.

—Dos gin-tonics, por favor —pedí al camarero que se había incorporado al turno de nuestra mesa—. ¿Tiene Nordés? ¡Perfecto!

El camarero asintió con una cálida sonrisa que se le intuía tras la mascarilla con el logo del local, mientras sus manos de profesional eran capaces de amontonar tazas y platos, limpiar migas, recoger sobrecitos arrugados y levantar el soporte del código QR con la carta del local. Me fascinan esos códigos: todo un mundo de información detrás de unos horripilantes trazos.

Gus seguía a lo suyo.

—El diálogo interior resultaba incontrolable, erosivo, inútil... y reconfortante a la vez, porque retardaba una acción que se me presentaba imposible, de proporciones ciclópeas. Era la chispa que provocó un incendio devastador en mi esfera personal: empezó con el trabajo, saltó a las raíces de la salud, ganó cuerpo en las praderas familiares, no encontró el cortafuegos de la amistad y debilitó las más firmes convicciones que creía sólidas e inamovibles. Una hoguera vital que solo producía frío en mi alma y mi cuerpo.

Gus estaba metido de lleno en una montaña rusa emocional. Su lenguaje corporal expresaba sus recuerdos de aquella época.

—Recuerdo que me decían: «Tú vales mucho. Has sido capaz de realizar grandes proyectos y mantener a tu familia.

No puedes admitir pensar que toda esa capacidad ha desaparecido sin más».

–Es verdad, Gus –me atreví a apuntar.

–Ya, pero su buena voluntad caía en saco roto. Estaba convencido de mi derrota; en el trabajo, como padre, como esposo, como persona... No veía la solución. Y la que entreveía me superaba con creces. No tenía fuerzas.

Gus me contó que Irene comenzó a hablarle del «aquí y ahora», pero que él solo veía, con gafas de mármol negro, el «ayer y el mañana». Se aferraba a ellos como un adicto a un placer destructivo. Y cuando el «aquí y ahora» se presentaba sin anuncio previo cargado de realidad, el «ayer y el mañana» se desataba en forma de recuerdos de culpa y visiones de fracaso y falta de esperanza.

Gus abrazó con sus dedos la copa, en la que se dibujaban las estelas de vapor helado que se desprendían de la mezcla de ginebra, tónica y los dos espectaculares cubitos de hielo circulares que flotaban a la deriva en el combinado. Tocar la copa pareció sosegar el ritmo de su relato.

–Y entonces me rompí –pareció sentenciar.

–Bueno, hombre; era lógico. Nadie aguanta así mucho tiempo –pretendí contemporizar.

–Ya, pero yo me quebré y me ingresaron en agudos. Dos veces.

–¡Joder! –no quise indagar más. Me quedé de piedra.

–«Pasas que cosan», como dice mi hijo pequeño –sentenció Gus.

La situación era una mezcla de consulta médica, charla amistosa, confesión general y desahogo sentimental en la que no tenía muy claro cuál era mi papel. Se lo hice saber.

–Tienes razón. Llevamos ya un par de horas aquí y a este paso nos va a caer la nevada del siglo que anuncian sin que sepas por qué te he pedido venir.

–No estoy mal, entiéndeme. Quiero ayudarte en lo que necesites. Pero cada vez lo tengo menos claro.

–Fijar mi memoria.

–¿El qué?

–Fijar mi memoria. Quiero que me ayudes a recordar.

–Gus, tío, otra cosa no, pero recordar... Créeme, se te da de fábula.

–No, pero a hacerlo bien, a recordar lo que pasó y lo que hice o no hice y no una versión cualquiera.

–Pero yo no estaba ahí, Gus; no te puedo enseñar la repetición de la jugada –dije desconcertado para ganar algo de tiempo.

Este era el momento. Mi vejiga se había sincronizado con mi cerebro y una razonable excusa y pico después me encaminaba hacia el aseo. Me encantó el contraste del monigote que anunciaba en una sola figura el uso permitido para hombres y mujeres, con el estilo clásico del establecimiento.

Esta parada era fisiológica por más de una razón: además de la obvia, mi lado racional no llegaba a entender muy bien el interés de Gus por mí y la profundidad de su desnudo interior con una «amistad de eventos» como yo.

Decidido a resolver la incógnita, volví a la mesa. En la televisión del local una atractiva mujer del tiempo con atuendo veraniego compartía pantalla con un rótulo que anunciaba el carácter histórico de «Filomena». No tenía mucho sentido, pero poco de lo que aparecía en televisión en tiempos recientes lo tenía. En la mesa, mi gin-tonic aún mostraba un puntito de dignidad.

–¿Qué me dices? –me espetó.

–Déjame apurar el gin-tonic de un trago y te lo cuento –contesté malhumorado.

–¡Uo, uo, uo...! Tranqui, tranqui; déjame que te explique.

Y se intentó explicar. Algunas de las personas a las que había acudido en busca de ayuda le aconsejaron ciertas líneas de acción. Una de ellas fue la que ya me había anunciado en titulares antes de mi escapada escatológica.

—...entonces me quedó muy claro que la memoria no es solo selectiva, sino también maleable. Mis sentimientos, tanto los positivos como los negativos, podían acallar, distorsionar, engrandecer o incluso engendrar nuevos recuerdos sin fundamento real.

—Sí, lo suelen llamar «memoria imaginativa». La de los falsos recuerdos —dije siguiéndole el hilo.

—¡Eso es! Me aconsejaron redactar esos recuerdos, con la ayuda de alguien que supiera hacerlo, para recrear con precisión el contexto, los hechos, las emociones, los sentimientos... Quiero que me ayudes tú —concluyó Gus.

—¿Yo?, yo no escribo diarios —dije a la defensiva.

—Me encantaría que lo hicieras conmigo. Me han hablado maravillas del grupo de escritores al que perteneces y de cómo en vuestros relatos habéis logrado describir emociones reales en contextos cotidianos, proyectando con fidelidad vuestras experiencias personales y profesionales.

—¡Ya, bueno...! —exclamé con un esbozo de sonrisa.

—He leído vuestros libros.

Tocado. Me acababa de mandar un misil directo a la línea de flotación. ¿No era este uno de los fundamentos de nuestro grupo de «autores con alma»? Sospeché de inmediato que la última frase de Gus tenía muy poco de cosecha propia. Era un guion preparado.

—Si accedo, ¿qué quieres hacer con el resultado? —le dije entregado a la causa.

Aquí empezó un segundo bloque de confidencias de sus conversaciones con conocidos comunes. Muchos elogiaban el acierto que mi grupo de escritores había tenido al describir experiencias personales y profesionales. Se sentían retratados en sus páginas.

Fue definitivo el que el psicólogo de confianza de Gus lo convenciera de que el trayecto vital que había conducido a mi interlocutor a considerar el 2020 como su «mejor año» podía ser de utilidad para alguien, siempre y cuando fuera fidedigno y sincero.

—He reflexionado mucho gracias al bendito parón del confinamiento y creo que si llamo al 2020 «mi mejor año» —reforzó esta referencia con un movimiento de «comillas» con los dos pulgares y dedos corazón— lo hago por pequeñas grandes victorias conseguidas, junto a generosos aliados, y por haber logrado un cierto control de mis sentimientos.

—¿Y crees que tu vida le interesará a alguien? —pregunté, lo confieso, con un cierto desdén.

—No, dicho así, no, desde luego. Pero que un tipo al que le han sacudido varios terremotos en casi todas las esferas de su vida considere un año maldito como uno de bendiciones podría dar una pista a algún desnortado. No aspiro a nada más. Decidí convertir deseos en hábitos de vida y establecerlos como objetivos de mejora personal. Ya sabes; no basta con tomar una decisión: hay que ponerle patas.

Gus había sufrido una ligera metamorfosis. El dicharachero entusiasta parecía haber encogido de tamaño y ralentizado su ritmo vital. Su mirada se posaba en algún punto de una vía pública bulliciosa, según los estándares sociales de la pandemia. La noche empezaba a hacer acto de presencia. La luz de la cafetería se intensificaba para competir con la penumbra exterior.

—Tendremos que hablar más, Gus. Un relato así solo se cocina a fuego lento y tras muchas pruebas de sabor y consistencia. ¿Estás dispuesto a dedicarle tiempo?

—Si tú lo estás, yo lo estoy —contestó con resolución.

—Bien. Entendido. Una pregunta: ¿qué hace de 2020 tu «mejor año»?

La pregunta pareció empujarlo hacia atrás. Su cabeza se irguió y su mirada recorrió por unos instantes el techo del local, con elaboradas representaciones de materias primas y productos de la gastronomía española y madrileña. Juntando las manos y con la barbilla posada sobre ellas, dirigió su mirada hacia mí.

—2020 me ha regalado un frenazo vital, ha ralentizado mi ansiedad por encontrar soluciones y me ha obligado a bucear en mis convicciones. 2020 ha acallado el ruido de los acontecimientos diarios y me ha obligado a lidiar con el silencio incómodo de una vida conmigo mismo. 2020 ha sido un año lleno de acechos a nuestra salud y a nuestras vidas y a mí me ha ayudado a ser más agradecido y más consciente tanto de mi valor como de lo prescindible que soy.

—¿Y todo lo que hemos perdido, Gus?, ¿todo el daño vivido a nuestro alrededor?

—Tremendo. Un tsunami emocional, desde luego. Pero también muy humano.

—¿Muy humano? —pregunté sorprendido.

—Así lo pienso. Vivíamos sin perspectiva, ensimismados en nuestros logros, preocupaciones y pequeñas tragedias diarias. El coronavirus nos ha devuelto a lo que ha sido la experiencia de la humanidad desde que hay registros. Las pandemias, la invasión de los microorganismos, es algo que nuestra presunción había relegado al olvido. Pero hasta hace cien años no había sociedad sin memoria de que, tarde o temprano, una plaga se llevaría por delante a un tercio de sus habitantes.

—Ya, hombre, visto así...

—Escucha, no quiero quitarle hierro al asunto, pero la diferencia de esta pandemia es que ahora en la escala del drama parecen igualarse la pérdida de vidas, la imposibilidad de hacer fiestas, la disminución del nivel de vida o la limitación para el ejercicio físico. Los sentimientos están desbocados y no siempre ayudan.

–Es que sentimos todos a la vez, los nuestros y los de los demás, renovados a diario y mezclados con toneladas de información indigerible.

El camarero, que mostraba en su chaqueta señales de su combate profesional con mil deliciosas sustancias y sus restos, recogió con discreción nuestras copas vacías y secó sus huellas sobre la madera. Con su voz amable, algo distorsionada por la mascarilla, nos avisó de que teníamos tiempo para una consumición más antes de que el local cerrara, en cumplimiento de las ordenanzas municipales. Pedimos un par de botellas de agua mineral: normal para Gus y con gas para mí. Necesitábamos fluidos.

–Tendremos que vernos más. Hay que explorar mucho en tu cabeza y en tu corazón. Verbalizar los sentimientos, reconocerlos con precisión... No es una tarea de primeros intentos.

–Como digas. No sabes cómo te lo agradezco.

–Bueno, no vendamos la piel del oso... Oye, me interesa saber algo más de esas victorias que comentas.

Gus comenzó a hablar al tiempo que se quitaba las gafas, unas lentes con una finísima estructura que sostenía ambas por dos puntos de apoyo. La apariencia de fragilidad encubría una consistencia de materiales a prueba de casi todo. Sacó un pañuelo de su monedero, y tras mojarlo en una solitaria muesca de agua que había escapado del eficaz secado del camarero, procedió a frotar con mimo los dos cristales. Segundos después, una mirada algo más limpia acompañaba sus palabras.

–Esta fue la primera: no pretendas alcanzar nada relevante en tu vida si no cuidas con dedicación y responsabilidad tu cuerpo, tu organismo; en mi caso, y entre muchas otras cosas, tratar mi cerebro y mi alma con cuidado. Aunque suene brutal, en muchas ocasiones he tenido que doblegar las ganas de herirme. Ha supuesto aceptar que mi mente tiene tanto derecho a sufrir una enfermedad como el tobillo lo tiene a un esguince, o los pulmones a ser víctimas de un puñetero virus. Parece simple, pero esta pandemia nos avisa con tozudez de que preparar nuestro sistema inmune para las condiciones de la batalla es la mejor estrategia de combate; algo no está bien hecho por nuestra parte.

—Desde luego; la gente está cuidándose como nunca.

—¿Tú crees? Ojalá sea así, pero mi propia experiencia me dice que oponemos resistencia cuando alguien cuestiona cualquiera de nuestras prácticas «saludables». Y en especial las que tienen que ver con nuestra mente. Alimentar bien nuestros pensamientos es la primera obligación de la conservación personal saludable.

Asentí. Tenía sentido.

—La segunda victoria me costó mucho más: es la de la aceptación personal. Somos lo que somos y somos como somos, pero no todos sabemos o aceptamos lo que eso significa.

Gus describió su lucha personal por conocerse a fondo en lo bueno y en lo mejorable, sin permitir que la culpa, el remordimiento o los sentimientos negativos descontrolados quebraran la opinión que se hacía de sí mismo.

—He redescubierto un campo de batalla fascinante. Cada día puedo decidir en qué puedo quererme más y aprender mejor que no debo exigirle a nadie su aprecio, y mucho menos su amor. Si ofendo no puedo pretender que actúo bien, pero tampoco me hundiré, porque no debo caer en la trampa de asumir que lo que hago es lo que soy; y al revés: si amo, si hago el bien, no puedo exigir ser amado, querido o perdonado. Lo que importa es ponerme metas para llegar a ser quien quiero ser. ¿Tiene sentido?

–Hombre, Gus, condensas varios años en unas pocas palabras. Antes ya te avisaba de la necesidad de cocinar a fuego lento el relato: hay que revisar bien los ingredientes y estudiar la receta. Me has lanzado un buen órdago y estoy seguro de que hay mucha miga detrás. Déjame procesarlo. ¿Cuál es la tercera victoria?

Ambos parecimos necesitar una parada técnica tras una etapa agotadora en nuestro viaje de prospección. No quedaba mucho tiempo para que este primer encuentro finalizara y sabíamos que el futuro exigiría más de los dos. Un relato así no podía ser ni condescendiente ni riguroso, ni vida ejemplar ni caso perdido, ni recetario ni disertación existencial. ¿Qué les parecería a mis compañeros escritores? Una idea empezó a darme vueltas en la cabeza: ¿podríamos iniciar un nuevo proyecto con las ideas de Gus? ¿Encajaría el relato como una de nuestras experiencias en tiempos de pandemia?

Con un par de tragos, tanto Gus como yo apuramos nuestras botellas de agua mineral. Al ser la mía con gas, la bebí con algo más de parsimonia para evitar efectos secundarios incómodos; un intervalo que él aprovechó para jugar con la etiqueta de la botella y arrancarla de su base de vidrio. Un vidrio que, cortado con pericia, podría transformarse en un bonito vaso de colección; eso me dio por pensar. ¿Y si invito a Gus a sumarse a nuestro proyecto? ¡Qué cosas pienso!

–La tercera victoria no es mía –prosiguió.

–Esta es buena, caballero. Mía no es, desde luego.

–Es que es así.

–Pues ya lo estás explicando.

Gus me contó que su fe se había venido abajo. No entendía la aridez y la falta de respuestas por parte de un Dios que sí le había acompañado en otros momentos duros de su vida. La pérdida de un hijo, años atrás, fue demoledora; pero incluso tras ese brutal momento, el dolor y la ausencia encontraron sentido –sin desaparecer jamás– gracias a una convicción no basada en la razón, la emoción o la adicción, sino en la confianza. «Hágase tu Voluntad» era su marca. Pero este convencimiento no estaba presente, ni de lejos, en el estado anímico del que Gus me hablaba.

–Para mí, Dios había dejado de ser Padre. Como mucho, era un vecino con el que me unían relaciones de vecindad educadas. No nos veíamos mucho, ni tampoco nos relacionábamos más allá de un breve y cortés saludo si coincidíamos.

–No puedo decirte mucho, Gus. Para serte franco, Dios está en mi lista de asuntos pendientes y no en las primeras posiciones, –apunté con cierto desdén e incomodidad.

–Lo mismo me dicen muchos amigos. No te preocupes.

–Puede sonarte materialista, Gus, pero no entiendo por qué en esta sociedad de la imagen Dios no juega con nuestras cartas y se muestra visible. En la Biblia aparece página sí y página también, por lo que recuerdo, lanzando fuego, hablando con voz de trueno, derrotando enemigos o curando enfermos.

–Escucha, no pretendo sermonear. Nada más lejos de mi intención. Ya te contaré más detalles si después de esta tarde decides ayudarme. Tan solo quiero compartir contigo una experiencia personal.

–Adelante, te escucho –respondí resignado.

–Me costó meses darme cuenta. En medio del confinamiento me vino a la cabeza la escena de la tempestad en el lago, cuando los discípulos acuden aterrorizados a la popa de la pequeña barca zarandeada por el tremendo oleaje y golpeada por los vientos furiosos que se describen en el Evangelio, y encuentran a Jesús dormido, echando una siestecilla, fíjate. Logran despertarlo y, cuando abre los ojos y ve ese horror de escena, echa mano de su lógica especial y les suelta: «¿Por qué tenéis miedo?».

La nieve caía abundante y las papeleras fijadas a las farolas que quedaban a la vista comenzaban a convertirse en granos gigantes del mobiliario urbano. Un peatón hizo ademán de resbalarse, mientras que otro abría la mano para recoger una cosecha de nieve. La nevada era una oportunidad de oro para acortar esta conversación, que tomaba un cariz inesperado.

–Gus, ya nos han dado un toque los camareros y fíjate cómo está empezando a caer. No sé tú, pero yo no me fío mucho ya del acierto de nadie que haga predicciones, y los del tiempo no van a ser menos. Dicen que Filomena llega mañana, pero yo prefiero llegar a casa y ver lo que tenga que caer desde mi ventana y con las pantuflas.

–Sí, en un minuto acabo, prometido. En realidad tan solo quiero contarte que esa duda acerca del miedo normal en una situación dramática me recordó a decenas de ejemplos de naturaleza paradójica similar, a los que el Nazareno calificaba de «camino, verdad y vida».

Estábamos ya levantados los dos y Gus estaba anudándose su voluminosa bufanda alrededor del cuello. Yo no la necesitaba gracias a mi gabardina con forro polar incorporado, uno de mis hallazgos estrella en Wallapop por precio y calidad. Me bastó proteger mi gaznate con un simple movimiento de cremallera. Gus no fue capaz de seguir hablando mientras iba incorporando capas de abrigo a su cuerpo, pero retomó la palabra cuando iniciamos el camino hacia la salida. En el local solo quedaba una pareja de tortolitos, sentada a una mesa central y ajena a la realidad que les exigiría en breve despertar de su arrebato romántico.

–Comprendí que frases como «el que quiera seguirme, niéguese a sí mismo», o esa impresionante de «el que se ensalza será humillado y el que se humilla será ensalzado» eran un auténtico recetario de remedios inaceptables para la lógica de nuestro mundo.

– ¡Ya! Dicen que fue un revolucionario... –apunté tímidamente.

–Querido amigo, dime qué insurgente humano ha desarrollado en su arenga un método tan absurdo para captar seguidores. Cítame solo uno.

Ya estábamos en la calle, mi campana salvadora: no tendría que proporcionarle un nombre. La nevada arreciaba y toda la plaza se llenaba de reflejos mágicos y sonidos nuevos, al tiempo que se vaciaba de peatones. Había que acelerar la vuelta a casa. Gus tuvo tiempo aún de regalarme una última reflexión.

–Esa victoria es la que cierra el círculo. Pero no es mía: comprendí que solo una experiencia personal profunda facilitada por Él me permitiría compaginar la aparente contradicción de quererme como soy y como nadie, cuidar de mi cerebro y de mi cuerpo como dos grandes regalos, y hacerlo todo desde la perspectiva radical de esa nueva verdad que esperaba en la entrada de mi ser, con intención de invadir mi corazón y mi pensamiento. En esos dilemas estoy, y gracias a ello, «cuando nada es seguro, todo es posible», ¡fíjate!; hasta que este año de pandemia haya sido mi mejor año. O uno de los mejores.

–Me alegro. Me alegro mucho.

–¿Me ayudarás entonces? ¿Cuento contigo para no olvidar nada?

–Te llamo en unos días, Gus –sentencié, muerto de ganas de dirigirme al *parking* y reproducir a pleno volumen mi cinta favorita de música *country*.

Repetimos la danza ritual de saludos típicos de pandemia: un codo por aquí, una mano al corazón por allá, y nos acabamos despidiendo con un sencillo gesto de manos.

El garaje no quedaba muy lejos. Mientras intentaba pisar por los improvisados senderos que algunos viandantes habían fabricado en las aceras para evitar la ruina de mis zapatos de nobuk con suela de fino cuero, el vaho que se escapaba por los laterales de la mascarilla creaba una nube privada a mi alrededor.

En medio de ella, mi cabeza consideraba si el sábado proponer a mis amigos escritores el que mi relato recreara ese mejor año en la vida de Gus. La propuesta de mi amigo encajaba con el hilo temático que habíamos acordado.

–Acelera, majo, y vamos rápido al coche, que por primera vez en mucho tiempo «Filomena» va a hacer real una predicción –me sorprendí diciéndome mientras Madrid la iban tapizando desde el cielo y desde el suelo con copos de nieve y puñados de sal.

III. RETAZOS HUMANOS

«Sonríe, sonríe y sonríe, una sonrisa nunca falla», me repetía sin cesar. Mi inseparable miedo a parecer distinto me recordaba que en esta vida la única salida es sonreír. Sonreír y luchar.

—Sácame bien guapo *güey*, que quiero sentir el orgullo de mi mamá cuando la feliciten sus vecinas en Monterrey.

Imagino la cara de mi mamá cuando nací. Seguro palideció, seguro lloró varios días, seguro pensó que era el castigo de dios por sus pecados: un hijo sin piernas en un país tan duro como México. ¡Qué cabrón ese dios y qué ingenua mi mamá! Si existiera ese dios habría escuchado los rezos de una pobre viuda y le habría dado un hijo *completito*. Si existiera ese dios le preguntaría donde se mete cuando se le necesita, si soy el plan que falló o solo un retazo de su creación. ¡Me vale madres ese dios!, ese dios no existe, pues en mi historia no hay retazos ni creación.

De mi infancia recuerdo el café con leche por la mañana al lado de mi mamá, las tardes de otoño jugando a las adivinanzas y hablando de la vida, los apapachos y los infinitos «te quiero», que en el regazo de una madre saben mejor. «Sonríe siempre mi Chuchito, una sonrisa nunca falla», me decía mientras acariciaba mi pelo y se dejaba ganar en nuestros juegos. A los catorce llegaron las hormonas y quise correr detrás de las chavas. Entonces descubrí que me faltaban las piernas y se vinieron a vivir conmigo la amargura y la rabia. Rabia y amargura, por no poder correr, por no poder saltar, por no poder ir a *pistear* con mis amigos en busca de la chava que me pudiera gustar. Las chavitas solo veían las piernas que me faltaban; tan solo me veían como el mejor amigo o el peor amor. En la adolescencia aprendí a fijarme en lo que me faltaba, a sentirme un retazo de la creación.

A mis veintidós, mi mamá lloró de orgullo en mi graduación de los estudios de Marketing Digital. Ya era todo un egresado, pero no me quitaba el amargo sabor de sentirme perdedor. Me acompañaba el dolor de ver que los amigos no me llamaban para ir de fiesta, o que las chicas solo veían en mí a un buen bato con un adorable corazón. Mi mamá insistía «Sonríe, sonríe y sonríe», pero yo me había cansado de sonreír, de ser el buen hijo, el perfecto pendejo. El pendejo que acompaña a la chava hasta la entrada de su casa, pero ella no le invita a pasar al interior. El pendejo al que llaman para ir al cine, pero no para ir de *peda* hasta cagar de risa en el amanecer. El pendejo al que nunca llaman para romper una norma, pues si hay problemas será un lastre o un soplón, que no sé qué es peor. Yo no quería quedarme en la entrada, ni ir al cine, ni ser el olvidado cuando se rompieran las normas. Tenía que demostrar que sabía ser el alma de la fiesta, que no era un *coyón*.

En Monterrey sabes dónde está la droga y la droga sabe dónde estás tú. Si de romper normas se trataba yo iba a demostrar que lo haría tan bien como el mejor. Conseguir mota sería sencillo y así mostraría que no me rajo. Robé tres mil pesos a mi mamá y me armé de valor. Sabía dónde comprar:

–Quiero tres mil pesos de mota.

–Anda de aquí *jueputa*, eres un niño, vete de aquí cabrón.

–No hay pedo con mi lana, dame la mota y me voy.

Desapareció aquel *dealer* sin decir nada, y a los cinco minutos volvió acompañado del jefe del cártel de Nuevo León. El jefe, el gran Jefe, el *mero mero*.

—Bueno, bueno, bueno, un bato en su sillita motorizada buscando mota, ¿Quién crees que eres Chucho?

—No quiero problemas, dame mi mota y me voy.

—No seas pendejo. Aquí nadie va a darte nada. Vuelve a cuidar a tu *mamacita*, que no hay mujer más santa en todo Nuevo León.

En México los narcos conocen a todo el mundo, por eso el *mero mero* sabía quién era yo y quién era mi mamá. Conocía su lucha por sacar adelante a un hijo que no puede escapar corriendo del peligro. Si hubiera tenido piernas me habrían pasado la droga y en unos meses la habría vendido yo. Luego, a traficar unos años para acabar en una zanja con un tiro en la nuca o en una cárcel mexicana, que no sé qué es peor. Desde entonces sé que mis piernas ausentes pueden llevarme a los mejores sitios o sacarme de la peor situación.

Sin saber bien cómo, aunque creo que fue el *mero mero*, mi mamá se enteró de aquella compra fallida y actuó con el coraje de las madres luchadoras. Habló con un padre salesiano que me había dado clase en bachillerato, quien me metió en un programa de empleo rumbo a España. Sin contemplaciones me subieron en el primer avión. Recuerdo el enfado con mi mamá y recuerdo no darle besos en el aeropuerto. Ella, con la cara desencajada por el llanto, decía que me quería y que se le partía el alma, pero que mi futuro estaba fuera de allí. Cada noche extraño aquellos besos negados, más que a mis piernas, por mucho que me lleven a los mejores sitios o me subieran a aquel avión.

* * *

Siempre me han atraído los zapatos, fantaseo que reflejan la personalidad de su propietario. Si te fijas bien, sus detalles muestran rasgos de la personalidad difíciles de descubrir. Además, como yo no tengo, me permiten conocer a los demás sin mostrar cómo soy.

Recuerdo la primera impresión que me causó Hernán cuando lo conocí. «Este es Hernán, el director del Departamento de Marketing, tu jefe», me dijeron cuando entré a trabajar en Green Technology. Su imagen era impecable, de *gentleman* inglés. El traje ceñido se adaptaba como un guante a su cuerpo, sin una sola imperfección. El pelo, retacado de gel, potenciaba el plateado de sus canas y revelaba que Hernán tenía la madurez perfecta para mandar. Sin embargo, fueron sus zapatos quienes me advirtieron del peligro que suponía no temer a Hernán. La suela de cuero estaba hecha para pisar alfombra. Sabía que no iba a encontrar ningún obstáculo que le hiciera resbalar, pues su dueño fulminaría cualquier inconveniente del camino. Las agujetas enceradas, *nuevecitas* y brillantes, estaban atadas con un doble nudo muy apretado, mostrando que su propietario ansiaba oprimir. El brillo del zapato era un brillo de espejo, que cuando lo mirabas devolvía tu imagen pequeña e insignificante. Los zapatos de Hernán generaban un abismo entre el que mira y el que muestra ser perfecto, la perfección *pluscuamperfecta*, intencionadamente inalcanzable.

Mis estudios en Monterrey me habían abierto las puertas del Departamento de Marketing de Green. En cuanto Hernán me vio, ideó una campaña de publicidad para mejorar la imagen de la empresa en sus clientes: yo era latino y discapacitado, no se podía pedir más. Acabé siendo el modelo en la campaña y pidiendo al camarógrafo que me sacara bien guapo.

—Sácame bien guapo, *güey*, que quiero sentir el orgullo de mi mamá cuando la feliciten sus vecinas en Monterrey.

Hernán llegó tarde a la grabación de la campaña; decía que la puntualidad era para la tropa, que al jefe hay esperarle sin rechistar, y sólo actuar cuando él diga qué se debe hacer. Tuvimos que esperar una hora sin hacer nada hasta que llegó a la grabación. Se situó en la distancia sin mezclarse con los demás y fijándose en todos los detalles. No tardó en hacer una mueca de desagrado. Se *chingó* el cigarro en dos fumadas, lo tiró violentamente contra el suelo y lo aplastó sin que su zapato perdiera por ello ni un ápice de perfección. Se estaba poniendo nervioso. Decía que la estupidez le sacaba de sus casillas, y aquel camarógrafo no iba a ser una excepción:

—¿Eres tonto o qué? Debe verse que le faltan las piernas y debe lucir bien mexicano. Ya que le hemos contratado, que se vea que somos una empresa diversa y abierta a todo tipo de gente.

Me sorprendió la agresividad de Hernán, pero todos a mi alrededor siguieron centrados en su tarea, como si estuvieran acostumbrados a ella. Buscando una explicación miré al camarógrafo y él me miró pidiendo paciencia con su gesto. Sonrió y le devolví la sonrisa. Respiró, aunque se le notaban las ganas de llorar. Sabía que todos los que habían osado enfrentarse con Hernán habían acabado despedidos, y él tenía dos hijos y muchas cuentas por pagar. Siguió con su trabajo «cuando dirige un idiota no hay que entender, hay que obedecer», me confesó más adelante.

Hacía mucho tiempo que aquel hombre tenía su mente fuera del trabajo. Hacía años que su alma no entraba en Green; había aprendido a quedarse esperando en la puerta a que el cuerpo regresara, protegiendo así las ilusiones que aún mantenía y que quería conservar. El camarógrafo forzó una sonrisa y dijo:

—Si quiere luego lo arreglo con el ordenador, señor Hernán.

Hernán tiró lo que quedaba del cigarro, y gritó:

–¿Quieres grabar de una vez? Y tú, Chucho, pon cara de contento, que aquí te hemos dado la oportunidad de tu vida y parece que estés de velatorio.

Hernán no podía reprimir su necesidad de hacer al resto partícipe de lo que pasaba por su cabeza. De repente gritaba o susurraba, insultaba o elogiaba, y jamás se arrepentía de nada. Debió de pensar que había sido brusco con el pobre camarógrafo, así que se acercó a él y le susurró:

–Quiero una grabación cojonuda. Debe verse que le faltan las piernas, debe dar pena, que se vea que es un retazo de persona. Cuanto más minusválido parezca mejor que mejor.

Juro que lo oí. Juro que me llamó retazo. Yo estaba suficientemente cerca para escuchar y Hernán era lo suficientemente idiota como para no calcular. Puto, maldito cabrón que me había tocado de jefe. El brillo de sus zapatos me pareció entonces falso, de ese tipo de limpieza conseguida con esponja abrillantadora del súper. El tipo de brillo que luce al principio, pero que estropea el calzado y se ensucia con facilidad.

Acababa de aterrizar en Green y ya notaba que me quería largar. Pero necesitaba aquel trabajo tanto o más que el camarógrafo y el resto de los compañeros que me rodeaban. Respiré profundo y dibujé la mejor de mis sonrisas. Si quería al discapacitado alegre para su campaña lo iban a tener. «Sonríe, sonríe, sonríe, una sonrisa nunca falla», me repetía sin cesar.

* * *

Lo primero que hice cuando llegué de México fue incorporarme al programa de los Salesianos llamado «Segunda oportunidad»: discapacitados latinos que buscaban abrirse camino en España. Para nuestros países era una forma de quitarse un problema de encima, para los españoles una manera de limpiar su conciencia, y para nosotros la posibilidad de vivir de nuestros trabajos, no de la caridad.

Durante el primer mes del programa hicimos un *chingo* de cosas: cursos, *pláticas* y prácticas a discreción para entender a los españoles. Las empresas colaboradoras del programa nos daban formación para el empleo, nos daban *pláticas* sobre cómo es el mundo de la empresa y de paso seleccionaban a quien les pudiera gustar. Cuando las empresas nos ofrecían un trabajo era nuestra primera oportunidad. Si conseguíamos un contrato permanente, los Salesianos nos instalaban en un departamento compartido con otros compañeros para dar así por concluido el programa. Esta era la segunda y verdadera oportunidad.

En el curso nos enseñaron materias como Historia, donde aprendí el punto de vista de los españoles sobre la invasión colonial: olvidaron decir que Colón descubrió a quien estaba descubierto, Hernán Cortés mató para conquistar y los españoles se llevaron el oro que nunca han devuelto. Había otra clase llamada Comunicación, donde aprendí a tutear y a decir *joder, coño, hostia* y *cojonudo* a todas horas. La asignatura que más me gustó fue Comportamiento en la Empresa, impartida por Irene Díaz de Otazu, la directora de Recursos Humanos de la empresa Green Technology.

Recuerdo la primera clase de Irene. Llegó puntual y, con una sonrisa dibujada en su boca, empezó a *platicar*:

—La puntualidad demuestra el respeto, y desde el respeto se construye el resto. Si queréis tener éxito en una empresa, debéis comenzar por el respeto, la educación y la sinceridad; si a esto añadís trabajo duro, lo demás está de más.

A pesar de ser Irene una gran directiva, al menos así la presentó el salesiano, me sorprendió que vestía muy parecida a nosotros: tenis, *jeans* desgastados y un suéter amplio de color negro que no mostraba sus formas, como si evitara impactar. Sus tenis eran blancos sin marca, unos tenis normales, elegidos para pasar desapercibidos. Su ropa decía que lo importante no era ella, sino estar cerca de nosotros. Se notaba que Irene quería ser agradable, que lo principal éramos los alumnos y nuestras ganas de aprender. La clase fue magistral, fuera del aula y lejos de los libros, que es donde se aprende de verdad:

—Queridos alumnos, vamos al zoo a aprender cómo os debéis comportar.

Los zoológicos son sitios donde los animales malgastan su vida para saciar la curiosidad de los humanos. La llovizna nos acompañó en el viaje en autobús al zoológico, como si quisiera quitar la ilusión que acompaña a los adolescentes cuando hacen algo nuevo. Irene sonreía, *platicaba* con todo el mundo y procuraba que todos pudiéramos intervenir. Me pareció Irene de esas personas que generan ambientes en los que todo el mundo se siente incluido. Su ánimo compensó lo gris del día, contagiando su alegría y entusiasmo en el trayecto. Escuchaba, respondía y sonreía, y eso que no paraba de *platicar*. Comenzó su lección en el autobús, de manera pausada explicó lo qué íbamos a ver en el zoológico.

—Recordad que somos *homos* y somos *sapiens*. El que se comporta como un mono no debería salir de la selva, el que se comporta como un sapiens tiene mucho que aportar. Aportar en una familia, en la escuela, en un grupo de amigos o en una empresa. Os traigo al zoo para que aprendáis a distinguir a los monos de las personas con las que os gustaría trabajar.

Ver por primera vez un elefante me pareció inolvidable, y el oso hormiguero que está bien cabrón. Lo que más me impactó fue nuestra enorme semejanza con los gorilas y pensé que no somos más que monos versión superior. El recinto de los gorilas era sombrío, silencioso y olía mal. Olía a caca, a perro mojado, a pedo de frijoles con veneno. Era de esos olores que se huelen desde la garganta, que cuesta acomodar varios minutos. Una vez adaptado a la penumbra y al olor pude descubrir que los gorilas no estaban en silencio, sino que compartían gemidos y murmullos, y se comunicaban entre ellos. Intuí que había cierta organización en aquel murmullo, pero no la supe comprender. Pensé en comentarle a Irene que pasa lo mismo con los humanos, que al principio no los entiendes y todo parece un caos, pero cuando pasa el tiempo ves que siempre están organizados. Sentado en mi silla, mientras observaba a los gorilas, me percaté de la parte más penosa del espectáculo: un montón de presos en un recinto aparentando normalidad durante su cautiverio. Los más cercanos al cristal de protección eran los más sociables, hacían muecas a los espectadores, sonreían ampliamente y se desparasitaban unos a otros mientras se hacían cariñitos. Uno me sonrió y le devolví la sonrisa. Entonces leí la incomodidad en sus ojos y comprendí que la sonrisa era parte de un papel que alguien le había asignado. En verdad tenía ganas de llorar. Otros más alejados parecían perturbados; uno miraba a la pared, otro comía su propia mierda y un tercero no paraba de comer y reír. Eran los inadaptados y distintos del grupo, puestos allí para poder sospechar de ellos y para encontrar un culpable cuando se necesitara. También pensé en comentarle a Irene que siempre hay un grupo de raros entre los humanos, que se utilizan para echarles la culpa si algo sale mal. Son los sospechosos. Lo pensé porque me recordó lo que ocurría en el patio de mi escuela, donde siempre había alguien dispuesto a echar la culpa al distinto. Más al fondo estaban las hembras con sus crías, ocupadas en protegerlas y en atender al gran macho de espalda plateada que presidía toda la situación. Para ellas era importante no molestar y atender a sus crías, no molestar y evitar mirar frente a frente al espalda plateada, no molestar para mantenerse en la organización.

El espalda plateada no era el más grande, ni siquiera parecía ser inteligente, pero se notaba que era quién tenía el control. Estaba en lo más alto del recinto y observaba con una mueca de desconfianza al resto de gorilas. Vigilaba a las hembras y a las crías, aunque con distancia y desapego. En la cara de los otros gorilas se leía que era él quien mandaba, que debían conseguir su aprobación para efectuar cada movimiento, y evitar que se pudiera enfadar. Me miró tan penetrante que temblé. Su mirada dejaba claro que él mandaba allí, y que solo el cristal de protección me salvaba de ser despedazado, simplemente por ser un extraño, simplemente por observar y darme cuenta de la situación. Sostuvo su mirada de esa forma autoritaria que la sostiene el que manda, ordenando que bajara la mía. Un escalofrío me hizo notar el miedo, como si el cristal no estuviera entre los dos, y bajé la mirada mientras me rascaba la cabeza, un pretexto que permitió disimular mi acción cobarde. De reojo me pareció ver que el muy cabrón sonreía, porque los dos sabíamos quién mandaba. Supe que todos los gorilas de la jaula sentían lo mismo que yo.

Ya no notaba el hedor del recinto, ni notaba la penumbra, ni el cristal de protección. Me sentía como si fuera un gorila más en medio de aquel grupo. Percibía la desconfianza del resto de los compañeros y la obligación de pasar inadvertido con el temor a ser descubierto en mis pensamientos. Aquella sensación duró un momento, un instante, lo justo para pensar en si este era el mensaje que quería mandar Irene: el miedo en la empresa mantiene al grupo unido, unido para que nada cambie.

Mientras pensaba en los gorilas y los humanos, en el zoológico y en la empresa, mi mirada se perdía entre los gorilas. Entonces un macho joven regaló un plátano a una hembra, quizá por congraciarse, quién sabe si con otra intención. Rápidamente otra hembra celosa avisó al espalda plateada, quien de un salto llegó hasta el mono joven y le golpeó con furia. Golpeó, golpeó y golpeó. Todos miramos absortos y atemorizados. Humanos y simios vimos el escarmiento paralizados por el miedo. Incluso los cuidadores contemplaron sin intervenir. Pasado el castigo todo volvió a la calma. Las crías volvieron a jugar, las hembras a cuidarlas y los inadaptados a simular ser idiotas. El espalda plateada, con mirada desafiante, mostraba su autoridad. Me alegré de notar entonces el cristal de protección, que me mantenía a salvo de cualquier agresión. Salimos del recinto de los gorilas mientras los cuidadores llevaron al macho joven al veterinario para evaluar su estado. El resto de gorilas supieron qué pensar.

Allí acabó la visita al zoológico, para Irene fue suficiente y al resto no nos quedaron ganas de más. En el camino de vuelta Irene se hizo dueña del micrófono del autobús.

—¿Qué habéis visto?

La pregunta no era fácil. No habíamos visto monos sino a nuestros primos los gorilas, que me habían recordado mi infancia en el patio de la escuela y quizá un futuro que no quería vivir. Una *chava* contestó:

—Está claro que ha habido un mono que algo ha hecho mal. Supongo que habrá quebrado una norma y el jefe lo ha castigado. ¿Qué se podía esperar?, son monos.

—El problema no es ese —me apresuré a intervenir yo—, sino que el resto ha visto lo injusto del castigo, y nadie ha movido un dedo por pararlo, ni tan siquiera los cuidadores. Si nadie hace nada ante la injusticia, esta sigue para siempre. Sí, son monos, pero no los veo muy distintos a nosotros.

Mi compañera insistió en su punto de vista:

—Lo que está claro es que alguien debe mandar y que hay que obedecer las normas porque, ¿en quién vas a confiar? ¿en el que regala un plátano dentro de una jaula apestosa?, ¿en aquel tonto que no para de sonreír?, ¿en el que se come su mierda? Al frente se necesita quien sepa mandar, y el resto debe obedecer, que es la única manera de proteger al grupo.

Irene sonrió, había conseguido su propósito: hacernos pensar. Yo me preguntaba cómo aquella *chava* podía decir que tener uno al mando es la única manera de proteger al grupo. Irene dio por concluida su lección en el mismo autobús de vuelta:

—No olvidemos que somos *homo*, y que por tanto nos paraliza el miedo, la amenaza y la sinrazón. No olvidéis que somos *sapiens*, y que queremos ver a nuestro grupo mejorar. Para mañana os mando una tarea, que vamos a llamar «Si no eres la solución eres el problema». Se trata de exponer cual debería haber sido vuestro comportamiento en caso de que hubierais sido gorilas dentro de la jaula.

«Si no eres la solución eres el problema». Esa frase me acompaña desde entonces. «Si no eres la solución eres el problema», es un principio que te obliga a actuar. Expliqué en mis deberes que quien calla ante la injusticia merece estar en la jaula de los gorilas. Sin embargo, no podía olvidar que, cuando me sentí en la jaula, mi reacción fue bajar la mirada y callar.

* * *

Irene llegó puntual a nuestra primera reunión en Green, donde entré a trabajar gracias al curso Segunda Oportunidad. Tenía la suerte, al menos eso pensé en un principio, de conocerla, pues había sido una profesora muy *fregona*. Decía que con la puntualidad se demuestra el respeto, y que a partir del respeto se construye todo lo demás. Como ya la conocía del curso de formación con los Salesianos, no me sorprendió la limpieza de sus zapatos, una limpieza sin reflejos ni brillo, una limpieza funcional. La suela era de hule para caminar sin hacer ruido, sin querer perturbar a quien no quiere ser molestado. No tenían agujetas enceradas ni hebilla, sino un elástico para ponérselos sin esfuerzo, dispuestos a meterse y quitarse fácilmente. El color era mate, elegido para no deslumbrar. Yo diría que eran zapatos hechos para alguien centrado en los demás.

–Hola, Irene, de lejos creí que eras mi compañera becaria, pero cuando acercaste te he reconocido. Te ves espectacular.

Irene sonrió, pues estaba claro que era un piropo desmedido, pero también una declaración de mis ganas de agradar.

–¡Qué amable eres, Chucho! ¿Cómo te hemos tratado en estos primeros días? Recuerda tener paciencia, acabas de aterrizar.

Quería contarle a Irene lo extraño del comportamiento de Hernán y el miedo que provocaba en el equipo, pero ella me pedía paciencia. Parecía como si supiera lo que le iba a decir, así que dude y callé. Callé al igual que callan los cobardes, callé cuando no debía callar. Para los del Departamento de Marketing, Hernán era sinónimo de peligro y vivían entre el temor y el sinsabor de una situación que alguien debía denunciar. Yo sentía hervir en mis venas las ganas por combatir a los injustos, a los acosadores y a los elitistas. Mis ganas por luchar y mostrar que un mundo mejor era posible me decían que debía hablar. Irene, sin embargo, solo se interesó por mi comodidad en la empresa, los horarios, el *locker* o el seguro médico. Quizá Irene pensó que yo tenía que aprender a esperar para hacer un juicio, aunque fuera algo tan patente como Hernán.

Su actitud me frustró, se caía el mito de la gran directora de Recursos Humanos, no entendí qué estaba esperando para actuar. Sus huecas palabras me parecieron excusas para no afrontar su responsabilidad, tan inservibles como los rezos de mi mamá a un dios cansado de desaparecer. ¿Sería

Irene una líder desaparecida, de esas demasiado comprensivas, educadas y cobardes? No me estaba gustando aquella primera reunión. «Irene y yo no nos parecemos en nada», pensé para mis adentros. Ella parecía saber leer mis pensamientos y pidió más paciencia:

—Eres muy joven, Chucho. Date tiempo para entender lo complejo de Green. Todo el mundo necesita comprensión. En los trabajos hay que entender a la gente para ayudarle a mejorar.

Estaba confundido. Irene, en sus clases, hablaba de actuar, de ser la solución y no el problema, de defender el respeto, la educación y la sinceridad; sin embargo, en aquella primera reunión, no me dejaba ni hablar. Yo había imaginado una Irene fulminando a los malos en defensa de los débiles y necesitados. Muy al contrario, sentí que Irene nada quería cambiar.

* * *

Sonreí, sonreí y sonreí, confiando en que mi sonrisa cambiaría las cosas en la grabación de aquella campaña de publicidad. Al menos, pensé, hago la vida agradable al camarógrafo y al resto de compañeros. Sonreír me recordó que me encantaba la idea de ser imagen de marca y poder así sentir el orgullo materno desde Monterrey. Pero estar delante de Hernán me hacía cuestionar si Green era mi lugar. Ajeno a mis pensamientos, encendió otro cigarrillo desobedeciendo la prohibición de fumar. Se lo *chingó* de una fumada y, señalando con su dedo índice al camarógrafo, insistió:

—Debes sacar su cara de minusválido, que se note que es latino, que ha pasado necesidad.

Tras la grabación Hernán estaba exultante. Pensaba que todos aplaudían su *liderazgo arrollador*. Al ser yo el recién llegado se quiso congraciar conmigo, así que me susurró:

–Esta campaña va a ser un éxito. Soy la hostia, si no fuera por mí, esta empresa hace años que se habría ido al garete. Tú también eres la hostia, ven a mi oficina, tenemos cosas serias que hablar.

La alfombra de la oficina era de esas tan tupidas que frenó mi silla de ruedas al entrar. No estaba hecha para recibir, sino para excluir a quién no la supiera pisar. Alfombra hecha para contentar suelas limpias que no están manchadas por el trabajo. Hernán se sentó en su señorial sillón de cuero, respiró profundo dándose importancia, y... no pudo evitar mirar mi silla y mis piernas ausentes, como si faltara algo.

–Perdona por haberte chillado, Chucho, pero estar rodeado de tontos me saca de mis casillas. Yo quiero que la empresa funcione, tener profesionales de verdad. Sin embargo, la inepta de Irene deja que esta empresa esté llena de mediocres, y a mí me toca compensarlo.

En la pared de aquella oficina había una enorme foto de Hernán. En ella posaba orgulloso, con un birrete en su cabeza y recogiendo lo que parecía un título, con la bandera de Estados Unidos detrás. Mensaje para la galería, pensé. Parecía que aquel enorme sillón estuviera colgado del cielo, tanto que me hacía mirar a Hernán hacia arriba, mientras yo me sentía más y más pequeño. Pensé que cuando alguien tiene que auto-proclamarse importante, es porque quizá no lo sea tanto. ¿A qué venia ese ataque gratuito a Irene? Quizá supiera que había sido mi profesora en el curso, tal vez pensó que yo la apreciaba o puede que solo pretendiera congraciarse conmigo gracias a la vieja estrategia de criticar por criticar.

–Recursos Humanos es un departamento *de segunda*, todo comprensión y segundas oportunidades, el reino de la mediocridad. Debes saber que Irene os critica a todos los nuevos. Sin embargo, protege, protege y protege a los ineptos que llevan años contratados, tontos como el cámara, monumentos a la incompetencia.

Aquella crítica a Irene fue la gota que derramó el vaso de mi esperanza con Hernán. Noté que mi alma ya no estaba en aquella oficina, me esperaba fuera protegiendo las ilusiones que no quería abandonar. Supe que Hernán era patético. Si obviabas su coraza de mala educación, la alfombra tupida y el sillón colgado del cielo, quedaba su esencia. Hernán no miraba a los ojos cuando mentía, tartamudeaba buscando las palabras en su cabeza y sus manos temblaban al no saberse expresar. De pronto hablaba, de pronto callaba, mostrando que no sabía qué decir. Vi que uno de sus zapatos se movía nervioso, buscando una salida, queriendo salir corriendo. Cuando los zapatos quieren salir corriendo es porque quien los lleva quiere escapar. Nefasto me pareció Hernán en su lucha por ganar entre sus aliados a un *batito* recién aterrizado. Sus zapatos, manchados por pisarse, habían perdido su perfección *pluscuamperfecta*. Los zapatos y yo firmamos una tregua, pues ambos estábamos cansados de los esfuerzos de Hernán por resultar veraz.

–Hernán, no se preocupe. He captado el mensaje y tengo claro a quién no debo defraudar.

Hernán se limpió la saliva de las comisuras de sus labios y dejó de tartamudear.

–Sabía que eras de los míos. Nada te va a faltar en mi equipo. Mañana hablo con Irenita y le digo que conviertan tu contrato en permanente. Bienvenido Chucho, me gusta la gente con hambre como tú, con hambre de verdad.

En aquella oficina recordé que yo era un tipo con suerte. Yo era un tipo muy *completito* y no un retazo de persona, que diría Hernán. Quizá el retazo fuera él pues, si quitabas la coraza que protegía su esencia, quedaba la nada más patética, su falta de humanidad. Me pregunté cómo podía ser Hernán un directivo. ¿Acaso era Green una empresa que contrata personas para tratarlas como monos? Nadé en un mar de dudas, no supe qué pensar. Extrañé mucho a mi mamá, el café con leche por la mañana y los *apapachos* infinitos.

* * *

«Irene Díaz de Otazu, Directora de Recursos Humanos», se leía en el cartel de la puerta de la oficina de Irene. Me recordó su entrevista en la revista de los Salesianos, que había leído unos días antes:

—«Irene Díaz de Otazu, experta en Recursos Humanos, experta en personas y en empresas, una referente en el mercado laboral», iniciaba el periodista.

—Mi función en la empresa es ayudar al grupo de personas que la integran a mejorar, y a la empresa a obtener beneficio económico. Estos dos objetivos son complementarios y solo pueden lograrse con ambición por alcanzar las metas, y con respeto los integrantes del grupo.

Aquellas respuestas de Irene tan medidas, tan perfectas, con su parte personal, su parte profesional y su parte humana, me hicieron saber que había preparado concienzudamente la entrevista. Irene era de esas personas que nunca dejan nada al azar. El resto de la entrevista fue una estudiada exposición de la importancia del respeto y la educación para que el equipo pueda progresar. En la entrevista hablaba de su principio «si no eres la solución eres el problema», que yo había hecho mío. De soluciones precisamente quería hablar. No hizo falta llamar a su puerta porque siempre estaba abierta; no obstante pedí permiso para pasar.

—¿Se puede Irene?

—Por supuesto, mi querido Chucho, mi sapiens preferido, entra hasta el final.

La oficina tenía un piso laminado de esos que parecen madera, funcional para limpiarlo fácilmente y a la vez acogedor, que invita a pasar. Cuando frenas la silla en la oficina de Irene, el piso no resbala y tampoco te atrapa si quieres arrancar.

–Te he llamado porque llevas ya un mes con nosotros y tu jefe ha pedido que te hagamos fijo en la plantilla, sin embargo, no conozco tu opinión sobre Green. Para nosotros es importante la opinión de nuestros jóvenes…

Agradecí el interés de Irene por mí, sin embargo, me pareció que estaba echando el típico *choro* sobre la importancia de respetar los tiempos en la empresa, de saber esperar y otros tópicos por el estilo. Al ver que se extendía demasiado sentí que no llegaría mi turno y recordé mi primera reunión con ella, en la que ni tan siquiera pude hablar. Mientras ella hablaba y hablaba pude ver encima de su escritorio una placa de agradecimiento de los Salesianos por el programa «Segunda Oportunidad». Pensar en los Salesianos me recordó a mi mamá, la gran luchadora orgullosa de su hijo, la que defiende la sonrisa como receta ante la adversidad. Hacía días que no la llamaba. La tenía más abandonada que aquel dios al que le reza, aquel que haciendo hombres no recordaba ponerles piernas, como si fueran un retazo que se pueda olvidar.

–¡Chucho! ¿Me estas escuchando? Te he preguntado cómo te ha ido con Hernán.

–Para serte totalmente sincero, Irene, esto no es lo que me esperaba, creo que este no es mi lugar.

–Vas demasiado rápido, Chucho, debes tener paciencia. Creo que tu juventud e inexperiencia te hacer ser impaciente con la empresa y quizá con Hernán…

Otro *choro* de Irene sobre la empresa y la ética. Entonces vi un gran cuadro colgado en la pared. Era una foto de todo el personal de Green Technology celebrando los primeros diez años de la empresa y, en letras superpuestas, el eslogan «Todos hacemos Green». La foto era bonita, aunque había perdido el color por el paso de los años, y el ancho marco de madera que la soportaba pedía a gritos una renovación. Aquella foto reflejaba a Irene: con principios excelentes, pero con un formato desfasado. Me molestó darme cuenta de que se había quedado anclada en el pasado, un pasado con otros ritmos, con cambios que se producían muy poco a poco. Bajé la mirada y me tropecé con sus zapatos. Su color mate había tomado una tonalidad apagada, de esas que aburren y aburren porque nunca van a cambiar.

—Perdona que te interrumpa Irene, quizá no me expresé bien. Yo creo que sabes que Hernán critica continuamente, llama tonto a todo el mundo y ataca sin piedad. Yo no quiero trabajar con él pues me quita la alegría por trabajar. Además, perdona mi insolencia, pero si alguien piensa que todo el mundo es tonto, es porque el tonto es él.

—No te puedo consentir estas palabras. Debes ser más respetuoso y paciente con la empresa y, si te toca trabajar con Hernán, tendrás que trabajar con él. Ya eres mayorcito Chucho, ahora toca ser responsable.

Los zapatos de Irene delataron su incomodidad. En los momentos de vergüenza la gente encoge sus pies dentro de los zapatos intentando liberar presión, queriendo aliviar por allí la resistencia que no quieren mostrar. Los zapatos de Irene se abultaron contradiciendo lo que ella estaba diciendo, dejando al descubierto su lucha interna. Agradecí a los zapatos su sinceridad.

—Irene, me pides que tire mi tiempo a la basura, que acepte tu realidad. Me niego a ser parte de este problema, no voy a ser el tonto a quién el tonto hace tontear.

Sonreí y miré fijamente a Irene, pues ya no quedaba nada por decir. Calló, se empañaron sus ojos y la frustración rodó por su mejilla. Salí de aquella oficina que ni resbala ni atrapa. Yo sonreí, sonreí y sonreí, e Irene me dejó volar.

IV. Y MARÍA SE HIZO INVISIBLE

Se miró las yemas de los dedos, las huellas dactilares. Con el dedo gordo de la mano derecha se acarició los dedos de la mano izquierda, la palma de la mano, la muñeca, el antebrazo, el codo. Hizo el mismo recorrido a la inversa. ¿Cuánto tiempo puede pasar una persona sin contacto con otro humano? Volvió a realizar el mismo recorrido, esta vez con las uñas en vez de con las yemas. La sensación era distinta. Se le erizaba la piel. Levantó el brazo por encima de su cabeza e intentó observarlo, pero la oscuridad de la estancia apenas le permitía saber dónde estaba. Veía sombras, reflejos. Tal vez ni siquiera veía su brazo, tal vez era solo su imaginación que conocía a la perfección cada detalle de su cuerpo. Más desde que el confinamiento había empezado a resultar pesado. Nunca había sentido tanta necesidad de recorrer su cuerpo con las yemas de sus dedos, con sus manos. A veces se descubría a sí misma en una especie de abrazo que no cubría su necesidad de contacto. Pasaba su brazo derecho por su barriga y se llevaba la mano a la espalda. Se engañaba a sí misma con ese contacto humano, que no era más que el propio, apenas sensible, apenas tranquilizador. Nunca pensó que el contacto con la piel de otra persona fuera tan importante para ella, más aún cuando solía preferir tener una burbuja a su alrededor. En apenas unas semanas las palabras «espacio propio» habían cambiado de significado en su diccionario personal. Muchas más cosas habían cambiado en su diccionario: casa, trabajo, invisibilidad, horas, minutos, segundos.

Si cerraba los ojos parecía que era otra persona quien le acariciaba el brazo. Si bloqueaba los sentidos esa otra persona era su madre. Si se dejaba llevar por los recuerdos olía su perfume. Durante años se había obligado a rechazar ese recuerdo, convencida de que traerlo a la realidad solo le causaría más dolor. En pleno confinamiento el dolor por la ausencia de sus padres era más pronunciado que cuando fallecieron. Todo era más penoso, más oscuro, más siniestro.

Abrió los ojos con la intención de obligarse a permanecer en ese momento y no dejarse llevar por los recuerdos, no volver a aspirar el perfume de su madre. No veía nada en la oscuridad. Encendió la tenue luz de la mesita y solo vio el techo, como todas las noches. «Se va a derrumbar», pensó. No sabía por qué, pero desde hacía unas noches empezaba a colarse en su cabeza el pensamiento de que el techo se iba a derrumbar sobre ella. Apartó la idea y se obligó una vez más a no dejar que su mente se disparara; ella podía controlarla. Recordó que había empezado el confinamiento con ilusión. Le daba muchas más oportunidades, le permitía sentirse menos expuesta al hacer presentaciones, le evitaba el tráfico y el trayecto de una hora de duración a la oficina, le dejaba tiempo para leer, le ahorraba las excusas absurdas para no asistir a compromisos sociales... ¿Qué más, qué más, qué más?... ¿Qué más motivos le debían hacer sentirse feliz? Cerró los ojos. Los abrió. El techo se derrumbaba. Iba a caerse. Apagó la luz y se protegió los ojos con los antebrazos.

¿Era depresión lo que sufría? Si era depresión, no tenía derecho. Por ejemplo, Chuchín, que no tenía piernas, sí tenía derecho a sufrir una depresión. Ella no. ¿De qué se quejaba? Siempre le había gustado disfrutar de la soledad. Su introversión la había acompañado toda su vida, así como los consejos para superarla. Siendo pequeña sus padres la animaban a tener más confianza en sí misma, confundiendo su gusto por el silencio y la oscuridad con baja autoestima. Dedicaban esfuerzos a animarla en sus sueños e ilusiones, creyendo que si ella confiaba en sus decisiones las tomaría con más fuerza y saldría de su pequeño caparazón. Solo hubo una ocasión en que no contó en absoluto con su apoyo. Cuando tenía dieciséis o diecisiete años comenzó a decir que cuando terminara el bachillerato se sacaría el carné de conducir y buscaría trabajo de chófer. Primero se rieron con ella, pero cuando mantuvo esta posición durante meses, sin saberlo abrió un campo de batalla. De un lado ella, sin aliados, y del otro sus padres, atrincherados con muchos aliados inesperados entre sus filas.

En otro ambiente se pensaría que hablaba de ser chófer de autobús; en el suyo todo el mundo sabía que hablaba de chófer particular, uno como el de su casa, que la llevaba al colegio, la recogía en sus clases de natación, en casa de sus amigas, a la salida de la discoteca… Un chófer un tanto distante; nada que ver con esa imagen de las películas en que es confidente y hasta guardaespaldas. Para María, el chófer era un señor que siempre era mayor y que le abría la puerta y le preguntaba cómo había sido su día. María, con exquisita educación y timidez, a pesar de conocerlo desde hacía años contestaba con escasas palabras.

Los aliados del bando de sus padres eran innumerables, imprevistos y estaban por todas partes: sus abuelos, los padres de sus amigas, los profesores, sus propias amigas. Ganaron incluso para su bando a su chófer. Le pidieron que hablara con ella para explicarle que era un trabajo poco motivador. Pensaron que sería una buena conversación para ella sin tener en cuenta cómo le haría sentir a él. Como era bien mandado, en uno de los silenciosos viajes se esforzó lo imposible por iniciar una conversación con la que no se sentía cómodo. Como si se tratara de un guion previamente elaborado, enumeró todos los inconvenientes de su trabajo: dolor de espalda, peligros en la carretera, poca compañía, jornadas eternas con muy pocas horas productivas, sensación de vivir en el día de la marmota… «¡Si la señora ni siquiera sabe si le gusta conducir!», concluyó.

La última baza de los padres fue un acierto, aunque no por los motivos que ellos habían pensado. María dejó de querer ser chófer no por lo que él le expuso, sino porque de pronto la magia de la profesión se había desvanecido. Él era, al fin y al cabo, una persona como las demás, que escuchaba y tenía que ser escuchado.

Después de esta hubo muchas más batallas que María perdió. Como una profecía autocumplida, de tantas veces como escuchó que su problema era que no tenía autoestima, el mensaje acabó calando en ella. A veces se decía a sí misma que valía mucho, muchísimo, pero la realidad era que ella era demasiado diferente. Muchas veces había acabado preguntándose si no viviría en un mundo equivocado, y no porque su voz fuera débil, sino porque los demás eran sordos.

Se licenció en Económicas, acumulando matrículas de honor año tras año. Eligió Alemania como destino para su año Erasmus, donde disfrutó de calles con poco ruido, de la noche que en invierno avanzaba hasta media mañana y teñía los días de silencio. Terminó el año con tristeza por volver a España, aunque la ilusión de estar en casa con sus padres también era fuerte. Sin embargo, algo había cambiado en el ambiente; ya no era el que recordaba. Al principio lo achacó a que ella había cambiado, pero había algo más. El aire en su casa era más denso, más delicado, más inestable. Las pocas palabras que sus padres se entrecruzaban entre sí estaban inundadas de educación y mantenían un falso equilibrio para que la discusión no estallara. Ya no estaba María en un bando y ellos en otro: ahora cada uno de los tres estaba en un bando distinto.

Antes de terminar la carrera les planteó a sus padres que la matricularan en un máster. Para su sorpresa, su primera pregunta fue cuánto costaba. No le confirmaron si podría hacerlo, alargando la decisión en el tiempo con la excusa de que no era necesario tomarla antes de que se graduase. Entonces desaparecieron los coches del garaje. «Eran demasiado antiguos y no los usábamos», le explicaron. Luego los valiosos cuadros. «Han sido una gran inversión, hemos ganado mucho dinero; no tenía sentido tenerlos colgados de la pared solo para nuestro disfrute. En realidad hemos hecho una acción benéfica vendiéndolos para que otras personas puedan disfrutarlos». Luego las joyas dejaron de iluminar la mirada de su madre. Cuando lo material desapareció, fueron reduciendo el número de personas que mantenían su enorme hogar en marcha: el chófer, el jardinero, la señora que limpiaba y hacía la comida. Los árboles crecían sin límite, las flores se morían, la piscina se tornó verde. No volvieron a mencionar el máster y la animaron a buscar trabajo. Ella lo hizo, pero en Alemania. Los siguientes meses transcurrieron muy rápido, con una intensidad que no había vivido ni siquiera durante el Erasmus. Conoció a un alemán, se enamoraron apasionadamente, compartieron tardes interminables de conversaciones, de secretos no compartidos con otros, se unió a su grupo de amigos y se sintió libre de quien había sido hasta ese momento.

Mientras tanto, sus padres le dijeron que habían vendido la casa porque estaba muy vacía sin ella, era demasiado grande. Se habían ido de alquiler a un piso en Madrid. Ella preguntó si todo iba bien y el silencio, del que tanto disfrutaba antes, se volvió espeso. Podía masticarlo incluso. Las llamadas se espaciaron y la urgencia por tenerla cerca se disipó, lo cual, por otra parte, fue un alivio para ella.

Cuando sus padres fallecieron en un accidente de coche un año después, María volvió a Madrid dejando atrás su vida en Alemania. Tan atrás la dejó que pronto le pareció un simple espejismo. Es cierto que nada la ataba ya a la capital española, pero estar en Madrid le hacía sentirse en casa y cerca de ellos, aunque ya no estuvieran. Su pareja se ofreció a acompañarla y así lo hizo los primeros días, pero María no tenía espacio en su cabeza para él mientras luchaba por no llorar la pérdida de sus padres. Él le estorbaba. Y con la pequeña maleta con la que había llegado se fue.

En su herencia no había nada; al menos tampoco deudas, como le dijo el abogado de la familia. Era un hombre regordete, con barba espesa, ojos pequeños, sonrisa nerviosa y recurrente. Su lenguaje era técnico, complicado y misterioso; intencionadamente enrevesado. Atesoraba el secreto de que detrás de sus palabras imposibles se escondía el pavor a ser descubierto por incompetencia.

María intentó buscar trabajo con los sentidos aún nublados. Los números rojos de su cuenta la motivaban a salir, pero a su buzón tan solo llegaban ofertas de prácticas. Aceptó la que le ofrecieron en Green Technology con la promesa de un trabajo indefinido, promesa en la que ella no creyó mucho al principio, pero que se cumplió. Sus primeros años se centró en hacer bien su trabajo, en no permitir que nadie supiera que sus padres habían fallecido hacía poco juntos en un accidente, en demostrar que a pesar de tener un miedo atroz a hablar en público tenía buenas ideas, en hacerse un hueco entre los que habían entrado con una beca como ella y mantener un estrecho contacto con los que se habían ido a otra empresa. Con los años aspiró a hacer más que «un buen trabajo»: buscaba formas de aportar mejoras al departamento y encontraba momentos en los que presentárselas a su jefe sin sentirse expuesta en las grandes reuniones. Él solía responder con poco énfasis, aunque sus ideas solían implementarse. Ella sospechaba que él se llevaba todo el mérito. Al principio no le importó, pero según maduraba comprendió mejor las bazas que jugaban todas las personas con las que trabajaba. Anotaba mentalmente las normas del juego de todos ellos y se adaptaba a las mismas, ansiando que llegara el día en que ellos jugaran con las suyas. «Algún día, algún día», se decía.

Llevaba ya nueve años en la empresa pero nadie se adaptaba a ella. Cuando conoció a Chuchín casi había tirado definitivamente la toalla. Si no eran capaces de ver con absoluta claridad lo que él necesitaba jamás seguirían las tímidas pistas que ella dejaba. Chuchín, con su silla de ruedas, se pasaba gran parte del día hablando hacia arriba. Quienes estaban de pie lo miraban desde su altura y no se planteaban sentarse a su lado para tener una conversación desde el mismo nivel. Si no podían ver la tortícolis que le estaban provocando, era imposible que vieran que ella necesitaba otros foros distintos para comunicarse.

Así que durante los meses anteriores a la pandemia que nadie previó, María estaba inmersa en mejorar sus habilidades de comunicación y vencer sus miedos. Si el mundo era incapaz de escucharla en espacios seguros, ella tenía que cambiar. Lo que más le costaba era controlar su mente antes de cualquier intervención, aunque fuera solo para decir que estaba de acuerdo. Sin pedir permiso, los recuerdos sobre su infancia o imágenes de sus padres se tropezaban con sus palabras. Todo se mezclaba en una maraña de pensamientos absurda y sin conexión aparente que María era incapaz de controlar. Su nerviosismo aumentaba entonces, sus manos sudaban, la sangre hacía que le subieran los colores, empezaba a asomar el miedo, el pavor, la necesidad de huir de la habitación, la incapacidad por deshacer el enredo de recuerdos y tirar del hilo que la devolviese a la presentación que tan bien preparada tenía.

Reunión tras reunión, sin embargo, el hilo se perdía y la maraña no se deshacía. Sus intervenciones no eran en absoluto como las había preparado. Los diez minutos previstos de conversación en los que también intercalaría inteligentes preguntas a los asistentes, se convertían en intervenciones de menos de un minuto con miradas evasivas a los demás, con movimientos nerviosos de manos. Solo conseguía compartir un mínimo porcentaje de lo que quería contar. Después de cada intervención se recluía en su caparazón. «Pero si ya tengo treinta y dos años… ¿Cuándo se me va a ir este miedo a exponer en público?» se preguntaba resignada, incluso enfadada consigo misma.

Ese jueves 12 de marzo de 2020 iba a ser distinto. Su superior, el *manager* de Finanzas, había reunido a todo el equipo con la intención de que cada uno compartiera una iniciativa sobre cómo adelantarse a la posible recesión económica que desde hacía meses anunciaban. Sabía por experiencia que cuando los jefes hacían ese tipo de reuniones la gran mayoría buscaba algo para salir del paso: una propuesta algo creativa pero que tampoco les llevara demasiado tiempo. No debía parecer que no habían pensado en ello, pero tampoco iban a dedicarle horas extras. Ella sí lo había hecho. Había analizado las últimas tendencias en videojuegos y en el mundo laboral, convencida de que podía traspasarse la barrera que separaba los dos mundos y combinarlos en una solución divertida y profesional más allá de los tímidos intentos de *business games* que aún no estaban dando los frutos esperados. Había revisado la cartera de clientes de Green Technology buscando aliados, había contactado con comerciales, comprendiendo mejor cómo funcionaban los canales de venta para compañías y cómo se podría dar cabida a una nueva aplicación profesional, obteniendo información real más allá de informes fríos. Como financiera que era calculaba que le había dedicado a su propuesta cincuenta horas de trabajo rescatadas de los fines de semana y de noches sin dormir. Esta vez no iba a compartir su propuesta con su jefe en un foro reducido, como solía hacer para evitar exponer en público, con la consecuencia de que sus ideas eran robadas y jamás se llevaba el reconocimiento por las mismas. Tenía sus ocho diapositivas con un extenso informe de soporte. Poca información, pero directa, un discurso bien elaborado que llevaría a los participantes a la conclusión que ella quería: había que invertir en ferias y reuniones empresariales virtuales en las que los asistentes serían avatares. Los encuentros de este tipo en el mundo profesional eran más populares y reducían el tiempo dedicado a viajes interminables y a maletas que se deshacían para rehacerse al día siguiente. Eso sin sumar el famoso *jet lag* y el tiempo que se dejaba de dedicar a la vida personal, cada vez más preciado, sobre todo entre los jóvenes. Solo quince años atrás los comerciales de Green dedicaban tres veces más tiempo a viajes que en la actualidad. La tendencia era reducirlos aún más. Incluso las ferias y los congresos podrían organizarse en el mundo virtual si se creaban buenos avatares, y nadie sabía más sobre avatares que Green Technology dentro del mundo de los videojuegos. Era una oportunidad de oro.

En cuanto Perico terminara su intervención sería su turno. Apartaba, incluso con la mano, el recuerdo de querer ser chófer. El gesto no pasó desapercibido a su compañero de mesa, que creyó que había una mosca alrededor. Ella se puso tensa, irguió la espalda y confirmó por vigésima vez que su presentación estaba abierta en el ordenador.

—Gracias, Perico, es muy interesante, ¡difícil de superar! Vamos a ver qué nos trae María. No creo que sea una presentación muy larga, así que buenas noticias; os devolveré media hora de vuestro tiempo.

María miró el reloj. Eran las 12:29 h. La reunión estaba agendada para terminar a la 13:00 h. Conectó su portátil a la pantalla e inició el modo presentación, intentando olvidarse de las manos, que le temblaban.

Se levantó, algo que sorprendió, porque solía presentar sentada, y se acercó a la televisión. Iba a explicar el título de la presentación cuando Pilar, la directora de Finanzas, entró impulsivamente en la sala.

—Hola, mirad; lo siento mucho, pero tenéis que recoger todo e iros a casa. Vamos a trabajar desde casa a partir de ya mismo.

—¿Perdona? —preguntó su jefe incrédulo.

—Sí, vamos a ser precavidos con este tema del coronavirus. Por favor, sois seis, ocho, diez, doce, ¡quince! en esta reunión. Dijimos que no mantuvierais reuniones de grupo en la misma sala. Por favor, recoged todo e id a casa.

—Yo creo que os estáis volviendo un poco locos... Todos mis amigos están trabajando con normalidad —le contestó el jefe, queriendo hacerle cambiar de opinión en un intento algo ridículo.

—Me alegro por ellos. A mí mi madre me enseñó que si otros se tiraban por un puente yo no debía seguirlos, pero tendremos en cuenta tu valiosa sugerencia. —El silencio se adueñó de la sala—. ¡Venga, vamos! No esperaréis a que me dé la vuelta para seguir con la reunión, ¿verdad? Confío en que hayáis entendido que desde ahora mismo todo el trabajo de este departamento se hace desde casa. Os hemos enviado un correo ahora mismo a todos. Si tenéis más dudas, me llamáis.

Nadie se acordó de la intervención de María. «Si hubiera sido la de Perico seguro que habrían convocado una reunión por Teams para conocer su propuesta», pensó ella tristemente. Le costaba reconocerlo, pero también le recorrió una sensación de alivio por no pasar por el mal trago de presentar en público, aun cuando esta vez parecía desearlo con todas sus fuerzas.

Absorta en sus pensamientos tardó más que el resto en recoger sus cosas e irse a casa. Guardó en su mochila el portaminas, el portátil, el móvil y cargó con su inseparable cuaderno en la mano. Desanduvo los pasos que la habían llevado a la oficina esa mañana, realizando el mismo recorrido que había hecho durante los últimos nueve años. La misma distancia, el mismo número de pasos, las mismas paredes de color claro, las mismas estancias. Nada en el ambiente era distinto a como lo había sido cuando había salido de la oficina tarde por algún proyecto retrasado y casi todo el mundo se había ido ya a casa. Sin embargo, ella no lo percibía igual que en esos momentos. El aire era pesado, los pasillos más largos, las paredes más estrechas, el silencio más hueco. Ella era más pequeña, más que el primer día que había pisado ese edificio como becaria. ¿Por qué se sentía así?, se preguntó. Normalmente se empequeñecía cuando había muchos ojos mirándola. Sabía que incluso físicamente se hacía más y más pequeña. Estrechaba los hombros, cruzaba las piernas, doblaba la espalda, entrelazaba los brazos, apretaba la libreta contra el pecho. El espacio físico que ocupaba se reducía de forma directamente proporcional a los pares de ojos que la observaban. Se dio la vuelta en mitad del pasillo que la llevaba al amplio recibidor de Green. No había nadie detrás de ella. Volvió a girarse hacia el recibidor. No había nadie delante de ella. ¿Por qué apretaba entonces la libreta contra su pecho? Relajó el brazo, extendió el codo y dejó que la libreta rozara su pierna derecha. «No hay nadie», constató una vez más, consciente de lo que cada palabra de esa frase implicaba. Continuó andando, esta vez con pasos más decididos, relajando los hombros y elevando el mentón. Siempre había querido andar descalza por la moqueta de Green. Se quitó los tacones, que solía calzarse con la ilusión de que la hicieran sentirse más segura de sí misma, e inmediatamente sintió el alivio de sus pies caminando descalzos. Esto sí la hacía sentirse segura. Se rio. Cómo se rio. Separó los brazos del cuerpo. Dio un pequeño salto. Un paso más largo que otro, otro salto nuevamente. Era como estar en casa. María sabía que las personas inseguras caminan en casa con un estilo completamente distinto al que usan para moverse en espacios públicos. Cuando llegan a casa dejan el estúpido disfraz que las acompaña, se envuelven de seguridad y caminan derechas, con los hombros relajados, ocupando todo el espacio vital de sus hogares. Casi estaba corriendo por el pasillo hasta el recibidor y aun así el trayecto se le hizo larguísimo. ¿Cuántos pensamientos caben en un pasillo? ¿Y en quince segundos? En el caso de María, los suficientes para sentirse libre. «El miedo a contagiarse de coronavirus hará a las personas prisioneras –pensó en una última reflexión antes de llegar al recibidor–, pero a mí me va a hacer libre de todos los juicios de los demás. ¡Ya no me verán! ¡Invisible por fin!».

Las puertas de Green se abrieron de par en par y el aire frío de la sierra madrileña llenó sus pulmones. El aparcamiento estaba desierto de ojos que la hubieran juzgado por sus pies descalzos. Con una enorme sonrisa aún dibujada en su pecoso rostro se fue derecha a su coche, abrió la puerta, tiró los zapatos dentro con brusquedad, echó el asiento del conductor hacia atrás, encendió la radio, recogió su largo pelo pelirrojo en un cómodo moño, subió el volumen, arrancó el coche, adelantó un poco el asiento, y con una alegría inimaginable para la triste realidad que la rodeaba, condujo decidida a su casa.

* * *

Eran ya las cinco cuando llegó. Normalmente hubiera conectado el portátil para seguir trabajando, pero se negó a hacerlo. Vio en su móvil que su jefe le había enviado un correo reclamándole un informe. Recordó que se lo había enviado hacía diez días y de hecho había estado hasta las nueve de la noche preparándolo porque Fernando lo necesitaba a primera hora del día siguiente. Ese correo confirmaba lo que ella sospechaba: el informe seguía en su buzón sin abrir. No le contestó, tampoco cuando la llamó insistentemente por teléfono. «No es tan difícil buscar mi nombre en el buzón y abrir el informe que ya tienes», pensó. Abrió un buen vino, uno de esos que solía tener guardados para las cenas que organizaba con sus amigas más íntimas. «La ocasión lo merece». Revisó el wasap: muchos grupos llenos de mensajes quejándose por la posibilidad de acabar confinados, como en Milán. Claro que ella prefería ser libre y decidir si quedarse en casa o salir, pero sinceramente no entendía el problema que tenían tantos por quedarse en casa sanos y salvos consigo mismos o con sus familiares. «Y esa es la clave de todo: estar sano».

Cuando fue a acostarse la cabeza le daba vueltas. Se desvistió dejándose puesta la sudadera de andar por casa y las bragas. El pijama, debajo de la almohada, podía esperar a cuando tuviera ganas de hacer las cosas bien. Ni siquiera se lavó los dientes, ese día no. Ese día era suyo y quería hacer las cosas mal, con una sensación de libertad que pocas veces la había acompañado. Tumbada en la cama miró hacia el techo y hacia las paredes, hacia la puerta de la habitación abierta que daba directamente al salón-comedor-cocina, sintiendo que ese era su espacio.

La mañana siguiente se despertó antes de que sonara el despertador con una sensación de arrepentimiento por la copa de vino de más. Notaba la lengua pastosa y los dientes sin lavar; se sentía incómoda por haber dormido con una sudadera manchada del aceite de los huevos fritos. Eso sin pensar en el correo y las llamadas que no contestó... «No ha empezado el tan anunciado confinamiento y ya la estoy liando». Se tomó un café bien cargado, con la leche ardiendo, y preparó su nueva zona de trabajo. Por las mañanas lo haría en la cocina, ya que ahí había más luz, y por las tardes, siguiendo el sol, en su habitación, tumbada en la cama. «Es un plan», se dijo, aún con una espina de rebeldía en la sangre y luchando contra la necesidad de pedirle perdón a su jefe.

Esperó a las 9:00 h para encender el ordenador. Contestó a todos los correos que tenía pendientes menos al suyo. A las 9:48 h consideró que era el momento de hacerlo.

«Perdona, Fernando, ayer no me encontraba bien y me metí directamente en la cama cuando llegué a casa». Lo borró.

«Perdona, Fernando, había mucho tráfico y llegué tardísimo». Se rio ella sola a carcajada limpia. Lo borró.

«Perdona, Fernando, no oí el teléfono». Lo borró una vez más.

«Hola, Fernando: Te envío adjunto el informe que me solicitaste». Volvió a borrarlo presionando con fuerza la tecla de suprimir mientras con la otra mano sujetaba cada vez con más fuerza el segundo café de la mañana.

«Hola, Fernando: Te lo envié el 24 de febrero a las 21:00 h, lo tienes en tu correo. Un saludo». El dedo índice de la mano derecha iba directa a la tecla para borrarlo. Lo mantuvo en el aire, ni siquiera tocó el teclado. Cambió el rumbo, cogió el ratón y le dio a enviar alejando la mirada del ordenador. No quería ver lo que acababa de hacer.

Durante los siguientes minutos tuvo miedo de recibir una llamada pidiéndole explicaciones por ser tan descarada. No llegó. Los minutos se sumaron hasta convertirse en media hora. La llamada no llegaba. «Puedo seguir trabajando con lo mío», pensó. Se enfrascó en un proyecto que llevaba entre manos desde hacía unas semanas para automatizar aún más los informes del área.

Cuando se había olvidado de la temida respuesta de su jefe le entró un correo. Lo miró por el rabillo del ojo. Siguió con lo suyo. Mientras no lo leyera la bronca no existía. Cerró el informe. Lo volvió a abrir. A quién quería engañar; mejor la bronca cuanto antes, así que lo abrió sin más dilación. «¡Ah, vale, es verdad! ¡Qué cabeza la mía, gracias!».

Los primeros días de trabajo María se sintió liberada. Si hubiese tenido que ver a Fernando en la oficina después de mandar ese correo, nunca lo habría enviado. Rápidamente se dio cuenta de las ventajas que aportaba el teletrabajo: se acabaron las miradas indiscretas a sus tatuajes, las reuniones paralelas dentro de las reuniones principales, los cotilleos en la máquina de café, las charlas entre *managers* y sus ojitos derechos sobre la nada, robando tiempo al trabajo real y tejiendo relaciones de amistad en vez de profesionales... María, muy probablemente antes que el resto, se dio cuenta de las grandes oportunidades del teletrabajo. Las personas que basaban su poder en las relaciones informales con sus superiores y que eran capaces de influir en la toma de decisiones durante las pausas del café o de las comidas habían perdido toda su autoridad, o al menos una gran parte. En una de las cortas conversaciones que tuvo con Perico se dio cuenta de que su compañero estaba completamente perdido. Perico le dijo que estaba deseando volver a la oficina y que todo fuera «normal» otra vez. Enfatizó tanto la palabra «normal» que María supo con certeza que para él adquiría un sentido completamente distinto al que tenía para ella. Para Perico, «normal» era irse a comer con su jefe todos los días y jugar el papel de «pelota» sin apenas pegar palo al agua. Para María, sin embargo, suponía dedicar muchas horas de trabajo y llorar por un huequecito de media hora en la agenda de su jefe. María estaba convencida de que uno de los grandes problemas para las mujeres en las empresas era que un hombre prefería pasar su tiempo libre con un hombre, y una mujer con otra mujer. Como resultado, los hombres iban a comer juntos y, ellas, juntas también. Y típicamente, por razones históricas decían, quienes ocupaban los puestos altos de las empresas eran hombres. Por tanto, entre ellos confraternizaban más. ¿Cómo podían estar tan ciegas las empresas y no poner medidas al respecto para que todos tuvieran las mismas oportunidades? Pues como estaban ciegas, ¡toma pandemia! todos por igual. María se reía y disfrutaba. Era la única que veía la realidad como era: una distorsión de lo que debería ser normal.

Hacia la segunda semana de confinamiento, en pleno ascenso emocional, Fernando le pidió que presentara la nueva automatización de informes a sus compañeros. Era una presentación breve, unos diez minutos. En las actualizaciones que le había hecho a su jefe sobre el tema sintió que, teniendo la cámara apagada, había resultado mucho más creíble y firme que cuando se dirigía a él en persona. Sorprendentemente, él la estaba tratando también de otra forma. Había eliminado por completo de su vocabulario expresiones como chica o guapa. Su lenguaje era más formal cuando se dirigía a ella y su primera reacción no era tratar sus propuestas con cierto aire infantil. La estaba tomando más en serio. ¿Era porque ya no veía sus tatuajes o porque ella misma había cambiado su estilo de interlocución? «Si tú cambias, tu alrededor cambia», le había dicho una vez una amiga que se acababa de certificar como *coach*.

La reunión fue muy bien. Se la había preparado como tantas otras veces, pero esta vez fue exactamente igual que los ensayos. No titubeó, no omitió información, no se dio prisa por terminar. Todas las cámaras estaban apagadas, por lo que podían estar escuchándola o no. Ella no lo sabía, y esa ignorancia, que molestaba a muchos, a ella le encantaba. En las reuniones presenciales veía en las caras de sus compañeros la impaciencia. Esa sensación de que estaba ocupando el tiempo de los demás sin su permiso le hacía ir rápido y cargarse media presentación. «Amo Teams», se dijo cuando terminó satisfecha por su excelente presentación. No fueron solo imaginaciones suyas: sus compañeros la felicitaron tanto en la reunión como con mensajes posteriores por el gran trabajo realizado. Eran solo las doce del mediodía, pero se sirvió una copita de vino para celebrarlo. «Esta por mí, me lo merezco». Con esa copa terminaba la botella. La dejó, vacía, junto a las demás. Ocho botellas de vino tinto y dos de vino blanco en poco más de dos semanas, ya que ella había empezado con el confinamiento unos días antes de que se impusiera por decreto. «Sigue así y acabas convertida en una borracha», se rio con la gracia. A veces se tomaba un vasito de vino a mediodía con la comida; alguna alegría tenía que darse. Por las tardes sus amigas y ella solían tomarse también una cervecita o un vinito «virtual»; ella solía tirar por el vino. Luego remataba con la cena. Muchas veces se sentía tentada a tomarse otra copita, aunque fuera solo la mitad. Había días en que caía en la tentación, otros en que se resistía sabiendo que al día siguiente se arrepentiría.

En la tercera semana de pandemia su jefe le comentó que quería escuchar su propuesta de mejora, aquella que el teletrabajo interrumpió. Se había olvidado de ella por completo; la carga de trabajo había sido tan fuerte y absorbente que no volvió a retomarla. ¿Cómo podía habérsele olvidado, justo ahora que podía ser un absoluto éxito? Con todas las ferias y reuniones profesionales canceladas o pospuestas, los encuentros virtuales eran la solución perfecta. Bloquearon una reunión para la siguiente semana y María rogó para que el confinamiento continuara. Nada parecía indicar lo contrario; el Gobierno ya lo había prorrogado, pero el pánico que sentía por presentar en público le hacía temer lo imposible.

Quería saltar de alegría, y de hecho lo hizo. Apartó una silla para tener un poco de espacio y entonces se dio un golpe en la rodilla contra el sofá. Se pasaba el día dándose golpes; veintitrés metros cuadrados de piso no daban para mucho. Su pequeño apartamento ubicado en la tercera planta de un edificio de la calle del Acuerdo nunca le había parecido tan pequeño como hasta ese momento. Abrió la ventana en búsqueda de aire fresco y el minúsculo patio interior le devolvió poco aire. Y mucho menos unas vistas agradables o luz. El centro de Madrid la apasionaba, pero el precio a pagar era muy alto. Con su sueldo solo podía permitirse un piso minúsculo. Estando confinada vivir en el centro de Madrid era absurdo. Antes su casa era su refugio; ahora empezaba a ser una cárcel. No eligió el piso para pasar tiempo en casa, y ahora estaba ahí las veinticuatro horas del día, que pasaban minuto a minuto, segundo a segundo. El tiempo comenzaba a obsesionarla.

Ese fin de semana María se preparó de nuevo la presentación sobre las ferias virtuales. En Green no les costaría nada desarrollar un videojuego que estuviera disponible en el mercado en un escaso margen de tiempo, aprovechando la situación. Había vuelto a contactar con algunos comerciales y con el departamento de Marketing, por lo que en su presentación perfiló la propuesta comercial ajustada a la situación de la pandemia. Dedicó todo el fin de semana a su desarrollo y rechazó las invitaciones a fiestas por Zoom de sus amigas. Habían organizado una cata de vinos y ella los tenía ya todos comprados en su casa. Se la perdió. Necesitaba trabajar y sentir que tenía bajo control cada detalle de cada diapositiva, cada comentario, cada dato, cada posible pregunta. Los vinos, sin embargo, los abrió. Al menos podría trabajar con un poco de alegría, se decía. «Una copita no hace mal a nadie; todo el mundo conoce los beneficios del vino».

El domingo por la noche se acostó con un dolor de cabeza que empezaba a parecerse a una verdadera resaca. Nunca se le había ido la mano con la bebida estando sola. ¿No era un poco triste no haber compartido el vino con nadie? El dolor de cabeza nacía en la frente y acababa en las sienes, tenía la lengua seca y un sabor de boca nauseabundo, y además su revuelto estómago se quejaba ante la posibilidad de ingerir cualquier comida. Un sentimiento de culpabilidad comenzó a crecer en ella, unido a una sensación de soledad que no quería reconocer. En los últimos cinco o seis días apenas había hablado con nadie. Solo alguna charla rápida con algún compañero por algo que necesitaban de ella. Su jefe no la había llamado apenas en toda la semana. «No pasa nada, no necesito a nadie para ser feliz». Cuando se repetía esa frase mentalmente sentía la necesidad de acabarla diciendo «ni siquiera a mis padres», y el pensamiento de que no los necesitaba la hacía sentir más culpable aún y más... Era incapaz de verbalizar la palabra que venía a continuación. Tumbada en la cama, con la resaca peleando sobre todo en su estómago, la palabra prohibida comenzó a materializarse. Pasó su mano por su brazo una vez más en búsqueda del ansiado contacto. Desde que sus padres habían fallecido intentó no pronunciar en voz alta esa idea maldita, pero el confinamiento había hecho imposible escapar de ella. Estaba... sola.

El día anterior a su gran presentación no tomó ningún vino, ni a mediodía ni por la noche. Quería contar con todos sus sentidos para la preparación final y que al día siguiente ningún dolor de cabeza la molestara. La reunión comenzó a las diez y ella tenía que presentar a las once. No escuchó nada de lo que se comentó antes de su intervención, completamente absorta en sus pensamientos. De pronto, oyó su nombre y comprendió que era el momento. Alguien le pidió que encendiera la cámara y ella contestó que Internet no le iba muy bien y no quería jugársela. No volvieron a insistirle y respiró aliviada; tener la cámara apagada era clave.

Manejó la presentación de una forma extraordinaria. Tenía quince minutos; consumió veinticinco. Nadie la interrumpió para pedirle que se diera prisa en terminar, como pasaba a menudo. Sí la interrumpieron en tres ocasiones, ¡tres!, para pedirle más información o aclaración sobre algún punto. «Están atentos», se dijo, sintiéndose reforzada y con mayor confianza. Cuando terminó escuchó elogios de todos sus compañeros. Todos querían quitarse el *mute* para felicitarla, muchos de ellos sorprendidos por la gran calidad de la presentación y por la gran idea. Esperaron a que su jefe diera su opinión y retomara el hilo de la reunión. No daba señales de vida, por lo que un par de compañeros lo llamaron, pero no contestó. Le avisaron de que estaba en *mute* y pasaron veinte eternos segundos hasta que hizo acto de presencia.

–¡Perdonad! Me entró una llamada de Esteban y me ha tenido media hora al teléfono. Donde manda patrón no manda marinero. A ver, continuemos con el siguiente tema de la reunión, que era…

María dejó de escuchar. Fernando no había estado en la presentación. Ni siquiera la había avisado de que no podría escucharla. ¿Desde cuándo ser jefe daba derecho a ser irrespetuoso con el tiempo de sus equipos? ¿Desde cuándo ser jefe daba derecho a menospreciar a todos los que no estaban a su nivel? ¿Desde cuándo ser jefe te volvía gilipollas? Estaba furiosa. ¡Ella no era menos que los demás! Ella no era quien se veía a sí misma poca cosa, insignificante; eran los demás quienes la veían así. Mientras estaba sola en su casa podía ser quien quisiera, pero al final la realidad la devolvía a su sitio. Y su sitio era ser pequeña, ocupar poco espacio, no molestar, no hablar en voz alta, no alterar el orden. Se levantó de la silla. Quería salir a la calle a correr, a moverse, a descargar la rabia que sentía en ese momento. Dio una patada a la silla, un gesto infantil que era lo único que podía permitirse. Abrió la ventana y vio una vez más la pared del edificio de enfrente. ¡Maldita sea, necesitaba salir de casa! ¿Y si salía a correr? ¿Qué podía pasar? No podía haber un policía en cada esquina de la ciudad. Era una necesidad física; tenía que salir de casa, moverse, huir, correr, ¡hacer algo! Se desvistió y fue a por su ropa de deporte. Se calzó las deportivas, cogió las llaves de casa y abrió la puerta. No podía salir. ¿A dónde quería ir?

Cerró la puerta de casa, quedándose dentro de los veintitrés metros cuadrados. Volvió a la cocina. La reunión seguía de fondo. Ella no escuchaba. Abrió el frigorífico casi sin pensarlo ni decidirlo por sí misma, pues sus movimientos no eran suyos, y cogió un vino blanco. Lo abrió y se sirvió una copa. Inmediatamente sintió que sus sentidos se apagaban, sus emociones se calmaban, su ansia, su rabia, su enfado se nublaban, sus pensamientos se ralentizaban. Otra más, y una más para que el enfado se disipara, para que la soledad fuera una broma y no una realidad, para que la muerte de sus padres, que apenas lloró en su día para no enfrentase al dolor, fuera un trágico episodio que le sucedió a otra persona. Ella era una actriz en una obra de teatro, no era el personaje que interpretaba. Este estaba relegado a los más profundo de su ser, debajo de su piel, encerrado en un lugar del que ella no le había permitido salir.

* * *

Cuando se tumbaba en la cama tenía la sensación de que el techo se le iba a caer sobre la cabeza. Primero cederían unas motas de pintura que la cegarían, se taparía incómoda los ojos con los antebrazos y después caería un primer trozo de yeso, golpeándola en cualquier parte del cuerpo. Intentaría llevar su mano a ese lugar indefinido, pero en cuestión de segundos más trozos caerían y sus manos serían incapaces de defenderla, hasta que el techo se derrumbara por completo. María, con aquella situación imaginaria en su cabeza, se hundía cada vez más en su cama. Sentía que el colchón la atrapaba absorbiéndola y fundiéndose con su cuerpo, reduciéndola solo a su más pura esencia. Una esencia que se le antojaba formada solo por tristeza y creada a base de momentos solitarios y cesiones a la botella de vino que volvía a estar llena día tras día; no importaba cuánto bebiera. Intentaba elevar la mano para deshacerse del colchón, y ese gesto se convertía en un terrible abrazo. Pero apenas podía levantar la mano. Los pensamientos pesaban tanto que su brazo era de plomo. Se acumulaban en su cabeza y ella sentía que se unían entre ellos, cada pensamiento representado por una motita de una sustancia indescriptible, imantándose entre sí, multiplicándose, atrayéndose unos a otros y formando una masa sin forma. A veces imaginaba sus pensamientos como esas motas de pintura del techo que le caían encima y que en conjunto acababan convirtiéndose en el techo que se hundía encima de ella.

Sus pensamientos la traicionaban, sus actos la traicionaban. «Levántate», susurraba, y una sonrisa dantesca se burlaba de ella desde algún lugar, diciéndole que jamás lo conseguiría. ¿Por qué quería estar hundida en ese colchón, por qué las fuerzas la habían abandonado? ¿Por qué sentía que la tristeza pesaba más que la alegría? Otras veces lo había conseguido, incluso en los momentos más difíciles tras la muerte de sus padres. ¿Por qué no podía ahora?

Una noche la soledad se hizo tangible a su lado convirtiéndose en una presencia más en su habitación. La soledad era esa sonrisa dantesca que se burlaba de ella, que le lanzaba motas de pintura del techo y presionaba su pecho, la que llenaba sus vasos de vino. Cuando el cansancio vencía a sus pensamientos, la soledad rodeaba su cuerpo dejándola dormir unas horas intermitentes. Era una compañía permanente.

Durante la quinta semana de confinamiento María tocó fondo. Se dejó absorber por la esencia de la tristeza y ni siquiera estando dormida encontraba el descanso necesario. Los sueños estaban empañados por la soledad, que ya no solo la rodeaba sino que también la controlaba y manejaba a su antojo. Sus sueños eran sucesiones de imágenes solitarias, pesadillas de las que quería despertar para lanzarse a un mundo mejor, pero que al acabar le devolvían a la triste realidad de cuatro paredes en un piso pequeño. Su habitación, aquella que una vez fue su refugio, se convirtió en su cárcel. Y el pensamiento de que ya nada volvería a tener sentido se instaló en sus pesadillas. Un pensamiento que la presencia solitaria había buscado desde el mismo día en que se coló en su colchón, consiguiendo por fin que María lo hiciera suyo. «Ya nada tiene sentido, ¿para qué seguir con esta soledad si a nadie le importa?».

En la quinta semana de confinamiento María no solo tocó fondo. Lanzó un ancla, envolvió su pie con su argolla y tiró la llave que la podía liberar. María decidió permanecer en el fondo.

* * *

La despertó una llamada al móvil. Había oído la melodía en sus sueños varias veces y solo quería que se apagara. Tenía una resaca terrible. A la cuarta llamada el ruido entró tan profundamente en su cabeza que no pudo evitar despertarse. Era su jefe. Como un resorte se sentó en la cama y miró la hora antes de contestar. Las once de la mañana… ¿Qué excusa podía poner para no haberle cogido las cuatro llamadas perdidas que tenía en el móvil? Ya había colgado. Antes de que volviera a llamarla, fue al baño, se mojó la cara con agua, habló en voz alta para saber si su voz sonaba decente, carraspeó y cogió el móvil para devolver la llamada.

—María, ¡por fin! Me imagino que estabas reunida; perdona que haya sido tan insistente. Oye, mira, te llamo primero para disculparme por no haber escuchado tu presentación la semana pasada. De todas formas grabamos la reunión y ayer por fin saqué un hueco para escucharte. Me habían llegado mensajes súper positivos de tus compañeros; tenía muchas ganas de saber de qué iba tu iniciativa. Tu propuesta es… es la hostia, María, un trabajo excepcional, brutal, impresionante. En la pandemia estamos vendiendo más videojuegos que nunca, esto está levantando la empresa a lo bestia, pero es que tu propuesta nos abre un nuevo nicho de mercado. He hablado esta mañana con Esteban y con Irene, y están flipando. María, nos estás dejando a todos impresionados con tu forma de trabajar estas semanas; siempre he sabido que podía contar contigo, pero ahora lo has demostrado a lo grande. ¿Estás ahí María?

–Sí, sí, un poco impresionada, eso es todo.

–Vale, bueno, mira, ha sido una mañana de locura de llamadas. Vamos a lanzar un equipo de proyecto que va a trabajar a pleno rendimiento en tu propuesta. No sabemos aún todos los nombres porque todo el mundo está a tope con la carga actual, pero no podemos dejar pasar esta oportunidad. En fin, no te aburro con los detalles. Hemos estado discutiendo sobre todo quién va a liderar el proyecto. Tanto Pilar como yo teníamos claro que tenías que ser tú; los dos conocemos tu trabajo de sobra y sabemos que puedes hacerlo, pero sobre todo que te lo mereces. –María apenas podía respirar–. Te tengo que confesar que antes no te veía, pero ahora no tengo dudas. Ahora sí te vemos. –«'Ahora sí te vemos'», manda… Antes con todos los sentidos estaban ciegos. Ahora que no tienen vista sí me ven. Es para matarlos…» pensó María–. De hecho, me he dado cuenta de que tú cuando hablas siempre incorporas las opiniones de los demás, escuchas antes de crear tu propia opinión, no te lanzas al ruedo y te mantienes en tus trece. En resumen, ¡enhorabuena! Eres la nueva *manager* de Desarrollo de Negocio Empresarial. Vas a reportar… ¡a Esteban! ¡Increíble! Está tan interesado en este proyecto que quiere estar directamente involucrado; te va a llamar a lo largo de la mañana. A partir de ahora seremos colegas, ¿eh? No sabes lo orgulloso que estoy de ti. Este es un primer paso; el puesto, como te puedes imaginar, es de dirección, pero no queremos ponerte tampoco demasiada presión... Es decir, de momento te pondrán un título de *manager*, como yo, pero reportar a Esteban. Te esperan semanas y meses de curro a tope. Es un nuevo nicho de mercado espectacular y apostamos por ti. ¿María?

—Sí... —titubeó indecisa con la ingente cantidad de información que estaba recibiendo.

¿Estaba emocionalmente preparada para el reto? Y si su jefe tenía tan buena opinión de ella, ¿por qué no se lo había dicho nunca?

—Aceptas el puesto, ¿verdad? Irene por si acaso me dijo que te preguntara; pero yo no dudo de que vas a decir que sí, ¿verdad?

—Eh... sí, claro que acepto, es todo lo que quería. Es solo que... estoy... no me lo imaginaba. Estas cosas no me pasan a mí.

—Pues ahora sí. Enhorabuena, María, eres una gran trabajadora y te lo mereces. Luego te llamará Esteban y también Irene para las nuevas condiciones del puesto, el nuevo salario, los beneficios.... ¡Cuando esto acabe tendrás que invitar a una copa!

«Si no tuviera esa resaca horrible disfrutaría más del momento. Maldita sea, el vino me ha estropeado mi momento». Se miró en el espejo y no pudo aguantar la vista. Las ojeras, la sudadera sucia, el pelo enmarañado. Si hasta olía mal. Apestaba a alcohol. Se metió debajo de la ducha aún sin ser consciente del todo de la llamada que acababa de recibir. ¿Había sido un sueño o era real? Con la toalla puesta le mandó un mensaje a Nina, su amiga *coach*. «Oye, me imagino que estás liada en el trabajo, pero ¿puedes hablar?». No creía que ahora pudiera atenderla; todo el mundo tenía mucho trabajo y reuniones. Pero en menos de un minuto le estaba devolviendo la llamada, comenzando con un reproche por no haber dado señales de vida en los últimos días. Le contó todo, incluso cómo se había sentido en los últimos días y, según hablaba, la presencia de la soledad se iba despegando de su cuerpo.

En la sexta y última semana de confinamiento total, María no tuvo tiempo para abrir botellas de vino. Las reuniones se sucedían una tras otra, las presentaciones se agolpaban en su escritorio, el proyecto cobraba forma casi minuto a minuto. Al principio le costaba coger las llamadas de Esteban y cada vez que oía su voz se ponía firme como si estuviera en el Ejército. Con los días y el contacto aprendió a atender sus llamadas con seriedad y darle actualizaciones sin titubear. Sabía que a él le gustaba que fuera directa al grano y se ponía nervioso cuando ella vacilaba en sus afirmaciones.

El primer día que salió a pasear consumió sus sesenta minutos disfrutando de cada uno de ellos. No quería volver a casa y encerrarse nuevamente en sus veintitrés metros, pero a la vez tenía urgencia por seguir con su trabajo. Después de ese primer paseo vació con gran satisfacción las botellas de vino que tenía en casa. Se dejó caer en el suelo y lloró desconsoladamente por la soledad que había sufrido en la pandemia, reconociendo que había sido un sentimiento especialmente intenso desde que fallecieron sus padres. Haberlo mantenido en lo más profundo de sí misma solo había hecho que se propagara como un cáncer por toda su piel, sus órganos, sus pensamientos. El vino lo mantenía a raya, sí, pero estaba decidida a permitirse sentir su tristeza y a levantar cabeza.

Pocos días después buscó un piso cerca de Green. Nunca se imaginó viviendo en la sierra madrileña, pero su cuerpo le pedía más contacto con la naturaleza y menos con la vida urbana. Lo comentó con Nina y ella había tenido la misma idea. Buscaron juntas un chalet pequeñito con jardín que les viniera bien para ir a trabajar, más alejado del centro de Madrid y, por tanto, mucho más barato. Una casa que les permitiese a las dos tener la autonomía que les gustaba, pero a la vez disfrutar de compañía para no sentirse completamente solas. Empaquetó una maleta grande con su ropa, guardó la fotografía con sus amigas y dejó todo lo demás en esa casa. Ese piso no era ya la casa en la que había vivido tres años; era solo el piso que vio lo peor de sí misma.

Quería pensar que en el piso se quedaba también la presencia de la soledad que la había acompañado tan de cerca en el confinamiento. Quería pensar, mientras cerraba despacio la puerta, que esa presencia no volvería a calar debajo de su piel. Volvió a abrir la puerta y a echar un último vistazo al interior del piso. No, no estaba ahí. Se miró las manos, se tocó el rostro. Estaba dentro de ella. La soledad era la depresión a la que no había querido enfrentarse cuando fallecieron sus padres. Ojalá fuera tan fácil mudarse y dejarla atrás, pero mientras se engañara no enfrentándose a ella, se mudaría con ella. Hasta que la dejara abrazarla para poco a poco deshacerse de ella. «Tengo un largo recorrido por delante...», se dijo consciente de que estaba dando el primer paso hacia una recuperación emocional más dolorosa que cualquier recuperación física.

Había algo, sin embargo, que sí podía quedarse ahí. Entró de nuevo con decisión, cerró la puerta tras de sí, se colocó en el centro de la sala de estar, soltó la maleta y murmuró «no quiero ser chófer». No, no funcionaba. Más alto. «No quiero ser chófer». No, no era suficiente. «¡Mamá, no quiero ser chófer! ¡Solo quiero que me escuches sin sentirme el centro de atención, sin que me interrumpan, sin que me digan qué tengo que decir! ¡Solo quiero hacer presentaciones en público sin sentirme juzgada! ¡No quiero, ni nunca quise ser, chófer! ¡Solo quería que no me miraran como hace todo el mundo con los chóferes! Como si no existieran. Mamá, papá, solo quiero que me queráis como soy, no como queréis que sea». Las lágrimas cayeron por sus mejillas. Nada más decirlo en voz alta comprendió que sus padres siempre la quisieron como era. Solo querían para ella lo que pensaron que era lo mejor.

Ella había querido ser chófer porque creía que eso la haría invisible. La mayoría de las personas actúan delante de ellos, como del personal de limpieza o de los taxistas, como si no existieran. Son personas invisibles y María, introvertida como era, envidiaba que la gente no pudiera verlos. La pandemia les había dado, sin embargo, todo el protagonismo que se merecían y a María le había dado la posibilidad de que la escuchasen sin sentirse agredida.

Se recompuso, cogió la maleta y volvió a la puerta mucho más decidida que antes. En su último vistazo al piso antes de cerrar, ahora sí, la puerta definitivamente, se dijo que esta vez no iba a evitar el recuerdo de algo doloroso. No olvidaría ese piso ni su experiencia en él: era bueno saber en qué podía convertirse para evitar volver a hundirse.

Y el mundo que no podía cambiar, cambió. El mundo que no podía escuchar, escuchó. El mundo que no sabía ver, vio incluso a quienes habían sido invisibles.

V. LA REINA MULTITAREA EN EL EMBUDO DEL AMOR

«Será cerdo... Hijo de puta. Manda narices que me entere así. Cobarde. No ha sido capaz ni de decírmelo a la cara. Pero lo que se descubre no se puede tapar. Y aunque duela, es mejor saber. Sobre la pérdida se construye, por dura que sea. Se llora, se aprietan los dientes... y se tira para adelante. Mejor pérdida que incertidumbre. La incertidumbre nos paraliza. Y yo no me voy a quedar aquí parada. Ni un día más en esta mierda. Voy a construir sobre esta pérdida. Ahora mismo. ¡Dios, la que se me viene encima! No lo quiero ni pensar... Esto era una muerte anunciada, igual que en Green. Los números de los cierres contables cantan, mes tras mes, pero yo nada, yo seguía. 'Vamos a remontar, chicos. Es solo un mal mes. Un mal cuatrimestre. Un mal semestre. Un mal año'. Y venga a darle la plasta a mi equipo, y venga a recitar lo mismo como un mantra. 'Todo irá bien', les decía. 'Todo irá bien', me decía. ¿A quién pretendía engañar? A mí, la primera. Y ahora esto. Canalla, que eres un canalla. ¿Pero cómo he podido ser tan idiota y tan ciega? Mi optimismo un día me va a matar. ¿Cómo podía ver el vaso medio lleno, pensar que todo tendría arreglo? Y venga a tirar del carro. Con el vaso lleno de agujeros y el agua saliendo a borbotones... ¡Será posible!

Que me ocurra algo así en el trabajo, pase. Aquí uno espera que le claven puñaladas en cuanto se da la vuelta. Vas a Dirección, puñalada. Se abre un nuevo proyecto, puñalada. Hay una reunión con los jefazos, puñalada. Menos mal que me pongo el traje de teflón todas las mañanas. Pero que me pase en mi refugio, en mi familia... Ay, Diego, cuánto me acuerdo de ti cuando decías que teníamos que darnos con aceite para que resbalase toda la mierda. Me he tenido que enterar por un correo. Y ahora esta maldita reunión. Estoy yo como para dar explicaciones con los números. Media hora. Me queda media hora. Si no puedo pensar. Pero cómo hago yo esto en media hora. Joder, Pilar, piensa, piensa. Tranquilízate. Tienes que entrar en la reunión tranquila. Lo que tienes que defender es muy importante. Seguro que el cabrón de Hernán está esperándonos con la guadaña. Y yo pensando que al menos en casa todo iba bien. Me va a oír cuando le vea. Este se cree que con un perdón se arregla todo. Niñato egoísta. Y Hernán esperando. La madre que me parió. Ahora ponte a evitar el ERE con los números como están. Si es que esto no hay por dónde cogerlo. Hernán se va a liar a cortar cabezas, el muy cerdo, y si nadie lo para, nos vamos todos al hoyo. Ya puedo preparar informes, no hay manera. Esto se hunde, se va a la mierda. Aquí nos vamos a la mierda todos. Y el cabrón no es capaz de decírmelo a la cara, cobarde. ¡Cómo he podido estar tan ciega!».

Más o menos una hora después me sorprendí intentando analizar lo que había sucedido. Ni siquiera sé cómo aguanté el tipo. Recuerdo a Irene, su gesto cariñoso desde el otro extremo de la mesa. «¿Por qué me mira así?», pensé. La mirada no tenía que ver con la reunión. O sí. Porque ella no miraba a la directora financiera, ni las diapositivas llenas de cifras infames. En realidad sus ojos me veían a mí, a Pilar, su amiga, su compañera de confidencias.

La reunión acabó con la decisión que todos temíamos y casi nadie quería, salvo Hernán, el «cortacabezas», y sus acólitos. Salí de la reunión a escape, pero Irene fue más rápida; siempre lo era.

–Pilar, ¿dónde vas tan deprisa? Ahora mismo nos vamos a tomar un café.

Mis intentos por zafarme fueron inútiles. Hubieran funcionado con cualquier otra persona, pero no con Irene.

–Ya has visto la que se nos viene encima, no tengo ni un minuto que perder. El café para otro momento.

–De eso nada. De hecho, estoy pensando... mejor lo tomamos fuera. Mira, Pilar, no sé qué te pasa, pero algo te pasa y no es por culpa del ERE. De esto hemos hablado muchas veces y en el fondo sabíamos que iba a ocurrir. Además, de hoy a mañana no va a cambiar nada. Te esperan números sin fin. Un par de horas más no te sacan de pobre. Coge tus cosas, vamos en mi coche.

Arrastrando los pies cogí el abrigo y el bolso y me metí en su Volvo S40 dorado. «¿Cómo hará para que siempre esté calentito? Mi cafetera siempre está helada». «Coche-familiar-sin-valor-comercial», me decía cada vez que subía por las mañanas a mi «golfito» lleno de migas, sobres de cromos y cualquier otro tipo de despojo imaginable.

Tomando aquel café solo en compañía, me sentí arropada. «Por duro y frío que sea el mundo empresarial, siempre hay alguien en quien confiar», pensé. Cierto, hay que elegir bien; cualquier cosa que digas podría ser utilizada en tu contra. Pero si buscas, incluso en la empresa más despiadada y competitiva encuentras esa excepción estadística. En los largos y tortuosos meses que siguieron a aquel día D en que me quedé sin palabras, el mero hecho de saber que Irene estaba allí me tranquilizaba. Vinieran de donde vinieran los palos, comité de empresa o abogados matrimonialistas, siempre podríamos coger la coca-cola y el sándwich de tortilla de patatas y escaparnos quince minutos, a nuestro mundo seguro, fuera de cifras que defender, ERES que negociar y presiones que soportar.

Según pasaban las semanas, en casa empezábamos a remontar el tsunami. Volvimos a las benditas rutinas que, si bien eran distintas, al menos daban estabilidad al día a día. Como buena financiera me gustaban los procesos recurrentes y respiraba aliviada al ver la capacidad de normalización que teníamos todos en casa, sobre todo mis hijos.

Normalidad. Rutina. Qué mala prensa tenían esas palabras, con su aire mediocre, como de segunda división. En Green también se desenmarañaba la madeja. El tercer ERE estaba en vías de negociación, las acciones de reflote empezaban a surtir efecto y el plan de recuperación de la empresa anunciaba la nueva era. Tímidamente comenzábamos a sacar la cabeza de debajo del agua, y entonces... llegó el diluvio. Un diluvio llamado pandemia. Así, de sopetón, nos dejó desnudos y a la intemperie, sin paraguas ni refugio posible.

Buscando un toque de humor en medio del caos, mientras recogíamos nuestros ordenadores y demás útiles para un teletrabajo indefinido, Irene acertó a bromear:

—¿Te imaginas con tu ex metido en casa semana tras semana sin poder perderlo de vista ni un minuto? ¡Al final va a resultar que has tenido suerte!

Si en Finanzas andábamos de cabeza con los presupuestos, en RRHH no les iba mucho mejor en lo de reorganizar a todo el personal. En esos cafés con Irene nos consolábamos compartiendo la cantidad de cosas que teníamos que hacer, para las cuales no estábamos preparadas en absoluto. Ni nosotras, ni la empresa. La multitud de proyectos que teníamos en mente desde hacía siglos, como generalizar la firma digital, fomentar el teletrabajo o mejorar la gestión de reuniones, tuvimos que implantarlos de golpe y porrazo, de un día para otro. Los que pasaron por momentos más *desquiciantes* fueron los equipos de Informática, con unas infraestructuras insuficientes para resistir el asalto simultáneo de todos los empleados intentando conectarse desde sus casas. Parece mentira que la COVID-19 fuese la impulsora de la transformación digital y lo consiguiera en cuestión de semanas.

No sé qué hubiera sido de mí sin las conversaciones con Irene a horas intempestivas, cuando los niños por fin dormían. Copa de vino en mano, tratábamos los puntos del orden del día más disparatado que se pueda imaginar. Desde el estado de salud de toda la familia a despellejar contrarios, compartir recetas para cocineros novatos o decidir prendas de ropa que pasaban a la categoría «esto-no-se-plancha». «No es momento para perfeccionismos; por videoconferencia no se ven las arrugas de las camisas», me decía Irene. No sé si era verdad o no, pero decidí creérmelo.

Me chocaba invadir la vida de los demás. De repente me veía metida en la casa de los miembros del comité de dirección o de las personas de mi equipo. En su despacho, para aquellos que lo tenían, o en su cocina, en el dormitorio, el salón o donde fuera que pudieran acoplar mejor el ordenador. Conocimos a sus hijos, nuestros dulces «becarios», para quienes aquello de «mamá estará reunida de diez a once; si no entras, luego te daré una galleta» no funcionaba demasiado bien. Tampoco las amenazas entraban en sus esquemas, por muchas notas disuasorias que pegaras en la puerta. Conocimos a las parejas de nuestra gente, que se cruzaban tras las pantallas sin darse cuenta (vestidas, gracias a Dios). Asustamos a la madre de Loles, que estuvo a punto del infarto. «Loles, que hay gente en casa. Ve a ver tú, que no me atrevo a salir del cuarto». A sus 91 años, lo de las videoconferencias debía ser para ella algo similar a los viajes intergalácticos.

Entre copas de vino *online* y comités virtuales pasaron los meses más duros. La fase de no pensar, de apretar los dientes y sobrevivir, había quedado atrás.

—Irene, me aburro.

—¿Cuándo, mi querida reina multitarea? —contestó Irene con sorna—. Si no paras, entre las videoconferencias, los presupuestos, cocinar, hacer de profe de los niños…

—No es que me aburra. Más bien, me siento sola. Y llevar tres meses a palo seco no es que ayude. ¡Maldita pandemia!

Me dio por pensar que había habido muchas pandemias en una: los que tenían más trabajo que nunca, los que de repente no tenían nada que hacer y se dedicaban a demostrar que estaban muy ocupados, los que salieron de sus empresas a la fuerza, con el miedo agarrado al cuerpo y la certeza de que era imposible encontrar un nuevo trabajo en esas circunstancias.

Yo me imaginaba que todas las circunstancias eran mejores que la mía; me sentía como esa expresión tan francesa que oí en una película: «bella como la mujer de otro». Los solteros no paraban de apuntarse a eventos virtuales que surgían sin parar. A las parejas sin hijos les imaginaba una segunda luna de miel, juntos y con tiempo para mimarse. Para las familias con hijos, una vez que se pudo empezar a salir, la vida quizás no había cambiado tanto. Y luego estaba yo.

—Irene, ¡es tan injusto!

Cada vez me parecía más a mis hijos con aquello de «es injusto», pero decidí que no me iba a reprimir en mi momento de desahogo.

—Ahora que lo que yo necesito es distraerme, entrar, salir, conocer gente… me cae una pandemia encima.

—No te pongas tremenda, Pilar, ¡no te pega nada! Tus padres están sanos, tienes trabajo, tus niños, mal que bien, ahí van con el curso. Tienes una casa agradable y hasta una terraza. Me sabe mal decirte esto, pero no puedes ir de víctima por la vida.

Tenía toda la razón y yo lo sabía. No tenía derecho a quejarme. Y menos con Irene, después de lo que ella había tenido que superar.

−Tienes razón, Irene, en todo lo que dices. Pero en estos momentos no me queda nada más que el recurso de la pataleta. ¡Me siento cansada y sola! Quitando estos ratitos contigo y los que paso en flamenco, fuera de Green no tengo conversaciones de adultos.

−Porque no quieres.

−¿Qué dices, Irene? ¿Cómo que no quiero? Ya me gustaría a mí hablar de otra cosa que no fueran los deberes del cole, o la enésima revisión del presupuesto.

Irene, que había tenido un día para olvidar, me cortó tajante. Creo que agoté su paciencia.

−Chica, pareces de otro siglo. Si lo que quieres es ampliar horizontes, es el momento de darle al *online*, igual que has hecho en el trabajo.

−¿A qué te refieres?

−Coño. No te hagas la tonta. A las páginas de *ligoteo* por Internet.

Me quedé de piedra. Tenía mil conocidos que estaban en todas las páginas de citas imaginables, que me contaron miles de anécdotas con todo tipo de desenlaces posibles, pero jamás de los jamases se me hubiera pasado por la cabeza esa posibilidad. De hecho, no sé si me quedé tan cortada porque no lo veía para mí, o porque no se me hubiera ocurrido a mí solita, de tan obvio como era. Y por otra parte, ¡qué pereza!

Irene pareció oír los crujidos de los engranajes en mi cabeza.

−No seré yo la defensora a ultranza de las aplicaciones de ligue. Solo te digo que, si tanto te molesta no conocer gente, dale una oportunidad. Total, ¿qué tienes que perder?

Con un guiño, medio en broma medio en serio, remató:

—A mí no me vuelvas con quejas hasta que te abras un perfil. Con suerte me darás un par de días de asueto.

Las dos soltamos una de esas carcajadas compartidas que echan abajo las pantallas y la distancia. No se habló más del tema, por el momento...

Hacía tiempo que no estaba de tan buen humor. Me dije que si la sola idea de pensar en el experimento tenía ese efecto tan positivo, merecía la pena intentarlo. Una experiencia más que me iba a traer la pandemia; no me iba a conformar con mis nuevas habilidades como profesora y también como cocinera, que me había llevado a preparar una lasaña para chuparse los dedos.

Días después convoqué una reunión con mi equipo. Se conectarían María, Verónica y Laura. María, ascendida hacía poco a *manager*, había propuesto una idea a la que llamaba «digitalizar la socialización». Reconozco que me estaba costando asimilar el concepto. Era una de esas reuniones que, lejos de dar pereza, apetecían. El objetivo era poner en marcha los recursos necesarios, humanos, tecnológicos y financieros para lanzar el que era el proyecto estrella de la compañía. Una plataforma que revolucionaría los eventos *online* empresariales, congresos virtuales y demás necesidades de interacción dentro de la nueva normalidad. Para mí, aquello de normal tenía bien poco, pero había llegado para quedarse y más valía subirse al carro.

—María, estoy muy orgullosa de tu idea, y sobre todo, de cómo la has presentado y defendido. Ahora toca encontrar los medios para que salga adelante. Laura se ocupará de reclutar tu equipo, interna y externamente. Verónica te apoyará en la parte técnica y yo haré lo imposible por encontrar financiación.

La reunión transcurrió veloz, y una vez definidos los siguientes pasos del detallado plan de acción, tan propio de

María, nos quedamos unos minutos más conectadas, hablando de todo un poco.

Es curioso el efecto que tienen las videoconferencias. La distancia nos envalentona a decir cosas que, con la otra persona a unos centímetros, no nos atreveríamos a decir. La antigua Pilar nunca habría contado algo personal en este entorno, pero ese día, quizás por la ilusión de los nuevos proyectos, lo hice. Me lancé sin miedo, cerrando los ojos, a las bravas. No sé muy bien por qué, pero lo solté tal cual.

—Vosotras que sois jóvenes y estáis más en la onda... ¿qué se pone en un perfil de citas *online*?

Se oyeron las mandíbulas chocando contra el suelo. La primera en contestar fue la propia María.

—Uy, Pilar, no te imaginaba yo por esos lares. Me parece genial, ¡que conste! —se apresuró a decir antes de que pudiera parecer que me juzgaba—. Había oído que te divorciaste justo antes del confinamiento, pero como no sueles contar tus cosas en el trabajo, no quise preguntarte, la verdad.

Verónica, tan pizpireta y creativa como siempre, no dudó en compartir su experiencia.

—Yo he estado en casi todas; si no lo pruebas, te pierdes algo. En estas circunstancias, con el ocio tan limitado, están en auge total. Ahora que lo pienso, lo mismo podríamos abrir otro proyecto en ese aspecto. Ya paro, que me disperso y estamos centrados en los congresos virtuales. Pero que conste que esto es el futuro; la proporción de parejas que se conocerán *online* va a subir radicalmente. Y si no, al tiempo.

Los comentarios bienintencionados de María y Verónica, si bien me daban ánimos, no resolvían la duda que me bloqueaba. ¿Qué cuento de mí? ¿Por dónde empiezo?

Fue Laura, de Recursos Humanos, quien me dio las pautas para ponerme en movimiento.

—Pilar, este es un proceso de reclutamiento y selección como otro cualquiera. Entiendo que te produzca cierto nerviosismo, pero si lo afrontas con la profesionalidad y los valores con los que encaras cualquier proyecto, seguro que te traerá algo muy positivo. Para empezar, te ayudará a conocerte mejor.

La idea de relacionarlo con una faceta de mi vida en la que me encontraba cómoda era muy tentadora. Una pequeña triquiñuela para no sentirme tan perdida.

–Me gusta la idea de que sea un proceso. Me encantan los procesos, ¡no lo puedo evitar!

Ahí empezó una especie de *mentoring* inverso en el que las jóvenes profesionales guiaban a la directiva senior. «Tengo tanto que aprender de las nuevas generaciones, de su desparpajo, frescura y descaro», pensé. Para ellas todo era natural y obvio.

–Es como cuando vas a abrir un nuevo puesto. Lo primero son los requerimientos, la descripción de la posición. ¿Qué habilidades son claves para ti y cuales son «nice to have»? ¿Qué experiencias significativas te gustaría que tuviera el candidato? –siguió explicando Laura como en tono de conferencia.

–Y no te olvides que va de dar y recibir. ¿Qué estás dispuesta tú a dar de tu tiempo, de tu energía? ¿Cuáles son los «beneficios» del puesto? –añadió María.

–¿Qué tipo de contrato será? ¿Temporal, indefinido? ¿Por obra y servicio? –terminó chispeante Verónica.

No pude evitar la carcajada.

–Mujer, lo dices tan fríamente...

Lo cierto es que enfocarlo desde ese prisma me ayudaba a sentirlo como menos amenazante. Mi espalda se apoyó en el respaldo de la silla ergonómica, última adquisición pandémica, al tiempo que mis hombros empezaron a alejarse de mis orejas. Decidí pasar el resto de la tarde garabateando ideas en torno a las preguntas que me habían lanzado las tres, no sin antes servirme una generosa copa de vino tinto.

Así pasó una semana, en la que, además de definir cuál era mi propuesta de valor como «empleador», como le había oído decir tantas veces a Irene, reflexioné sobre lo que buscaba en una relación. «Va a tener razón Laura; esto me va a servir para conocerme mejor».

Cada semana habría una reunión de seguimiento del proyecto de María, pero cabía esperar que las tres mosqueteras reclamaran también otro informe: el de mis avances en las redes.

Eso de tener que «dar cuentas» me obligaba a no remolonear. Tendría que compartir alguna novedad de semana en semana para no defraudar a mi equipo de mentoras. Iba a ser cierto que los informes de seguimiento sirven para algo. Aquellas reuniones se convirtieron en nuestro momento de relax, y lo disfrutábamos con verdadera pasión tras abordar las aristas del proyecto de María, en el que no todo fueron flores. Hubo zancadillas inesperadas, incluso de miembros del equipo, como Perico, que nos desilusionó a todos. Pero la aplicación estrella avanzaba, con sorpresas incluidas, igual que mi proyecto personal, que también las tuvo, y no todas agradables. Había mucha gente rara y confieso que estuve a punto de cerrar el perfil. Una vez más, el sentido práctico de mis chicas me sacó del atolladero.

Esta vez fue Verónica, con sus ideas «marketinianas», quien aportó una propuesta de indicadores de medición que me dejó loca. Lo que me faltaba por aprender, marketing digital...

—A ver, Pilar, ¿tú no has oído hablar del «funnel» de conversión? —dijo.

Mi cara debió decirlo todo, porque, suspirando como quien se carga de infinita paciencia, empezó su disertación como el que explica a un niño de primaria la regla de tres.

—El «funnel» de conversión... embudo, que ya me miras raro otra vez, es el viaje que realiza un consumidor a través de un sistema de búsqueda en Internet hasta que se convierte en una venta.

Se me pusieron los ojos como platos con el descaro de Verónica. Desde luego no estaba preparada para hablar de porcentajes, consumidores y ventas con respecto a mi propia persona. Pero se tomaban tantas molestias por ayudarme que lo menos que podía hacer era escuchar. Además, finalizada la jornada habíamos abierto unas cervezas cada una desde su casa para brindar por el avance del proyecto y de nuestra amistad.

—Por favor, no te cierres en banda y escucha primero: esto del embudo tiene mucha ciencia detrás. Es muy útil, porque estudiar las distintas fases de la conversión te permite medir el porcentaje de pérdidas e identificar fallos y posibles mejoras. Yo lo aplico a pies juntillas. No te recomendaría algo que no hubiera probado yo misma. Budista que soy.

Verónica nos dio una lección de marketing digital digna de MBA, incluida una metáfora antropológica sobre la transformación en venta del *online datting*. Hasta nos enseñó un gráfico del proceso de conversión:

- Match/sonrisa
- Mensajes dentro de App
- Mensajes fuera: «WhatsApp, Telegram, lo que prefieras»
- Llamada telefónica: «Sí, estos cacharros también sirven para llamar y oír voces»
- Y por último, si todo iba bien, la «reunión presencial»

Pero una vez más, la COVID lo transformaba todo. Las reuniones presenciales en Green se habían convertido en un bien escaso, reservado para ocasiones que requirieran decisiones cruciales, con las mentes conectadas al cien por cien. Fuera, en la otra vida, pasaba algo parecido. Nos mostrábamos con cuentagotas y dosificábamos las ocasiones en las que se justificaba el contacto y el riesgo merecía la pena. A eso habíamos llegado, a sopesar cada salida, cada encuentro.

—Ya solo nos falta pedir una PCR reciente. «Menos de una semana, por favor». Todo incluido en el perfil, una especie de carta de recomendación adjunta al currículo —dijo Laura riéndose con la ocurrencia.

—Pues te reirás, Laura, pero en Tinder yo lo he visto —comentó Verónica—. La gente pone cosas como «COVID free» y similares. Alguno hasta se presenta a la cita con un test de antígenos. ¡Serán cutres!

—Aquí, si quieres presentar algo, que sea medianamente fiable. PCR o nada —dijo Laura.

—No sé qué te extraña a ti, con la de referencias que pedís en un proceso de selección. Pues esto es como la verificación que hacéis de los antecedentes penales, ni más ni menos —continuó Verónica.

—Claro; como yo tuviera que entrevistar a todos los candidatos que me mandan un currículum, no haría otra cosa. Esto es igual que someterse a tests psicotécnicos. Según los pasas, te ganas el derecho a continuar en el proceso. ¿O te crees que Irene entrevista a todo el que se presenta? Selección natural, amiga… selección natural —sentenció Laura, con un tono más que profesional.

Yo las observaba entre divertida y horrorizada. Si estaba así de incómoda solo de pensar en un *chat* inofensivo, cuando llegase a la «entrevista» me iban a dar los sietes males.

María, que había estado tan callada como yo, se decidió a dar su punto de vista. Una vez más, no defraudó. «Esta chica no da puntada sin hilo», pensé.

–Pilar, yo lo veo así: cuando eliges una cartera de inversiones, eliges diversos perfiles de riesgo para que en conjunto constituyan un portafolio robusto. Aquí igual: hay que diversificar. Como un buen seleccionador, te aseguras de tener un banquillo bien surtido. El fútbol da grandísimas lecciones de vida.

–¡El plan de sucesión! –Laura estaba entusiasmada.

Me sorprendió que alguien como María fuera tan futbolera. «No le pega nada», pensaba cada vez que oía sus metáforas del deporte rey. Yo creo que se aficionó por llevar la contraria; siempre tuvo un lado rebelde y rarito, como cuando quiso ser chófer... Pero en este caso tenía que darle la razón; la comparación estaba que ni pintada.

–¿Y entonces, qué? ¿Vas pasando de uno a otro? Si no tengo tiempo para uno, como para ocuparme de varios. Y además, ¿eso no es inmoral? –se me ocurrió decir.

A Verónica casi se le vuelven los ojos hacia atrás, en ese gesto tan suyo de dejarlos en blanco ante la falta de luces de su interlocutor. Debí parecerles ñoña a más no poder. Laura, tan bondadosa como siempre, no me saltó a la yugular e intentó ser lo más didáctica posible.

–En un proceso de selección: valoras candidatos hasta que tienes suficientes evidencias de que uno de ellos podría encajar. Aquí no hay prisa. Mi máxima es: «Recluta despacio, despide deprisa». Tenemos demasiado ansia por cubrir la vacante y al final aceptamos carencias que luego tendrán repercusión en la adaptación al puesto. Tómate tu tiempo; si ves cosas raras, averigua más. Si se confirman, no te cuelgues. Nos empecinamos en el error y alargamos los desastres sin necesidad con la estúpida esperanza de que las cosas que están fuera de nuestra zona de influencia vayan a cambiar por desearlo nosotros. Nadie, repito, nadie, cambia porque otro se lo diga. Canta aquello de Elsa en *Frozen*, «Suéltalo» y sanseacabó.

—Laura, ves todo con una flema que asusta.

—A ver, que no vas a matar a nadie. Valoras la situación, sacas las conclusiones que puedas y pasas página. No te quedas rumiando eternamente. Total, no va a ser más duro que otras pérdidas que has tenido.

María estaba lanzada y se unió a la definición de objetivos. Eso de poner deberes a su jefa le fascina a cualquiera.

—Para la próxima reunión semanal, tarea. Puedes conformarte con estar en la media, un mediocre percentil 50, si quedas con una persona. Pero tú nunca te has conformado con lo mínimo, ¿no? Un aceptable percentil 75, por quedar con dos apuestos aspirantes. Y si quieres estar en lo alto de la curva, percentil 90, tres citas. No tienen que ser muy largas; una cerveza, en horario fuera de *prime time*. El aperitivo es ideal, porque si quieres alargas y si no te escapas con el pretexto de que has quedado a comer. ¡Terracita, mascarilla y listo!

Ya no tenía excusa. Por entonces el confinamiento estricto se había levantado. La primavera empezaba a calentarnos la piel y el alma. Se podía salir a la calle, el sol era la pareja perfecta de las terrazas que comenzaban a abrir. La ciudad y sus habitantes despertaban de su letargo. El simple hecho de un reencuentro con los amigos, incluso sin besos ni abrazos, adivinando la sonrisa bajo una mascarilla y unos ojos que se achinan, eran motivo para una fiesta. Y en medio de esa fiesta, yo tenía asignada una tarea que se me antojaba ímproba.

Si había llegado hasta allí no me iba a echar atrás ahora. Comencé mi experimento sociológico basado en la Teoría de conjuntos. Cualquier subgrupo no deja de ser una muestra de una realidad mayor y, por tanto, una estadística, con sus medias, medianas y desviaciones típicas y atípicas. Estaba ansiosa por contar mis progresos a mis tres mosqueteras, como ya las había apodado.

—Desembucha —espetó Verónica, tan directa como siempre.

—Mujer, vamos a ver primero el avance del proyecto. Tenemos el lanzamiento de la plataforma en un mes y muchos flecos por rematar —intenté calmar yo.

—Hoy empezamos la reunión al revés —insistió María—. Nos tienes en ascuas y no nos vamos a concentrar en el proyecto hasta que nos cuentes cómo te ha ido.

Asentí a regañadientes... o no. Tengo que admitir que me encantaba aquello de sentirme diva.

—¡Percentil 90! ¡Tres citas! No dabais un duro por mí, ¿verdad? Lástima que no apostáramos nada; os habría machacado.

No hubo manera de pasar al proyecto hasta que les di el informe completo con el análisis de situación y los siguientes pasos.

María, Verónica y Laura aplaudieron a rabiar. Estaban emocionadas, pero en seguida intervino Laura con su discurso más racional.

—En términos de personas, uno de los mayores errores, por el que tomamos pésimas decisiones de reclutamiento, promoción y sucesión, es el confundir dos conceptos: desempeño y potencial.

Las tres nos quedamos de piedra al oír hablar a Laura de esta manera, por lo que tuve que preguntar qué quería decir:

—Me he perdido, Laura. Por favor, desarrolla la idea para que la entienda el más común de los mortales. Me despisto con tu jerga.

–Te lo explico en términos financieros, que es lo tuyo. Mira los asteriscos de tus fondos: rentabilidades pasadas no garantizan rentabilidades futuras.

–Ahora sí que te pillo. La verdad es que dos de las personas que he conocido parecen encantadoras. Alguien para tomar un vino, pasar una temporada agradable. Ahora, que de ahí a verme en algo más serio... Uno te digo ya que claramente no. ¡Aunque desempeño no le falta!

Las carcajadas se contagiaron de ordenador en ordenador.

Laura prosiguió con su disertación:

–Es como hacer de un buen amigo un mal amante, de un buen amante un mal novio y de un buen novio un mal marido. Que tu eterno optimismo no te juegue malas pasadas en esto o harás de tu fortaleza tu debilidad. No confundas expectativas con realidades.

El resto de la reunión transcurrió con las cuatro de muy buen humor. Después tratamos el lanzamiento de la plataforma, que estaba casi a punto. Aquella noche llamé a Irene, con la que hacía tiempo que no hablaba, para comunicarle mis progresos en estos dos aspectos de mi vida tan importantes: el personal y el profesional.

Empecé contándole los avances que habíamos conseguido en el proyecto. Era un lujazo trabajar con ese equipo y ella podía estar orgullosa, pues Laura, que representaba a su departamento, había hecho una labor impecable. Cuando terminamos de hablar del trabajo, nos dedicamos a mí.

–¿Te acuerdas cuando me dijiste que no te fuera con quejas hasta que me abriese un perfil? –le dije.

–Sí, y... no. No me digas. No me lo puedo creer.

–Pues créetelo.

–¿De verdad? Cuenta, cuenta...

Nos metimos en la madrugada hablando de mis avances en el mundo de las relaciones a través de Internet. Le conté cómo me habían ayudado las tres mosqueteras, lo bien que nos lo habíamos pasado, y nos reímos un montón con mis aventuras, mis miedos y descubrimientos. Sin embargo, había algo en la cara de Irene que no me terminaba de encajar.

—Irene, ¿qué ocurre? No pienses que eres la única bruja que lee los pensamientos; a ti te pasa algo. Ya ves que yo he compartido mis miserias contigo, aquí estamos en confianza.

—Estoy cansada, Pilar. Siento que lucho contra corriente. No sé si tengo fuerzas para esto.

Irene, siempre tan recta en su silla, curvó la espalda y bajó los brazos. A pesar de la distancia que da la pantalla, la vi suspirar, agotada y harta.

—Sabes que he estado al borde de la muerte. Me ha sido concedida una segunda oportunidad. No se pueden luchar todas las batallas y yo quiero elegir solo aquellas que tengan un propósito que merezca la pena. En las que yo pueda influir, tener un impacto real. Me da la sensación de que cada vez se me tiene menos en cuenta.

—Pero, Irene, ¿por qué dices esto? Tú eres un referente...

—Por muchas cosas; se acumula todo. Te pongo un ejemplo. Sabes que me parece inadmisible que alguien como Hernán siga ni un día más en esta empresa y que estoy haciendo todo lo posible por que salga de Green. Me ha dado hasta vergüenza justificarlo delante de un becario. No me gusta bajar los brazos, pero hay veces que una debe admitir lo que está dentro de su zona de influencia y lo que no lo está. No quiero vivir de continuo en mi zona de preocupación. No después del accidente. A uno no le regalan una segunda oportunidad para tirarla a la basura.

Me quedé muda. El tono de la conversación pasó de amarillo canario a gris plomo. Hasta la pantalla del ordenador comenzó a parpadear, sin saber si encenderse o apagarse.

En el fondo sabía a qué se refería Irene. Green había ido perdiendo su calor. El ADN que la caracterizaba, que la hacía ser una empresa amigable, cercana, casi familiar, se diluía a golpe de rescates de fondos de inversión. La COVID le había dado la puntilla. Irene había sido ese pilar en el que apoyarnos en tiempos duros. Si ella aguantaba, los demás podíamos... Pero si ella flaqueaba...

Si Irene no creía en la empresa, ¿cómo lo íbamos a hacer nosotras? Mi niña interior se sintió abandonada, incluso, ¿por qué no admitirlo?, traicionada. Creo que leyó mis pensamientos.

—Sé que me aprecias sinceramente, pero nadie es imprescindible ni irremplazable. El hecho de que algo o alguien no encaje en un momento dado para una persona concreta no lo despoja de su valor. Green puede que no sea mi camino en este momento, pero eso no quiere decir que no lo sea para ti.

No sabía qué decirle.

—Irene... me dejas de piedra. Ignoraba que las cosas fuesen tan mal para ti. Si yo hubiera sabido...

—No te preocupes. No es culpa tuya ni de nadie. Tú no puedes hacer nada.

—Pero...

—Mírate a ti. Es tan tonto como pensar que, si una persona no cuadra con una pareja, no vaya a funcionar con ninguna otra. Green es una empresa con un gran futuro por delante, y siendo egoístas, con muchas oportunidades de aprendizaje y desarrollo para ti y para las chicas. En eso es en lo que deberíais fijaros. Pero yo he llegado al final del camino.

Ahí estaba Irene, al otro lado de la pantalla, al final del ciclo de vida del empleado: contratación, desarrollo, salida. Una curva que sube y crece, hasta que llega a su máximo, y a partir de ahí entra en declive. Ni más ni menos; así de matemática es la vida laboral.

–Te entiendo, Irene. Y tienes mucho valor. Siempre has sido una mujer con coraje.

Laura, Verónica y María estaban al inicio de su andadura en Green, con todo un futuro por delante. En cuanto a mí, corazón y cabeza tiraban en direcciones opuestas. Pero no me engañaba: tenía bien claro quién saldría victorioso en esa batalla. Había experimentado en mis propias carnes que las decisiones se toman guiadas por las emociones. Ya viene después la razón, con pensamientos en tropel, para justificar cualquier decisión loca.

Miré hacia arriba, hacia donde uno mira cuando está en el dominio de la imaginación. Mis piernas se balancearon libres en su silla al tiempo que una idea descabellada cruzó veloz por mi cabeza, tan rápidamente que no me dio tiempo a detenerla. Mis labios dibujaron una curva que pareció enderezarlo todo. ¿Qué pasaría si cambiase mis queridos números por personas? Al fin y al cabo, ¿dónde mejor trabajar que en Recursos Humanos?

VI. UNA DE LAS OCHO

Una enfermera, a quien no había visto antes, me indica con voz amable el puesto que me corresponde. La sala es igualita a las de donación de sangre. Me espera un sillón reclinable de color azul con un mando para elegir la posición idónea. El color azul es muy chillón; los de donar sangre son grises, más discretos. Sonrío al pensar que si el mío, en lugar de azul fuera de color marrón oscuro y además diera un masaje, se parecería a uno de esos sillones relax que anuncian en la teletienda y yo sería la protagonista de un comercial, como dice nuestro becario mexicano.

Con el mando puedo modificar la inclinación del sillón, la altura de las piernas o adaptar su curvatura a mi espalda, así que, tras separar el sillón para que no golpee en la pared y poner los frenos para evitar que se desplace, aprieto los botones con pericia hasta encontrarme cómoda. Solo entonces saco de mi mochila los cascos y mi manta de color rosa palo. Me tapo y me recuesto antes de cerrar los ojos para aislarme de todo lo que me rodea.

Siempre me ha gustado escuchar mi voz interior, pero en los últimos años, con un ritmo de vida de locura, sobre todo desde que nacieron mis hijas, solo lo conseguía cuando nadaba en la piscina climatizada los domingos por la tarde. Tras pasar por un curso de *mindfulness* aprendí la técnica del escáner corporal. Sigo la rutina en el sillón azul que ocupo desde hace meses todos los lunes por la mañana.

Empiezo por los pies. Llevo calzado cómodo, unas buenas Skechers que me permiten mover todos los dedos, incluido el meñique. No entiendo a las mujeres que usan botas de tacón. Recuerdo cuando la pediatra de mis hijas me decía que a los bebés nunca se les debería calzar, pues tienen que aprender a mover los dedos de los pies como los monos. Sigo subiendo, las rodillas, los muslos, y llego al abdomen. Me he asegurado de desabrocharme el botón del pantalón. La última vez me puse otros vaqueros y no pude relajarme del todo por el maldito botón que me apretaba la barriga. Más arriba, a la altura del pecho, me detengo. Noto algo de frío. A tientas me arrebujo con la manta; se habrá nublado el día porque ya no percibo luz a mi alrededor, pero no abro los ojos porque no quiero que se estropee el momento. Siento que el tiempo se ha parado y adoro esta sensación. Aprovecho para concentrarme en la música. Escucho siempre el mismo podcast, ya es una práctica que he comprobado que me relaja aún más. No tengo ni idea de qué canciones suenan; solo me dejo llevar y luego no me acuerdo de nada de lo que he oído. Llevo cascos con cable porque los inalámbricos que me regaló mi hermana son tan bonitos como inútiles. Pasada una hora, o se les acaba la batería o deja de oírse el de la izquierda. Y en el sillón azul tienen que aguantarme bastante más de una hora.

A lo lejos oigo voces y pitidos que, en lugar de incordiarme, me ayudan a acompasar la respiración. Estoy tan relajada que no sé si estoy pensando o soñando. «Es como ir al spa», me dijo mi amiga Natalia, la fantasiosa. No la creí, pero esta vez tenía razón. En el sillón azul siento un relax total.

Me sobresaltan unos golpecitos en el hombro. Abro los ojos, pero no me quito los cascos ni bajo la música. Es Raquel. Leo sus labios y sé lo que dice:

—¿Te has dormido? Este va rápido, quince minutos.

Le respondo bien modosita, que sé que le molesta que esté con los cascos puestos:

—Casi, casi. Estupendo, muchas gracias.

Le lanzo la mejor de mis sonrisas. Raquel es buena enfermera, aunque algo borde. Un día me retrasé veinte minutos y menuda bronca me echó, pero es muy eficiente y a mí eso me gusta. En cuanto se aleja cierro los ojos dispuesta a continuar con el escáner corporal, pero no puedo. Sin pretenderlo, me viene a la mente la llamada con la que empezó todo.

Estaba revisando el historial de un cliente con mi compañero Ricardo cuando sonó mi teléfono móvil. Era uno de esos números largos que no te permiten reconocer al que llama. Normalmente no suelo coger esas llamadas, casi siempre comerciales que lo único que hacen es molestar, pero esta vez mi instinto me dijo que respondiera. Y no me equivoqué.

Era un veinticuatro de agosto, no olvidaré la fecha. Hacía muchísimo calor en la calle, ese calor seco típico de los veranos de Madrid, aunque en la oficina, con el aire acondicionado, se estaba bien. Tenía a Ricardo pegado a mí. Mira que le digo que no se acerque tanto, pero él ni caso. Le hice un gesto con la mano para que me disculpara un minuto. Allí se quedó plantado a la espera. Por lo menos se separó un poco.

–¿Señora Raval?

–Sí, dígame –respondí solícita.

–La llamamos de Ginecología. Ya tenemos sus resultados y, aunque está citada para el miércoles, nos gustaría que viniera a recogerlos cuanto antes para comentarlos en persona. ¿Puede pasarse hoy?

Ricardo me contó más tarde que palidecí al instante. Me apresuré a coger el bolso y sin tan siquiera apagar el ordenador me dirigí a la clínica. Tras treinta años haciéndome la revisión ginecológica de la empresa jamás me habían llamado para recoger los resultados, y menos aún metiendo prisa. Al instante supe que no iba a recibir buenas noticias.

La ginecóloga de un simple reconocimiento de empresa, una chica joven, no se atrevió a darme el posible diagnóstico, pero me indicó que debía hacerme una biopsia urgente. Se la veía incómoda. Me entregó el informe del reconocimiento y subrayó con un rotulador amarillo fosforito un término médico que veía por primera vez y que ya nunca olvidaría: BI-RADS 5.

–Cuando la atiendan en Radiología les entrega este informe.

Y redondeó con un boli negro el «palabro», como si no fuera suficiente el amarillo fosforito.

Me sorprendió que en pleno agosto, con casi todo cerrado en Madrid o bajo mínimos, pude conseguir cita para la biopsia. Era pronunciar la palabra marcada en amarillo y se abrían todas las puertas. Un milagro. Bueno, más que un milagro, el seguro de médico privado que nos pagaba Green. Irene insistió mucho en contratarlo para todos los empleados, aunque Federica, por el coste elevado, opinaba que deberían recibirlo solo los directivos.

Mientras esperaba en un semáforo, sin utilidad alguna porque la carretera estaba desierta, cogí el teléfono y tecleé en Google BI-RADS 5. No había duda.

«Los hallazgos tienen la apariencia de cáncer y hay una alta probabilidad (al menos 95%) de que sea cáncer. Se recomienda firmemente la realización de una biopsia».

Cáncer de mama. No me llevé ninguna sorpresa; desde la llamada ya lo sabía. Leerlo me hizo bien. Soy así; necesito información para sentir que tengo el control.

Tuve que ir varias veces más a la radióloga. Empezaría una larga etapa de pruebas y más pruebas médicas.

Para la primera biopsia se requería ir acompañada, así que sin facilitarle más detalles le pedí a mi marido que me llevase para hacer una prueba rutinaria con la excusa de que después quizá no podría conducir. Días antes, cuando «googleé» BI-RADS 5 decidí que no diría nada a la familia ni a los amigos íntimos hasta contar con el 100% de certeza de que tenía cáncer. Un mísero 5% podía marcar una gran diferencia y me parecía inútil provocarles una angustia innecesaria antes de disponer de un diagnóstico firme. Así, mientras yo me hacía la biopsia, mi marido atendía llamadas de trabajo en el coche, totalmente ajeno a lo que yo estaba viviendo.

Cuando me hice la segunda biopsia, necesaria para confirmar el diagnóstico, no le dije nada. Ya sabía que podía conducir y volver a casa sola. Tampoco lo hice unos días después cuando fui a recoger los resultados. La radióloga me había preguntado en la primera visita quién era mi ginecólogo y yo le había respondido que no había pasado por el cauce habitual, pues venía derivada de un reconocimiento de empresa. Así que le tocó a ella darme la noticia que le correspondía a mi ginecólogo: «El diagnóstico es claro, tienes dos tumores multicéntricos en la mama izquierda y habrá que operar».

Me quedé bloqueada. El tiempo pareció detenerse. Yo le oía hablar de la operación, aunque me costaba entender lo que decía. Desde que leí el significado del BI-RADS 5 tenía asumido el diagnóstico de cáncer. Contaba con la quimioterapia y la radioterapia, pero en ningún momento imaginé que me tendrían que quitar un pecho. Cuando por fin entendí lo que me estaba explicando se me cayó el alma a los pies y, sin poder evitarlo, rompí a llorar. A la ayudante que nos acompañaba se la veía incómoda con mi llanto silencioso y desesperado; a la radióloga, sin embargo, se la notaba acostumbrada. Fue muy amable, me cogió las dos manos y me dijo que era bueno desahogarse. Pensé que debía ser duro tener que dar estas malas noticias día sí y día también. Por un instante admiré su fortaleza mental, para de inmediato volver a mi mundo. El tiempo recuperó su velocidad normal y mi mente volvió a trabajar tan deprisa que, sin querer, expresé en voz alta uno de mis pensamientos.

—¿Y cómo le cuento yo esto a mi marido y a mis hijas? Menudo disgusto les voy a dar.

—Déjate de maridos y de hijas. Ahora tienes que pensar solo en ti. Necesitas todas tus fuerzas. Te espera una temporada complicada. Solo en las próximas semanas vas a tener que hacerte muchas más pruebas médicas. No te alarmes; es un protocolo estándar.

No me alarmé. Había que comprobar cómo de extendido estaba el cáncer. Ya conocía el protocolo de cuando nos dejó mi madre, hacía ya diez años. Decidí contárselo a mi marido y a mis hijas en cuanto volviera a casa, pero a mi padre y a mi hermana solo cuando ya tuviera todos los resultados y la fecha de la operación.

—¿Podré seguir trabajando? —le pregunté, ya repuesta del ataque de llanto, limpiándome los ojos con un *kleenex* arrugado que llevaba en el bolsillo.

Me miró con cara de no comprender. A partir de ese momento, me pasaría más veces, que los que te rodean asumen muchas veces que si tienes cáncer debes dejar de hacer tu vida normal.

Oigo los pitidos cada vez más cerca. Abro los ojos; me cuesta salir del amodorramiento. Parece mentira que hayan transcurrido casi ocho meses desde aquella llamada. La elasticidad del tiempo es todo un misterio. Me doy cuenta de que es mi máquina la que suena; ya he terminado el primer bote de los tres que me ponen en cada sesión de quimioterapia. Miro el reloj y compruebo que han pasado cincuenta minutos. Me queda aún todo el tratamiento; llevamos mucho retraso.

Cuando he llegado a primera hora solo éramos tres pacientes; ahora la mayoría de los sillones están ocupados. Los han renovado recientemente. Poco les durará el azul brillante; sufren mucha tralla a diario. Busco a Raquel, no la veo. Otra enfermera, Consuelo, ayuda a una señora justo enfrente de mí. La mujer está pegándose con el mando del sillón. Debe llevar pocas sesiones porque aún no se conoce todas las posiciones y tarda un rato hasta encontrar la más adecuada. Se ajusta la mascarilla y se recuesta. Sonrío; qué diferencia de hace unos meses.

A mediados de febrero la mayoría de los pacientes en Oncología íbamos sin medidas de protección. Nos lavábamos muy bien las manos, eso sí, pero aún no teníamos claro la gravedad de la COVID-19. Recuerdo que me llamó la atención una señora que vino vestida como en las películas de ciencia ficción; llevaba un mono blanco, mascarilla, gafas especiales, guantes... de todo. A escondidas le hice una foto para enseñarla en casa. Yo por aquel entonces iba a pelo, solo con mi mantita. Después me acordé mucho de esa mujer; ¿cómo sabía que el virus era tan contagioso y dónde consiguió todo el equipo de protección?

Yo aún tardaría semanas en conseguir mi primera mascarilla; había desabastecimiento en las farmacias. Me puse en lista de espera, pero no sirvió de nada. Me la regaló una señora en la cola de la farmacia cuando me escuchó decirle a la farmacéutica que estaba muy preocupada porque estaba inmunodeprimida por la quimioterapia.

Los guantes me los proporcionó Raquel justo al principio de la pandemia. Es buena chica; si fuera menos borde...

—¿Te valen? Solo tengo de la talla S.

Me apretaban un poco, pero se lo agradecí inmensamente, pues tampoco había podido conseguir guantes ni en la farmacia ni en los supermercados. Al principio de la pandemia no había de nada. Ni guantes, ni mascarillas, ni papel higiénico, ni levadura. A todo el mundo le dio por hacer pan durante el confinamiento. Luego se dijo que era mejor no llevar guantes por la falsa sensación de seguridad que proporcionaban, pero al principio se insistió más en llevar guantes que mascarilla.

Quién nos iba a decir lo que se iba a complicar todo. Cuando la radióloga me advirtió a finales de verano que me esperaba una temporada difícil, nadie imaginaba que llegaría una pandemia.

Veo a Raquel acercarse con varias bolsas amarillas. Con suerte una de ellas es mía. Me quito los cascos. ¡Bingo!

—Ya ha llegado la tuya; qué barbaridad lo que han tardado de la farmacia. Llevamos un retraso de narices. ¿Te has dormido? No me extraña. Venga, vamos con el segundo; cuarenta y cinco minutos.

Es el bote rojo; luego haré pis de color escarlata. La primera vez a Raquel se le olvidó decírmelo y me pegué un buen susto.

—Sí, me he quedado roque. Es que desde que no dejáis entrar a acompañantes esto está de un relajado... Si no fuera por los pitidos no se oiría ni un alma.

—Mira, algo bueno tiene la COVID. Para nosotras también es mucho mejor. Antes era una locura. Yo salía con dolor de cabeza todos los días. ¡Que aproveche!

He sacado la coca-cola, el bocata de jamón, la bolsa de avellanas y el postre. Como en las excursiones escolares. Me bajo la mascarilla. Tengo que comer algo antes de que me baje la tensión, que luego voy a conducir para volver a casa. Mi marido, mi hermana y mis amigas no entienden que prefiera ir sola al hospital. A las primeras sesiones fui acompañada; me daba apuro decirles que no. Natalia me dijo que mis seres queridos necesitaban estar conmigo y no me pude negar. La COVID me lo ha puesto fácil; ya no se admiten acompañantes en la sala y me parece una tontería que me traigan en coche y que tengan que esperar más de tres horas fuera.

Cojo el mando del sillón y me incorporo hasta quedarme sentada. No soy capaz de tragar tumbada. Mastico deprisa, que me quiero volver a dormir. Mientras como, me quito los cascos y miro de nuevo a mi alrededor. Esta enfermedad no entiende de edades. Veo a un chico joven; se entretiene con algún juego en el iPad. A su lado un señor mayor lee el periódico. Consuelo rellena el carro de curas, «el carrito de los helados», como le llaman cariñosamente. Acaba de terminar otra paciente; la señora de la limpieza desinfecta el sillón. Sonrío orgullosa. Escribí una sugerencia en LinkedIn al director del hospital porque no me parecía bien que recibiéramos la quimio a «sillón caliente», sin ninguna desinfección entre paciente y paciente. Parece que me hicieron caso. Si es que hay que reclamar más y quejarse menos.

Me acabo el plátano. Enrollo la peladura en papel Albal para que no huela, que ya aprendí en la primera sesión de quimio que los olores se llevan mal entre los pacientes oncológicos. Ese día me acompañó mi marido y me trajo de un bar cercano el bocadillo de calamares que le había pedido. Me supo de maravilla, pero dejó una peste en la sala... Qué vergüenza pasamos los dos cuando Raquel vino a reprendernos; con toda la razón, que conste.

Termino el tentempié. Compruebo que no se quedan olores molestos y me recuesto de nuevo no sin antes ponerme la mascarilla, taparme bien con la manta y ajustarme los cascos; elijo otro *podcast*, esta vez con algo de *soul*, más tranquilo.

Justo antes de cerrar los ojos me deslumbra un rayo de sol. Raquel baja el estor que cubre la ventana. Un movimiento que me recuerda el día que me reuní con Federica para hablarle por primera vez de mi enfermedad.

Le había agendado una reunión en el Outlook, como a ella le gustaba. A mí no. No tenía sentido solicitar reuniones por Outlook para hablar con una persona que está a tres metros de tu mesa, pero ya me había habituado a esa forma de trabajar, tan eficiente como impersonal. Federica siempre estaba ocupada y solo se podía hablar con ella si habías reservado tiempo en su agenda.

A la hora señalada me asomé a su despacho y la encontré al teléfono con los ojos entornados; la deslumbraba el sol. Me hizo una seña para que entrara y mientras terminaba la llamada aproveché para bajar los estores, un detalle que me agradeció juntando las manos, como en el emoticono de wasap.

El despacho de Federica no era muy grande; a cambio tenía dos ventanales que lo regaban de luz. En invierno las vistas a la sierra con las montañas nevadas lucían espectaculares. Federica presumía de haberse agenciado el mejor despacho tras el último cambio organizativo, y tenía razón: era más bonito incluso que el de presidencia, que de tan grande resultaba impersonal. El suyo era acogedor, tenía varias plantas con flores vistosas en la repisa y la pared se vestía con una caricatura en blanco y negro que había adquirido en Budapest hacía treinta años por un importe ridículo. Las plantas estaban impecables, ni una hoja estropeada. Debajo de cada tiesto había un protector de ganchillo de color amarillo tejido por una de las ancianas de la residencia donde algunos hacíamos voluntariado; así no se rayaba la repisa y presumíamos de la obra social de Green, que a todos nos ilusionaba mucho.

Federica estaba hablando en inglés, con un profundo acento americano, fruto de sus años de residencia en Boston. Creí entender que discutía con el proveedor de robótica, que nos estaba volviendo locos. Mucha automatización que al inicio prometía ser la panacea y luego no cumplía las expectativas que nos habíamos marcado. Fue interesante comprobar lo que intuitivamente era capaz de hacer un ser humano y que una máquina no conseguía replicar. Cuando por fin colgó, me pidió disculpas con un gesto. Su mirada era siempre muy expresiva. Sin abrir la boca ya lo había dicho todo. Tras los saludos de rigor, quejarnos del frío, hablar de un cliente impagado, echar pestes del robot y del tiempo que estábamos invirtiendo hasta que funcionara bien, le conté lo que de verdad me importaba.

–En el reconocimiento de empresa me han descubierto dos tumores en la mama izquierda; me tienen que hacer más pruebas.

–Vaya, lo siento mucho. ¿Cómo estás?

Le adelanté el posible diagnóstico, que aún se debía confirmar con más pruebas. Sus ojos delataban su pena y preocupación, y agradecí el interés sincero que me mostró, aunque en ese momento el mío se centraba en hacerle saber que los días siguientes estaría de médicos y en pedirle que no se extrañara si no me veía por la oficina. Me sorprendió con su último comentario cuando me disponía a salir.

–Todo va a ir bien, ya verás como no es nada.

Me sorprendió porque... ¿cómo podía saber ella que no era nada? No me parecía la mejor frase para dar ánimos a una paciente de cáncer.

Me sobresalta otro pitido que me trae de vuelta al aquí y ahora. Mi bomba avisa de que hay burbujas, no pasa el líquido rojo. Busco a Raquel con la mirada; la sala ya está abarrotada, solo queda un sillón libre que Consuelo está desinfectando. Me compadezco de las enfermeras y del trabajo adicional que tienen ahora con el dichoso virus. Hay varios puestos donde suena la bomba. Se acerca otra enfermera que no conozco; me dice que la han subido de planta porque somos muchos. Se las ve a todas algo agobiadas. En las últimas semanas temí no poder continuar mi tratamiento con normalidad. Las UCI estaban colapsadas y toda mano era poca. La nueva coge el tubo de plástico transparente y le da unos golpecitos, hasta que por fin pasa el líquido encarnado. Ya puedo seguir con el hilo de mis pensamientos.

En estos meses he aprendido a observar y aceptar las reacciones de la gente, he tenido tiempo de hacer una lista.

¡Qué distintas somos las personas! Me resultó curioso comprobar lo incómoda que se sintió Federica cuando le dije que tenía cáncer. Muchas personas creían que la mejor forma de apoyarme era quitarle hierro al asunto. Un compañero me dijo que el cáncer para mí sería como una gripe complicada. Aunque para optimistas mi amiga Natalia, que solo ve el lado bueno de las cosas.

—Chica, estás en el mejor momento en la historia de la humanidad para tener un cáncer de mama; nunca antes había habido tratamientos tan logrados.

—Venga, Natalia, vámonos a celebrarlo. Te invito a una caña —le contesté riéndome. El humor resulta siempre un buen aliado.

Otros creían que la empatía era contarme todos los procesos de cáncer que conocían, cuando lo cierto era que esas historias me importaban bien poco. Yo trataba aún de asumir una enfermedad que no sentía y tenía que poner buena cara a los relatos de mis compañeros de Green sobre el cáncer de próstata de un tío, el de colon de un abuelo o el de piel de un hermano. Alguno incluso me llegó a mandar un wasap el día de Navidad que decía que se acordaba mucho de mí porque su padre había muerto de cáncer ese día tan señalado. ¡A quién se le ocurre; vaya forma de dar ánimos! Cuando se lo conté a Natalia me confesó entre risas que a ella le había pasado algo parecido.

Añadí a la lista las personas que esperaban que me derrumbara. Natalia me decía que era su forma de acompañarme durante mi enfermedad. Necesitaban llorar conmigo, me apeteciera a mí o no. A estas yo las llamé las «sicilianas», por una peli que había visto hacía años en la que salían plañideras en Sicilia. Se empeñaban en decirme que me permitiera los malos momentos, en afirmar que mi vida experimentaría cambios radicales y que la enfermedad me haría más fuerte.

¿Cómo me iba a hacer más fuerte si solo con quitarme los ganglios ya tenía un riesgo de linfedema de por vida…?

Más pitidos; otra vez avisa la bomba de que el líquido rojo no quiere o no puede pasar. Esta vez es Consuelo la que arregla el problema. ¡Cómo me gusta Consuelo; siempre de buen humor y gastando bromas!

Más fuerte dudo que salga, pero más lista creo que sí. La paz interior de la que disfruto durante todo el tratamiento me permite observar lo que me rodea desde la distancia, de forma que entiendo mejor los comportamientos de los demás. Se dice que donde hay conflictos siempre hay problemas de comunicación. Estamos tan centrados en nuestros propios asuntos que no nos esforzamos en comprender al que tenemos enfrente.

Hace tan solo unos meses me habría desesperado ante el comportamiento de mi ginecólogo; ahora me lo tomo a guasa.

—¿Los puntos de la cirugía se caen solos? —le pregunté.

—Pues no te sé decir porque yo solo te abrí; tendrás que preguntarle al cirujano plástico que te cerró.

Y el «hípster» se quedó tan tranquilo soltándome tamaña respuesta. Le empecé a llamar así por los calcetines y la barba tan moderna que lucía siempre. Lo miré fijamente, esperando una reacción que no llegó. Yo alucinaba. ¿Eso era la atención integral a un paciente? Era evidente que la comunicación no era la mejor habilidad del «hípster». Tampoco la preparación de una consulta. Me hacía entrar a su despacho sin haberse mirado mi expediente.

—¿Qué pecho te hemos quitado? —me preguntó sin mirarme, mientras tecleaba en el ordenador.

—El izquierdo —respondí «ojiplática».

—¿Y por qué no te hemos dado quimio antes? —Seguía escribiendo con un solo dedo.

–Porque al ser los tumores multicéntricos, la oncóloga no lo recomendó –le recordé con una paciencia absoluta.

–Cierto, es verdad que lo hablamos. ¿Y entonces... la radio cuándo la empiezas? –Y tras mi respuesta lo apuntaba todo en mi expediente.

No fue ni el primer ni último especialista en preguntarme lo mismo, a pesar de que todo constaba en mi expediente. Yo no sé lo que escribía, porque cada vez que tenía consulta me preguntaba lo mismo. Natalia, mi querida amiga y mentora en esta enfermedad, bromeaba y decía que, para evitar fallos en la operación, me pintara una flecha con rotulador que indicase la teta que me tenían que quitar. Lo que nos reímos juntas.

Mientras el «hípster» tecleaba con fuerza con su dedo índice, yo pensaba en los clientes de Green. ¿Les haríamos pasar por el mismo interrogatorio, una y otra vez, en todos los departamentos? Porque si era así, resultaba bastante frustrante.

El «hípster» era un buen médico; miré reseñas suyas en Internet antes de la operación. Pero también leí que algunos pacientes le ponían a parir porque afirmaban que tomaba mucha distancia con ellos. Después de varias consultas comprobé que no era cierto en absoluto; el verdadero problema era que le costaba empatizar porque era muy mal comunicador. Debería ser obligatorio para todos los médicos recibir formación sobre comunicación empática.

Una mujer, que acompañaba a su madre en la sala de espera, lloraba impotente por la forma impersonal en que le había dado la información.

–El «hípster» es así, mujer; es buen médico, pero no sabe conectar. Tomáoslo con humor, que lo importante es que la operación vaya bien. La próxima vez fíjate en sus calcetines; siempre son de lunares chillones.

La mujer se rio con el mote y la observación de los calcetines y agradeció mi ayuda. Es increíble la complicidad que se crea entre los pacientes y acompañantes en las salas de espera; he llegado a tener conversaciones muy íntimas con auténticos desconocidos. A veces es más fácil contarle tus penas a alguien que sabes que no vas a volver a ver que a un ser querido. Te sientes liberada.

Me asombran los que quieren tomar decisiones por mí para protegerme. Los que deciden por mí para salvar su culo no me sorprenden, son unos mierdas, pero los que toman decisiones por mí con afán de ayudarme me fastidian, porque no se dan cuenta de que consiguen justo el efecto contrario.

Algo me saca de mis pensamientos. Enfrente veo movimiento. El sillón, ya desinfectado, lo ocupa una chica alta que ha entrado con una caja de cartón. En la cabeza lleva un pañuelo con flores color caqui a juego con el jersey. La imagino presumida y también mañosa. Yo soy muy inútil, incapaz de ponerme un pañuelo con gracia. Ni en el cuello, ni ahora en la cabeza. La chica parece una de las modelos del catálogo de pelucas y gorritos. Va maquillada y lleva unos pendientes de aro enormes. Yo me he comprado una peluca, pero para las sesiones de quimio no me la traigo. Me la puse una vez y cuando me desperté la tenía hecha unos zorros. Desde ese día que me esperen con mi gorrito azul, bien calentito, porque, caramba, qué frío se pasa sin pelo. Así se lo dije a mi médico de cabecera cuando fui a pedirle las recetas de los medicamentos. El hombre, calvorota total, me aseguró que me acostumbraría al frío en la cabeza, pero no es verdad.

Noto que vuelvo a amodorrarme. Me pregunto qué habrá dentro de la caja de la chica; parece un regalo. Como si el genio de la lámpara estuviera al acecho, mi curiosidad es saciada al momento cuando saca una manta de lana color verde pistacho y un reposacabezas a juego, de esos que se usan en los aviones. Todo envuelto con un lazo monísimo. Es curioso cómo se hilan las ideas. La caja me recuerda la última mudanza en Green.

Fátima estaba embarazada y su jefe le impidió que participara en la mudanza. Me lo contó en la cafetería.

—A ver, ¿a ti te parece normal que ni siquiera me pregunten si quiero ayudar en la mudanza?

—Mujer, no hay mala intención; pensarán que en tu estado no estás para cargar cajas.

—Pero ¿qué estado? Que no soy una inválida; tan solo espero un hijo. Joder, que me pregunten, ¿no? Yo puedo colaborar de mil formas. Poniendo etiquetas, cerrando cajas con cinta de embalar… ¡Mil formas! Y me preocupa que si para algo tan puntual no cuentan conmigo, ¿qué va a pasar con la realidad virtual en que andamos metidos? Si me dejan fuera me pierdo el proyecto más interesante del departamento y a la larga eso penalizará mi carrera profesional.

—Pues habla con ellos; déjales claro que puedes y quieres ayudar. Que cuenten contigo para todo. Me consta que aprecian tu trabajo.

—A ver si es verdad. No me gusta que me traten como a una niña pequeña.

A mí me pasó lo mismo que a Fátima. Me enteré por terceros de que Federica, el mismo día que me reuní con ella en su despacho, con la mejor de las intenciones propuso a RRHH sustituirme para que no me estresara y pudiera seguir mi tratamiento con tranquilidad. Justo en el momento de implantar la solución de robótica en la que tanto había insistido yo, que soy muy fan de la digitalización. En ningún momento se planteó preguntarme si podía y quería sacar adelante el trabajo.

«Hay que entenderla», me dijeron. Federica había vivido la enfermedad de su tía, que se dio de baja durante un año y le angustiaba lo que me pudiera suceder. De primeras reconozco que me sentó fatal, pero después tomé distancia y me puse en su lugar. A veces resulta difícil vencer los propios miedos.

Yo no quería una baja laboral, prefería estar activa. Se lo dije en su despacho, esta vez sin necesitar agendar una reunión en Outlook. Federica, después de esa conversación, entendió con claridad que yo tenía una enfermedad pero no quería sentirme una enferma. A partir de ahí todo fue viento en popa.

Fátima era distinta. Me dejó claro desde el principio que podría contar con su apoyo, sin más. Fátima escucha sin hacer juicios de valor. Es de ese tipo de personas que no te muestran sus miedos, ni pretenden aparentar una seguridad que no tienen. Esta gente también está en mi lista. Así era Fátima, y sin ser consciente de ello, resultó ser un apoyo muy importante para mí, sobre todo al principio. Curiosamente estas personas no tienen por qué ser tu familia, ni tus mejores amigos; a veces son extraños, desconocidos que te ayudan en un momento de debilidad.

El bote rojo se ha terminado. La bomba ha vuelto a sonar. Consuelo se acerca y con una sonrisa me pone el último bote de hoy, un suero para limpiar la vía. Ya tengo ganas de irme. En los cinco minutos que me quedan me da tiempo a cerrar los ojos y pensar en lo importante que es la comunicación honesta, abierta y sincera.

Tras hablar con Federica el trabajo ha resultado ser una bendición; me ha ayudado a tener una rutina y, sobre todo, a pensar en otras cosas. Es duro y peligroso pensar todo el rato en el cáncer; la mente te juega malas pasadas. Laboralmente soy afortunada; Green se ha portado muy bien conmigo, ha entendido mis necesidades y me ha acompañado de la mejor forma en mi enfermedad.

En casa, al principio, al igual que Federica, no entendieron que quisiera seguir activa. Luego, poco a poco, se fueron dando cuenta de lo bien que me sentaba el trabajo y lo aceptaron. Debo admitir que la logística del trabajo se complicaba a veces al tener citas médicas cada dos por tres, pero para mi suerte llegó el virus, y con él el confinamiento y el teletrabajo.

Al trabajar en casa, los efectos secundarios de la quimioterapia han sido más llevaderos. Las bajadas de tensión, las neuropatías, la pérdida de gusto, oído, visión, las náuseas, los vómitos y un largo etcétera hubieran sido más complicados de haber tenido que ir a diario a la oficina. Con Madrid vacío y sin tráfico, sin poder nadie moverse de casa, con mi salvoconducto médico, ir a una sesión de quimioterapia no resultaba perder todo el día; en unas horitas estaba liquidado.

Natalia me pidió que le resumiera el proceso de mi enfermedad en dos palabras. Lo tuve claro al instante: paz y culpa.

Siento una enorme paz interior porque nunca antes había escuchado tanto en cuerpo y alma, a mí y a los demás. Disfruto como nunca dando importancia a las pequeñas cosas: estrenar un cepillo de dientes, el abrazo de mis hijas, el olor a hierba mojada, el dulzor de unas fresas maduras. Una ducha sin cabello es algo memorable; ¡cómo envidio a los calvos! A diferencia de muchos que me rodean y que me quieren bien, no siento el cáncer como una desgracia; es algo que tengo que pasar. Quizá adelante mi muerte, pero ¿quién sabe por cuánto tiempo tiene uno asegurada la vida?

Una paz interior amplificada por la tranquilidad exterior impuesta por la COVID. El mundo se ha ralentizado. Disfruto del silencio, un silencio forzado, lo sé, pero que me proporciona un placer inmenso al abrir las ventanas y escuchar tan solo el canto de unos pájaros ajenos a todo lo que preocupa a los humanos.

En la otra cara de la moneda está la culpa por sentirme tan bien habiendo tanta desdicha a mi alrededor. Es como si tuviera que pedir perdón constantemente por haber sobrevivido al cáncer. Mientras miles de personas mueren en soledad por la pandemia, yo siento un gran bienestar y disfruto como nunca del silencio y el aislamiento. Mientras millones de personas viven agobiadas por el confinamiento, por no poder ver ni abrazar a sus seres queridos, yo lo siento como una bendición que me ayuda a sobrellevar mi tratamiento. Algunos amigos se han quedado por el camino a causa del cáncer; yo saldré adelante.

–¿Estás bien? –me pregunta Consuelo–. Tienes una cara muy seria. Anímate, que ya has acabado; te voy a quitar la vía –dice mientras me pone la inyección limpiadora de suero y pega un tirón que me hace dar un respingo.

–Gracias, Consuelo, hasta la semana que viene –le contesto algo amodorrada aún, pensando que los últimos cinco minutos se han consumido en un suspiro.

–Cuídate mucho.

–Vosotras también.

Me despido de Raquel con un gesto. Está al fondo de la sala, no sé si me habrá visto.

Me levanto despacio del sillón azul, con cuidado para no marearme. En la salida del hospital me echo gel desinfectante. Me recibe la calle solitaria con un sol de justicia. El único al que el confinamiento no consigue apagar. Mientras camino sin prisa hacia mi coche noto que recupero algo de mi energía habitual, no toda, pero la suficiente para desechar el sentimiento de culpa y quedarme solo con el de paz. Me siento afortunada.

Según la OMS, una de cada ocho mujeres sufrirá un cáncer de mama en su vida.

VII. «SOURIRE, TOUJOURS SOURIRE»[1]

A media mañana Irene reunió a todo el departamento. Había llegado muy pronto, bastante más que de costumbre, y no había parado en su despacho ni un instante. La vi sacar un café solo de la máquina y tomárselo de un trago, sin dedicar unos minutos a charlar con su gente más cercana, como hacía casi a diario. Su gesto era grave. Tenía las ojeras muy marcadas. Empezó a hablar y fue directa al grano, como se comporta ella cuando hay que manejar una situación delicada.

—Me imagino que el sábado pasado oísteis las declaraciones del presidente –dijo sin rodeos–. Nos esperan unas semanas muy duras. La empresa se va a preparar para trabajar desde casa y nos toca planificar las tareas del resto de departamentos. Nosotros lo haremos desde aquí, que para eso somos Recursos Humanos.

Se hizo un silencio pesado. Nos miró, esperó unos instantes por si alguno hacía un comentario, y siguió hablando.

—Tenemos que organizar el teletrabajo; no podemos mandar a casa a todo el mundo a la vez. Hay que dar preferencia a los que tengan hijos en edad escolar o a los que tengan personas mayores a su cargo. –Hizo una breve pausa, Irene maneja los silencios como nadie, y continuó con un leve titubeo–. También a los que por alguna enfermedad formen parte de los grupos de riesgo –dijo–, gente con la tensión alta o a los que en los últimos años les hayan operado

---

1   «Sonreír, siempre sonreír».

de algo importante. –Esto último lo dijo bajando el tono de voz y agachando la cabeza, como si le diese vergüenza estar incluida en los grupos de riesgo a causa de todas las operaciones que había sufrido tras su atropello, o como si quisiera que nadie la oyese para que no nos diésemos cuenta de que ella también estaba entre los más vulnerables.

La declaración del estado de alarma fue un anuncio gradual, dosificado, suministrado gota a gota. No debería haber sorprendido a nadie, pues las clases para los estudiantes de todos los niveles ya se habían suspendido unos días antes y las autoridades venían recomendando que si no era imprescindible no se saliese de casa. A partir de aquel día tocaba acostumbrarse a vivir con los bares, los cines y los teatros cerrados, había que adaptarse a nuevas costumbres, a ver la mayoría de los comercios sin vida, los parques deshabitados, las competiciones deportivas interrumpidas, las calles vacías...

En el departamento teníamos que organizar listados, valorar los partes médicos que nos llegaban diariamente al correo electrónico, analizar situaciones familiares... Para colmo, también nos hicieron responsables de clasificar y entregar ordenadores portátiles para que poco a poco el teletrabajo en Green Technology se hiciera realidad. Aunque pensamos que nuestra cafetería no se vería afectada por la situación, también cerró, como todas, y de forma casi espontánea empezamos a reunirnos en una sala alrededor de una máquina de café. Siempre había un momento para desayunar juntos. Aquellos días, en aquella sala, empezamos a sentirnos miembros de algún extraño grupo de la resistencia que se hacía fuerte en reuniones semiclandestinas contra un enemigo desconocido y temible. Transitábamos por pasillos que se habían quedado sin vida, por despachos silenciosos, por un inmenso edificio anestesiado. Los ratos en torno a un café y un sándwich de máquina nos ayudaron mucho. Irene tuvo una gran parte de culpa. Empezó a acompañarnos, al principio unos minutos, por cortesía, después integrada como una más, y convirtió aquellos descansos en conversaciones en las que cada uno de nosotros se desembarazaba de sus miedos.

Paloma, una de las compañeras más jóvenes, comentó una de aquellas mañanas de café que ahora se tardaba mucho menos en llegar a la empresa. Llevaba razón. Aunque mucha gente había dejado de ir al trabajo en trasporte público y había retomado el hábito de ir a trabajar en su coche particular, el tráfico denso había desaparecido. Eso nos hacía ganar unos buenos minutos al cabo del día, que para mí eran muy importantes. Desde que había empezado el confinamiento estábamos saliendo muy tarde, todo era nuevo para nosotros, había que aprender muchas cosas y muy rápido, pero cuando llegaba a casa todavía tenía que estrujar el reloj y sacar tiempo para atender a mi madre.

No me hacía ni pizca de gracia salir a la calle, pero no había más remedio. Mi madre vivía sola, tenía ochenta y seis años, la movilidad reducida y una buena carga de soledad sobre sus espaldas. Hacía poco había sufrido una operación que le estaba dando guerra. Era necesario que mi hermana y yo nos alternásemos para cuidarla por las tardes. Nuestro otro hermano estaba fuera de Madrid, así que cada dos días me iba andando a su casa para evitar el transporte público, con su informe médico y una fotocopia de su carnet de identidad en el bolsillo por si me paraba la Policía, y pasaba un rato con ella.

Pero la mala noticia tenía que llegar tarde o temprano. A veces, de camino al trabajo sentía escalofríos en el coche, otras veces me daban punzadas en el pecho. Las calles vacías, los parques desiertos, los autobuses mudos... Un mal presagio; la muerte podía transitar libremente por cualquier lugar, y al final esa puta vieja traicionera y desdentada no tardó en posar su mano en una persona conocida.

El virus mató a la madre de una buena amiga, Begoña. Ella pasó los últimos días cuidándola, la llevó al hospital, la dejó ingresada y regresó a casa con su positivo a cuestas. La llamaron unos días después para decirle que su madre había muerto. La volvieron a llamar tres días más tarde para entregarle las cenizas. Begoña se ancló con grilletes a la cuarentena, a la pena y a la soledad en una habitación de su casa.

El día que conocí la muerte de la madre de Begoña tomé la decisión de no visitar a la mía hasta que el peligro de contagio del virus no hubiese desaparecido. Llamé a mis hermanos y acordamos que era lo mejor. La señora que la atendía por las mañanas seguiría haciéndolo, por lo que sus necesidades básicas, como la compra diaria o el aseo personal, estaban cubiertas. La llamábamos con frecuencia, pero notábamos que no era suficiente. El destino, convertido en un gigantesco reloj de arena, moldeable, volátil, empezó a hacer juegos malabares con el tiempo: los días transcurrían más deprisa que los minutos, las semanas más rápido que las horas. Mis compañeros notaron mi preocupación; en el café de la mañana salió varias veces el tema de la soledad de nuestros mayores. «¿Cómo acertar? Si vas a verlos puedes llevar la enfermedad contigo, si no lo haces pueden morir de tristeza y de soledad». «¿Queréis otro café?». «Para mí todos los días son iguales: llego a casa y no tengo otro aliciente que esperar a que sean las ocho para salir a aplaudir». «Yo cada vez que entro en casa me quito toda la ropa, la echo a lavar y me ducho. Ayer tuve que salir dos veces seguidas y al llegar a casa me duché dos veces antes de tocar nada; no habría pasado más de media hora entre una vez y otra». «Me parece que eres un exagerado». «Un exagerado no; yo por ejemplo subo y bajo por las escaleras cada vez que salgo a la calle para no meterme en el ascensor, y vivo en un quinto. Cada uno es como es». «Pues dicen que van a endurecer las condiciones del confinamiento».

Las endurecieron. El Gobierno alargó la cuarentena y decretó que todos los trabajadores de servicios no esenciales deberían permanecer en sus casas entre el 30 de marzo y el 9 de abril. La Semana Santa en casa. Una Semana Santa sin Semana Santa. Los del departamento de Recursos Humanos seguiríamos yendo a trabajar.

De alguna manera
tendré que olvidarte,
por mucho que quiera.
No es fácil, ya sabes.
Me faltan las fuerzas,
ha sido muy tarde.
Y nada más, y nada más,
apenas nada más.

En el coche puse música de Luis Eduardo Aute. Sus canciones no dejaron de sonar hasta que llegué al trabajo. Me fui directo a la máquina del café. Un cortado rápido para arrancar el día. «Vaya palo lo de Aute», dijo Paloma. «Se ha muerto un buen trozo de mi pasado, menos mal que nos queda su música», dijo Irene, que entraba en ese momento. Con sus palabras dio en la clave, como casi siempre. Yo sentía algo parecido. Cuando se muere alguien que nos ha hecho disfrutar, que nos ha hecho la vida más agradable, se muere también una parte de nosotros. Fue un día largo. Me sentía cansado, triste. A punto de terminar la mañana, Irene encontró la manera de quedarse a solas conmigo. Podría haberme llamado a su despacho, pero quiso acercarse a mí con naturalidad. Me miró desnudándome para que yo sacase de dentro de mí todo lo que me estaba torturando.

–¿Cómo estás? ¿Cómo está tu madre?

–Mi hermano ha regresado de Bilbao –le dije–. Va a pasar unos días con ella y ya no se encuentra tan sola. Pero de salud no está bien, sigue con los problemas de estómago a causa de la última operación.

–Dedícale tiempo. Esto no es cosa de uno solo, es cosa de todos. Hay que saber establecer prioridades.

La miré con gratitud. Irene es una mujer que siempre está donde tiene que estar.

Volví a casa con las palabras de Irene y las canciones de Aute resonando en el interior del coche. Se me quedó grabada una estrofa de *Intemperie*, una de sus letras menos conocidas.

Emboscado en las entrañas de una travesía
de cien mil desiertos que no admiten vuelta atrás,
siento que el camino que he quemado cada día
me conduce, cuando acaba, a otro desierto más.

Cuando empezó el confinamiento y salíamos a aplaudir a las ocho era de noche. De pronto, con el cambio de hora, un día salimos a aplaudir y había luz. Empecé a ver las caras de los vecinos que estaban a nuestro alrededor, en el balcón de al lado, en la ventana de enfrente... En la televisión salieron imágenes de Italia, y de otros países también, en donde los vecinos salían a cantar a una determinada hora, cada uno desde su balcón o ventana. Todo esto hacía a la gente sentirse más fuerte, más unida. Quizá Aute llevaba razón y en la vida se trata de ir atravesando desiertos y más desiertos. Pero yo estaba cansado de tanta travesía, no quería más desiertos al final del día aunque, si había que atravesarlos, era mejor hacerlo en compañía. «Dedícale tiempo», me había dicho Irene. «Dedícale tiempo», murmuraba su voz en el interior del coche. Cambié la música. Se acabó Aute. Decidí que por la tarde iría a ver a mi madre. Si se trataba de atravesar un desierto, no iba a dejar que ella lo hiciera sola.

Hacía buen tiempo. Me apetecía andar. Me eché otra vez en el bolsillo el informe médico y la fotocopia de su carnet de identidad. Caminé un rato junto al parque del río, llegué a la glorieta de Pirámides y crucé el puente de Toledo. En mitad del puente le eché una mirada al estadio Vicente Calderón, que quedaba a mi derecha. Solo se mantenía en pie una fachada con veintidós vigas imponentes que la sustentaban. La tarde derramaba un color anaranjado precioso, una luz de primavera que contrastaba con el estadio derruido. No se debería derribar ningún estadio del mundo. Los estadios están cargados de ilusiones, de pasión, de alegría, de esperanza, de ganas de jugar, de competición, de vida. El Vicente Calderón era el alma del barrio y el virus estaba devorando sus entrañas. El virus iba carcomiendo sus gradas y apagando los gritos de la gente, igual que lo estaba haciendo con toda la ciudad. La M-30 discurría ahora por encima de lo que antes era su césped y solo la tribuna se mantenía erguida como testigo de tanto silencio. Impresionaba ver las calles vacías, solitarias, muertas... tanta quietud. Impresionaba ver un estadio, un barrio, una ciudad sin voces. Al otro lado del puente había dos coches de la Policía controlando quién caminaba por la calle. Me miraron, no me dijeron nada; quién iba a estar andando por una ciudad desierta sin motivo. Continué por General Ricardos y solo me crucé con dos personas, que se apartaron al lado exterior de la acera mientras yo me arrimé a los edificios, como si fuésemos apestados; qué miedo tocarnos, pasar cerca de un desconocido. Mi hermano me abrió la puerta de la casa; llevábamos tiempo sin vernos. Nos abrazamos; ese abrazo no nos lo robó el virus. En los cerca de veinte días que llevaba sin ver a mi madre el tiempo había hecho girar para ella las manecillas del reloj mucho más deprisa que para los demás.

En Green habíamos aprendido mucho en poco más de un mes. La gente se había acostumbrado a las reuniones a través de videoconferencia; los problemas que aparecían los resolvían rápidamente los de Informática, a veces actuando en remoto, pero otras veces tenían que venir a la empresa y se dejaban caer por nuestra salita del café. Nos costó acostumbrarnos a estar sentados alrededor de la mesa manteniendo la distancia entre nosotros; ya no nos abrazábamos al saludarnos, ni al despedirnos, pero tampoco íbamos a negarles un café a nuestros compañeros.

Los prunos habían vestido mi calle de rosa y blanco. Los parques, mudos, sin visitantes, habían reverdecido tranquilos, como si hubieran tenido que alcanzar la mayoría de edad por sí solos, sin la compañía de nadie. Contemplábamos la vida desde nuestras ventanas; el simple hecho de bajar a comprar el pan era una liberación. La ciudad giraba en una rueda cadenciosa, rítmica, en la que los días apenas se diferenciaban unos de otros. Todo era esperar y esperar. Hasta la sala del café se había vuelto aburrida por momentos y, aunque había mucho trabajo, a veces teníamos la sensación de que los días y las conversaciones se repetían en un bucle interminable. A finales de abril parecía que lleváramos años confinados. Mi madre sentía molestias desde hacía unos días, que a ella le parecían semanas. El tiempo se había deformado. La última operación le había dejado unas cicatrices internas que le provocaban obstrucciones intestinales. Cada vez que aparecían teníamos que acudir al hospital y el miedo era que la situación volviera a repetirse durante los días de colapso sanitario. Al final ocurrió. Mi hermano, que se había quedado en Madrid a pasar el confinamiento y hacía la compra una vez a la semana para salir lo menos posible de casa, me llamó. Debíamos llevar a mamá a Urgencias. Confiado, había dejado pasar demasiados días sin ir a verla. Me acordé de Irene, como si fuera la voz de mi conciencia: «dedícale tiempo». Avisamos al SAMUR, que no acudió a la llamada. Estaban saturados, dijeron. «Denle Paracetamol y si empeora nos llaman otra vez».

El domingo por la mañana fuimos a Urgencias. Estábamos los tres hermanos juntos. Antes de que mi madre ingresara en el hospital queríamos estar con ella un rato, quizás el último. Fue una despedida muy triste. No había más remedio que llevarla. La recibieron con unos deprimentes trajes de protección confeccionados de manera casera; los acompañantes no se podían quedar. Ninguno. No había excepciones. Fue como dejarla caer al vacío, a una sima de fondo desconocido. Otra vez el tiempo jugaba con nosotros estirando los minutos y las horas como si fueran una masa moldeable para hacer el día interminable.

—Su madre evoluciona bien —me dijo un tal doctor Domínguez por teléfono, sobre las ocho de la tarde—. Es posible que no haya que operar de inmediato, mejor evitarlo; cualquiera sabe lo que puede pasar hoy en día en un hospital, pero con toda seguridad hay que programar una operación cuando la situación sanitaria esté mejor. Por protocolo le hemos hecho un test serológico de COVID y es negativo, pero falta la prueba PCR.

Solo pasaron quince minutos hasta que me llamó de nuevo, solo quince, el tiempo caprichoso otra vez.

—Ya tenemos el resultado de la PCR. Su madre es positivo en COVID.

Me aislé en una habitación de casa. Llamé a Irene.

—Irene, mi madre ha dado positivo. He estado en contacto con ella los últimos días.

—¿Qué tal te encuentras?

—Tranquilo, pero tengo miedo por ella. De momento ha entrado en el hospital sin fiebre, sin síntomas aparentes; la hemos llevado a Urgencias por otra cosa.

—Eso es buena señal, tienes que mantener la esperanza.

–Ya, pero los mayores son muy vulnerables.

–No te puedes desesperar.

–No me desespero, estoy muy tranquilo, pero en los próximos días puedo manifestar síntomas.

–De momento quédate en casa, ya veremos qué pasa.

–¿Qué vas a hacer en la empresa?

–No lo sé, tengo que pensarlo; ahora mismo estamos a tope, no puedo prescindir de nadie.

–Si te puedo ayudar desde casa, dímelo, para no estar mirando las paredes todo el día encerrado como un mamarracho.

–Gracias, sé que puedo contar contigo, cuídate.

Llamé al centro de salud.

–A los asintomáticos no les hacemos la prueba del COVID; no hay tests para todo el mundo.

–¿Pero... entonces?

–Tiene usted que cumplir los catorce días de aislamiento en una habitación, es el protocolo.

–¿Y la prueba?

–No hay prueba, lo sentimos mucho, pero es igual para todo el mundo.

–¡Ya!, ¡seguro que sí!, seguro que es igual para todo el mundo –dije.

Por la tarde, desde el hospital hicieron una videollamada a mi hermana, que también estaba en cuarentena en una habitación de su casa. Un minuto. A mí me llamaron al día siguiente. Pude ver a mi madre a través de la pantalla del teléfono. A las enfermeras les habían proporcionado unas tabletas para hacer el servicio: una videollamada aproximada de un minuto cada día con un familiar. Esa llamada diaria fue el único contacto con ella durante ese tiempo. Cada hora que pasaba era una hora que se le ganaba a la enfermedad. Pensé en los amigos que habían perdido a su padre o a su madre en esos días, casos muy cercanos. Ellos no pudieron despedirse de sus padres. Pensaba continuamente en la tristeza de Begoña, en la de Juan, que también perdió a su madre poco después... en la de otros amigos y conocidos, y la mirada al abismo era aterradora. Solo cabía esperar.

El tiempo se detenía y aceleraba. El tiempo se escondía tras el reloj, se asomaba entre los tibios rayos del sol de primavera. Los días se acumulaban cansinos y monótonos. Tres días asintomático. Cinco días, el quinto día era clave, asintomático. Una semana asintomático. Mi madre permanecía en el hospital. Imaginé cientos de historias, de viajes, mientras que desde la ventana dejaba pasar la vida. Durante mi cuarentena quien moldeó el tiempo fue el Gobierno que lo dividió en franjas, comenzó la desescalada. La gente se lanzaba a la calle desde las ocho hasta las once. En esta franja horaria puedes salir a la calle, en esta otra no. Los quince días se consumieron rápido. Los quince días se consumieron con lentitud.

–¿Quieres un café? Ya han pasado dos semanas, parece mentira.

–Descafeinado con leche.

–¿Muy caliente?

–Ahora se ve más gente por los pasillos. En varios departamentos el personal ha empezado a incorporarse.

–Ahh ¿y nosotros?

–Nosotros venimos dos días de cada tres, el resto desde casa.

–¿Y tu madre?

–Sigue en el hospital.

–Me alegro de que vuelvas a estar con nosotros –dijo Irene cuando entró en nuestra salita de la resistencia.

–Gracias, Irene.

–Y yo estaba deseando volver; me estaba volviendo loco tanto tiempo encerrado en casa.

–Si os cuento lo que me pasó ayer no os lo vais a creer –dijo Irene, que hizo uno de sus silencios para captar la atención.

–¡Inténtalo! ¿Nos vas a dejar así? Venga, anda, cuéntalo...

–Ayer, después de los aplausos, salí a pasear –comenzó a contar Irene–. Me fui al parque y me senté en unas gradas de una especie de anfiteatro donde algunas veces se hacen conciertos. Hacía muy bueno y me puse a leer un libro con los cascos puestos para oír música. De pronto una mujer muy guapa, de unos cuarenta años, bien vestida y maquillada, con los ojos y los labios pintados, se sentó cerca de mí. Yo me levanté y me senté un poquito más lejos; con lo grande que es el parque la mujer se tuvo que sentar a mi lado; qué rabia me dio, oye.

Irene hizo un nuevo silencio, innecesario, porque ya se había ganado la atención de todos.

–Me olvidé de ella y continué leyendo mi libro. Pero al cabo de un rato dos chicas empezaron a hacerme señales. Dejé el libro a un lado para ver qué pasaba, y es que la mujer que antes se había sentado a mi lado se había caído de bruces. Las dos chicas me estaban pidiendo que yo la levantase porque ellas no llevaban guantes y no querían tocarla. Me tuve que acercar; intenté levantarla y conseguí que se sentase en las gradas mientras las dos chicas miraban a dos metros de distancia. Dando consejos, eso sí, muchos consejos –añadió Irene enfadada.

–¿Vaya movida, no?

–Yo no me habría acercado.

–Hombre, en un caso así no te queda más remedio.

–¿Y qué pasó? –La pregunta era obligada, pues Irene estaba recreándose en la historia y por un momento temimos que volveríamos al trabajo sin conocer el final.

–La mujer volvió a desvanecerse. Las dos chicas y yo dimos un grito. Al final conseguimos tumbarla con la espalda apoyada en el suelo y llamamos al SAMUR. Bueno, fui yo quien llamó al SAMUR porque las dos chicas dijeron que tenían que irse; eso sí, me desearon suerte antes de dejarme allí tirada, sola, en mitad del parque, con la mujer desmayada. Les entraron las prisas, como si la cosa no fuese también con ellas.

–¿Y ya está?

–Joder, qué jeta tenían las tías.

–¿Ya está? ¿Te parece poco? ¿Te parece poco que dos personas se desentiendan de una cosa así y le carguen la responsabilidad a otra, así por las buenas?

Un minuto. Nunca había pensado en la cantidad de vida que cabe en un minuto, en la de cosas que pueden suceder en tan solo un minuto. En menos de un minuto se puede ganar una carrera olímpica; en menos de un minuto cualquiera puede cometer un error que eche por tierra su trayectoria, su prestigio; en menos de un minuto alguien puede cometer una torpeza que le cueste la vida o, en tan solo un minuto, tan solo uno, se puede llevar a cabo una acción que justifique una existencia. Por la tarde recibí la llamada del hospital. Un minuto, quizás algo más, para hablar con mi madre. Su hilo de voz era débil, pero al menos se encontraba estable.

Fui a trabajar agarrándome a un minuto del día anterior. Encendí la radio. Siempre llevo la misma emisora puesta. La presentadora del programa que suelo escuchar hablaba con una invitada sobre los efectos del coronavirus en las personas mayores, en la generación que tiene ahora en torno a ochenta años o más. Yo estaba parado en un semáforo en rojo, a punto de incorporarme a la M-30, cuando le preguntó a la invitada qué hechos habían marcado el carácter de esa generación. Me quedé sorprendido. ¿Que qué hechos habían marcado el carácter de esta generación? Pensé en mis padres. Mi padre tenía siete años recién cumplidos cuando empezó la Guerra Civil y estaba a punto de cumplir los diez cuando acabó. Una guerra civil marca el carácter en una generación. Mi padre no tuvo mala suerte y vivió una infancia y una juventud relativamente cómodas; pudo estudiar un poco más de lo justo para la época, se sacó el carnet de conducir muy joven. En los años cincuenta pocos tenían el carnet de conducir, y con veintipocos trabajaba como conductor de un marqués en Sevilla.

Pero para mi madre fue distinto. Ella vivió el comienzo de la misma guerra con dos años. Cuando terminó tenía cinco y su padre ya no vivía en el pueblo; estaba recorriendo las cárceles de Franco. Tenía una hermana algo mayor que ella y un hermano, José, que nació cuando estalló la guerra. Salieron adelante ayudando a su madre a vender pan y otros productos de un estraperlo que la Guardia Civil consentía porque eran los primeros beneficiados en hacer la vista gorda, aunque no siempre la hacían y de vez en cuando se quedaban con todo el pan que mi abuela había cocido durante la noche. A veces mi madre y sus hermanos iban andando a Huelva, a unos quince kilómetros del pueblo, para vender el pan y el café de contrabando, y volver en el día sorteando los controles. No eran bien vistos en la escuela; el maestro y los compañeros los repudiaban. La vida para los hijos de los rojos era así en los pueblos; se les hacía el vacío, en el cine no les dejaban entrar, en el paseo les miraban con suficiencia. En la Feria, a mi madre, que ya tenía diecisiete o dieciocho años —la guerra había quedado atrás hacía más de diez— todavía fueron capaces de prohibirle la entrada a la caseta municipal.

Al entrar en la carretera de Colmenar todo sucede mucho más deprisa, sobre todo si no hay tráfico, como pasaba aquellos días. Si no hubiera ido conduciendo habría llamado al programa para preguntar si todos estos hechos no marcan carácter. La situación hubiese parecido surrealista: un tipo en un buen coche, en mitad de una autovía, llamando por teléfono a un programa de radio para preguntar si una guerra civil marca carácter. Les habría contado que mi abuelo volvió al pueblo, pero que ya no era el mismo. Llevaba en la mochila un buen cargamento de hostias y enfermedades, aunque todavía le dio tiempo a tener otro hijo, dieciocho años más joven que mi madre. Con el tiempo ella se tuvo que ir del pueblo para poder tener una vida digna, pero antes vio morir a su hermana de peritonitis, porque los médicos no acertaron con el diagnóstico, o porque no había dinero suficiente en su casa para pagarles, o porque no se esmeraron en su cuidado por ser quienes eran, vete tú a saber...

Aquel día, ensimismado en mis pensamientos, el trayecto desde casa hasta Green se me hizo más corto que de costumbre. Mis padres no eran diferentes a los padres de mis compañeros de colegio. Se conocieron y vivieron un noviazgo largo típico de la época, por carta y por teléfono, en el que imagino que no se tocaron ni un pelo, porque entonces las cosas eran así, que para eso la Iglesia estaba siempre vigilante. Cuando por fin se casaron se vinieron a Madrid con lo puesto, de realquilados con otra familia. Como muchos, por eso casi ninguno de los padres de mis compañeros de colegio eran de Madrid. Poco después mi madre se tuvo que volver al pueblo porque mi abuela estaba enferma de cáncer. La cuidó durante los últimos meses, vivió la enfermedad con ella, la vio morir, la enterró, se volvió a Madrid y de paso se trajo a su hermano pequeño, que por entonces ya tenía siete años, pero que ya no tenía ni padre ni madre. Y ahora, una presentadora de radio todavía pregunta qué hechos relevantes han marcado el carácter de la generación que tiene en torno a los ochenta años.

Me fui directo a mi mesa y metí la cabeza en el teclado del ordenador. Deseé pasar desapercibido, volverme invisible. Tenía que preparar papeles para cuando los compañeros volviesen a trabajar de forma presencial. Habíamos separado las mesas para estar a dos metros unos de otros, teníamos un frasquito de gel en cada mesa y las ventanas abiertas para facilitar la ventilación cruzada. Sonó el teléfono; era otro de los utensilios que no debíamos compartir, pero no podíamos saber a quién llamaban en cada momento. Dejé que lo cogiese un compañero para seguir enfrascado en mis papeles, en mis pensamientos. Seguía dándole vueltas al programa de radio, a los días de hospital, a los hechos que habían marcado a la generación de nuestros mayores. Mis padres tuvieron cinco hijos, de los que murieron dos al poco de nacer. A otros matrimonios también se les murieron los hijos, o se los robaron, quizás para imprimir más carácter a esa generación, la generación que tiene ahora en torno a ochenta años o más.

–Es para ti.

–¿Para mí?

–Sí, Irene quiere verte; dice que vayas a su despacho.

–Gracias.

Irene comenzó a darme instrucciones para elaborar un documento que evaluara los riesgos laborales y planificara las futuras medidas de prevención.

–Vamos a tomar un café –me dijo. No era una invitación. Cuando Irene decía vamos a tomar un café con ese tono, no podías decir que no. En la salita estaba Paloma.

–Vamos a tener que renunciar a la sala del café; no es bueno que estemos juntos más de dos o tres personas en esta sala.

–Otra renuncia más –dije.

–Es lo que toca –contestó Irene.

–¿Y la resistencia?

–La resistencia se adapta; vámonos fuera con el café. ¿Vienes, Paloma?

La primavera le estaba sentando bien a los picos de Guadarrama. Y el aire puro de las montañas nos venía bien a nosotros. Allí se respiraba con una libertad y una tranquilidad que no había en las calles de la ciudad.

—¿Qué tal el programa de voluntariado? —le preguntó Irene a Paloma.

—Me gusta. Empezamos la semana pasada.

—¿Y...?

—Salva y yo fuimos a la residencia Virgen del Rosario, en Guadarrama. No sé por qué, pero me apetecía esa parte del proyecto.

—Lo sé —dijo Irene, que me miró de refilón. En ese momento supe que esa reunión no era casual—. Y también sé que habéis conocido a Soledad.

—¿Cómo te has enterado? Bueno... es una pregunta tonta. La mujer está muy mayor, pero es alucinante. Nos contó cosas que nos dejaron embobados. Es increíble la de cosas que le han podido pasar.

—Hoy en la radio han preguntado por los hechos que han marcado a la generación de gente que tiene ahora en torno a ochenta a o más —dije yo—. Esta gente, como la mujer de la que estáis hablando, tiene muchas cosas que contar.

—Ya te digo. Si hablas con Soledad flipas —dijo Paloma.

—Es una vergüenza que llevemos a los mayores a una residencia. Les engañamos diciendo que allí van a estar mejor, cuando en realidad los que estamos mejor somos nosotros. Ellos no lo habrían hecho nunca —dije.

—Hay casos y casos —replicó Paloma.

—Encima las residencias valen un pastón. Les sacamos a los abuelos los últimos ahorros, lo que han ido reuniendo durito a durito, como hormiguitas, durante toda su vida. Y ahora esta sociedad que ellos han levantado no es capaz de darles un retiro digno, les niega una pensión decente y les cobra un riñón por unos servicios que deberían ser gratuitos.

Lo que acababa de decir Irene me confirmaba la idea de que me estaba preparando otra de sus maniobras envolventes. Y tuve la sensación de que yo iba a caer directo en la trampa. Pero ella todavía no había terminado de hablar.

—Además, no somos capaces de mantener estas residencias en condiciones higiénicas decentes para que no venga un puto virus y se los cargue como a chinches en mes y medio.

Irene se había puesto seria. Parecía afectada en lo personal. No me atreví a preguntar, pero me hubiera gustado saber qué relación tenía con esa mujer que se llamaba Soledad. Volvimos a entrar en el edificio. Irene me dijo que la siguiera a su despacho, que tenía algo más que decirme.

—¿Tú crees que el confinamiento nos va a convertir en mejores personas?

La pregunta me sorprendió. Le contesté que no veía por qué.

—¿Quieres dirigir el programa de voluntariado?

—¿Yooo?

—Claro, tú. ¿Por qué no?

—No sé... No me lo esperaba... Pero... ¿por qué yo?

—Porque eres sensible a los temas sociales, porque estás capacitado, porque lo vas a hacer muy bien.

Le pedí unos días para pensarlo. No estaba yo para programas de voluntariado; bastante tenía con lo mío. Llegué a casa. El día anterior no nos habían llamado del hospital. Mis hermanos y yo llamamos varias veces, pero no hubo manera de que nos cogieran el teléfono. Salí a caminar a las ocho y media. Era desesperante no tener noticias. Apenas llevaba diez minutos cuando recibí una llamada. Mi madre tenía un hilo de voz muy fino y se la veía muy apagada. Creo que ni siquiera pudimos hablar un minuto, nuestro minuto, porque a ella se le hizo larguísimo, como si el tiempo pesara una barbaridad. Me volví a casa. A mí también me empezó a pesar el tiempo. Me conecté en una vídeollamada con mis hermanos.

Una doctora había telefoneado a mi hermana para darle el parte médico. «Estamos en un momento crítico», le dijo. «¿Y ya está?». «Está; me ha dicho que los próximos dos o tres días serán claves». «Pues vaya mierda. ¿Y de ir a verla?». «De momento nada, no dejan a nadie».

No me apetecía cenar. Esperé a que Alicia y los chicos se fueran a la cama. Quería estar solo. Necesitaba estar solo. En la radio sonaba música de Bob Marley. Una vez, hacía un millón de años, estuve a punto de ir a ver un concierto suyo al campo del Moscardó, en Usera, pero lo suspendieron. Tampoco estaba para músicas. Cambié de emisora. Busqué un programa de noticias, como si en mitad de la noche la radio fuese a dar buenas noticias. Me acordé del programa de radio de la mañana. Las mujeres de la edad de mi madre han tenido maridos que ni siquiera eran capaces de retirar la colcha de la cama, que no movían un dedo en la cocina, pero que eran los únicos autorizados para tomar las decisiones económicas de la casa. La gente que ahora tiene ochenta años las había pasado putas durante su vida y ahora, al llegar al final, se estaban muriendo solos como perros en las residencias y en los hospitales. Pensé en Irene cuando me preguntó que si el confinamiento nos iba a convertir en mejores personas. ¿Por qué nos iba a hacer mejores el confinamiento? ¿Qué estábamos haciendo de especial para convertirnos en mejores personas? Irene... Irene... En la historia que nos contaste el otro día las dos chicas te abandonaron y te dejaron a tu suerte con una persona que se había desmayado. «Es que tenemos prisa», dijeron. ¿Qué habría pasado de no haber estado tú? ¿Por qué me has ofrecido dirigir el programa de voluntariado, Irene?

Me recliné en la silla. Me quité las gafas, me restregué los ojos; la alergia me estaba matando. ¿Y si en vez de haber sido tú, Irene, la que se quedó con la chica desmayada hubiera sido uno de esos sicópatas que andan sueltos por la noche?

El tiempo había vuelto a convertirse en esa esfera de la que nos hablaba Diego Escalante en el juego que creó para Green. Una esfera de tiempo sin manecillas, sin mecanismos, que te traslada al pasado o te impulsa al futuro de manera caprichosa. Un tiempo moldeable y finito. Un tiempo rígido e inabarcable. En la empresa contratamos un servicio para el refuerzo de la limpieza, se colocaron mamparas de metacrilato para separar los puestos de trabajo, se impuso la distancia social de metro y medio entre empleados para todas las actividades, se hizo obligatorio el uso de una mascarilla, que tenía el logo de Green Technology en la parte de la derecha y que se hacía insufrible, se habilitó la sala triangular de la planta inferior, a la que todos llamábamos sala Pitágoras, para recibir a clientes y proveedores, quedando restringido su acceso al resto de la empresa, se flexibilizaron aún más los turnos, se mantuvo el teletrabajo dos o tres días a las semana y yo evité por todos los medios encontrarme con Irene. No tenía respuestas para sus preguntas. Dediqué todas mis energías al trabajo y a las caminatas de dos horas a partir de las ocho, cuando todo el mundo salía a la calle en una explosión colectiva de júbilo. Uno de esos días me avisaron del hospital. «Su madre ha dado negativo en la PCR. La vamos a trasladar a la zona libre de COVID. Ahora solo necesita descansar unos días».

La esfera del tiempo, a veces cruel, a veces generosa, giró y giró para esta vez mostrar su cara magnánima. Cuatro o cinco días más tarde fuimos a recogerla. Estaba delgadita, débil... pero estaba. Yo solo podré contar los miedos que viví en el exterior; para ella quedarán los miedos que experimentó dentro, en su incomunicación, en su aislamiento. El Gobierno anunció que en unos días cesaría el estado de alarma. La vida esperaba apremiante en la calle, lejos del móvil, lejos de las pantallas, lejos de las videoconferencias y las franjas horarias, y habría que reinventarla.

Irene... Irene... Yo la había estado evitando, y ella no había hecho por encontrarme; me había concedido el tiempo que le pedí. En cuanto llegase a la empresa me iría directo a hablar con ella. Conduje despacito, saboreando el aire fresco de la mañana. Puse un CD de Joséphine Baker, cantando en francés, así, con voz melosa, con voz de bronce, como cantaba la Baker, que cantaba y seducía a la vez. Cantaba seduciendo. *«Sourire à la vie, sourire à l'amour, sourire à tous tes amis; sourire, toujours sourire»*. Pensé en la historia de Irene. Si no hubiese sido ella la que estaba con aquella chica que se desmayó y hubiese sido un tipo cualquiera, este no tendría por qué haber sido un violador. Podría haber sido un tipo cualquiera que viviera solo, sin nadie a quien dar explicaciones. Podría haber sido una buena persona. La chica desmayada también puede que viviera sola, aunque el hombre todavía no pudiera saberlo. Pero se habría quedado con ella, le habría hablado, la habría cuidado, la habría mimado mientras se recuperaba, porque la pandemia no tiene por qué hacernos mejores personas, pero tampoco tiene que volvernos unos monstruos. Entonces la chica habría abierto los ojos y se le habría quedado mirando. «Dame un beso y me convierto en tu príncipe», le habría dicho él. Y ella se lo habría dado. Ella le habría dado un beso y él se habría ofrecido a acompañarla a casa. Y cuando hubieran llegado a la casa de ella, le habría dicho que estaba sola, que tenía miedo, que a lo mejor se desmayaba otra vez, que por qué no subía y se quedaba con ella... Y el hombre habría subido y nada más entrar se habrían quitado la ropa, que llevaban más de dos meses de confinamiento y los dos vivían solos, y se habrían puesto a hacer el amor como locos, con desenfreno, con las ganas y la pasión de los que se han encontrado en el interior de un bosque en un cuento de príncipes y princesas.

Irene... ¿te acuerdas de cuando me preguntaste si el confinamiento nos puede convertir en mejores personas? Puede que sí, Irene. Puede que el desconocimiento, el miedo y el dolor nos conviertan en mejores personas... O por lo menos esperemos que no nos convierta en monstruos. Y si todavía quieres, si todavía crees que soy sensible, que tengo capacidad y que puedo hacerlo bien, acepto dirigir el programa de voluntariado.

VIII. EL HADA DEL VERGEL

El proyecto de voluntariado dentro del programa de desarrollo corporativo de Green Technology había tenido buena acogida entre los empleados. Irene había sido la responsable de organizar el programa, que contaba con unas propuestas muy variadas. Las acciones voluntarias y altruistas iban desde tareas internas, a modo de mentorías, a tareas externas, en las que la implicación tenía un carácter más personal.

El proyecto era pionero en el sector. Green Technology buscaba conseguir una mayor visibilización de la compañía dentro de la sociedad con una actividad que encajase con sus valores, pero también quería buscar una forma de motivar a sus trabajadores dándoles la oportunidad de que se sintieran útiles en un entorno diferente al de la empresa. Parte del tiempo dedicado a la labor de voluntariado se asumía dentro del cómputo de las horas laborales, otra parte la asumía el trabajador de su tiempo personal.

En el mes de marzo todo cambió con la llegada de la COVID-19. Pronto se extendieron las noticias sobre el virus y su mortalidad y se conocieron las escandalosas cifras de muertos que se concentraban en las residencias de ancianos. Había que modificar los sistemas de trabajo, las relaciones laborales debían encontrar nuevos encajes y el programa se tuvo que paralizar.

A últimos de marzo Irene recibió una llamada del director de la residencia de mayores Virgen del Rosario, donde algunos miembros de la plantilla de Green Technology, incluida ella, habían estado colaborando antes del confinamiento en el marco del programa de voluntariado.

Miguel Pomar llamaba con voz profunda, apagada, ahogada en su propio desconsuelo. Necesitaba ayuda. Habían caído enfermos cinco auxiliares de la residencia y ante la falta de personal nadie les echaba una mano. Habían fallecido catorce ancianos y muchos estaban afectados, no se sabía cuántos. La situación había obligado a que los residentes permaneciesen confinados en sus habitaciones, convertidas en verdaderas celdas, como aquellas lúgubres e inmisericordes de los lazaretos, donde los allí reunidos se pasaban cuarenta días de aislamiento en la época de las grandes epidemias del siglo XIX.

Mientras hablaba, Irene intentaba vislumbrar la posibilidad de pedir a alguien de la compañía que aceptara el reto. Era un desafío para el programa de voluntariado y una responsabilidad que en ningún caso la empresa podía asumir. «Déjame ver qué podemos hacer, Miguel. En cuanto pueda voy a verte a la residencia», puntualizó para terminar la conversación.

Esa misma tarde empezó a plantearse quién podría tener el valor y la entereza suficientes para comprometerse a desarrollar un trabajo de voluntariado en los tiempos tan malos que estaban corriendo. Con Diego Escalante habría podido contar, sin duda. Desde que murió no había dejado de pensar ni un solo día en él y en su esfera del tiempo que tantos cambios había traído a la vida de la empresa. Diego y su esfera fueron un símbolo para Green. Quizás también habría podido contar con Aitziber y con Félix… «Son tantos los que han pasado por Green en los últimos años y tantas las cosas que han sucedido…».

No podía poner en riesgo la salud de ningún empleado, pero también era consciente de que debía trasladar la situación que se vivía en la residencia al grupo de voluntarios que formaban parte en el proyecto.

El teletrabajo había comenzado a consolidarse. Irene convocó una reunión por Zoom a las diez de la mañana del día siguiente con el colectivo de voluntarios.

En la pantalla del ordenador se desplegaron los nueve recuadros que daban paso a los participantes en la reunión.

—¡Buenos días a todos! —Abrió la reunión Irene—. ¿Todo bien por vuestro entorno?

Las contestaciones afirmativas se atropellaron una tras otra.

—Me alegra oír eso. Bueno, como ya sabéis, la situación de la COVID-19 nos ha hecho paralizar el programa de voluntariado de la residencia de ancianos en el que participabais. Ayer me llamó el director del Virgen del Rosario y he de deciros que me desconcertó un poco. Allí han empezado a enfermar algunos residentes —no quiso referir las defunciones— y ya hay bajas de personal. Por mucho que queramos no podemos arriesgarnos a ir, tanto por ellos como por nosotros. Pero me gustaría que me ayudaseis a encontrar una manera de seguir ayudando.

Los iconos de las manos levantadas del *chat* aparecieron poco a poco.

—A ver, Carlos, ¿quieres decir algo?

—¡Buenos días a todos! Sí, Irene. Verás, nuestra presencia allí durante este tiempo ha creado una serie de lazos y vínculos que van más allá de haberles acompañado puntualmente. Tengo la sensación de que desaparecer de sus vidas así, de un plumazo, supondría para muchos una especie de abandono, máxime en un momento tan terrible como este.

—¿Y qué sugieres, Carlos? —preguntó Irene.

—No sé cómo lo verán los demás, pero creo que deberíamos hacerles llegar nuestro compromiso de mantener nuestras visitas una vez pase este tiempo. Los que estemos dispuestos incluso podríamos ofrecer la posibilidad de mantener conversaciones telefónicas con ellos para ayudarlos y que no se sientan solos.

–Recojo la idea, me parece oportuna. ¿Cómo lo veis los demás?

El grupo se mostró de acuerdo. Unos abrieron el micrófono para dar su conformidad y otros asintieron con la cabeza.

–¡Bien! –dijo Irene–. Si os parece entonces, se me ocurre acercarme al geriátrico. Cuando sepa algo más convoco otra reunión y os vuelvo a informar.

* * *

Irene se presentó en la residencia. Hacía tiempo que no la pisaba. Su primer contacto con ella había sido cuando firmaron los acuerdos que se tramitaron en el marco de la colaboración de voluntariado entre Green y el Virgen del Rocío. En aquellos días se forjó su compromiso personal de colaborar con aquel geriátrico que, como muchísimos otros, de repente se había convertido en un escenario de combate en primera línea de fuego contra el virus.

Había trasladado telefónicamente la iniciativa de los voluntarios al director de la residencia. En una carpetilla plastificada con los colores corporativos de Green llevaba impresos los nombres de algunos de los residentes y al lado de cada uno se relacionaban los voluntarios y sus teléfonos de contacto.

La puerta acristalada de entrada a la residencia no estaba accesible. Llamó al telefonillo y una voz enlatada se comunicó con ella al tiempo que sonaba un pitido metálico y la cerradura de la puerta comenzaba a chasquear. Irene empujó con determinación y entró.

Del recodo izquierdo de la entrada apareció una persona forrada con una bolsa de basura azul, guantes de goma de los que se utilizan para fregar y una especie de trapo que le tapaba la boca a modo de mascarilla. Para rematar la esperpéntica imagen, unas gafas de bucear, de las que se usan en la playa en verano, le cubrían los ojos. A Irene le evocó los carnavales escolares en el mes de febrero y, si no hubiera sido por la situación y el entorno, estaba segura de que se le habría escapado una carcajada.

−¿Miguel? −quiso saber.

−¡Gracias, Irene, por venir! Espera, espera que te voy a dar gel hidroalcohólico, una mascarilla y unos guantes. Deja todas tus cosas aquí en la entrada, encima de esta silla −le señaló al tiempo que daba un paso hacia atrás separándose aún más de ella.

El director desapareció un momento, justo el tiempo que Irene necesitó para despojarse de su abrigo y dejarlo en la silla señalada junto con su bolso.

−¡Ay, Irene!, esto es el infierno. No sabes cómo te agradezco el que al menos tengamos este apoyo de los voluntarios con el soporte telefónico −le dijo mientras le iba entregando todo el equipo de protección sanitaria−. No tenías que haber venido, me podías haber pasado los datos por *mail*.

Irene se frotó las manos con aquel gel pringoso y se colocó los guantes y la mascarilla verde de hospital que le proporcionaba el director. En un rápido movimiento se volvió y sacó del bolso la carpetilla de plástico.

−Quería venir −dijo−. ¿Pero cómo vas con esa bolsa de basura, Miguel?

−¡Y con estas gafas y estos guantes! ¿Y qué me dices de la mascarilla que me he ingeniado? No tenemos de nada. ¡De nada! Es tremendo, ¡tremendo! Y la situación es muy grave; se nos escapa de las manos.

Al entrar, a Irene los espacios le parecieron más grandes, más fríos, más tristes. No recordaba así la residencia. Un olor extraño, mitigado por la mascarilla, le provocó una náusea. Era una mezcla de lejía, orín y desamparo.

Algunos ancianos estaban esparcidos por las salas sentados en los sillones de escay marrón en los que solían sestear. Todos tenían colocada una mascarilla que solo dejaba al descubierto los ojos. En todos le pareció ver un atisbo de temor e incertidumbre. Faltaban algunos, bastantes, vistos las sillas de ruedas y los andadores que aparecían aparcados en un rincón. ¿Dónde estaban? La tristeza le inundó el alma con un presentimiento inquietante.

—¿Sigue Soledad aquí? —le preguntó titubeando al director.

—¿Soledad? ¿La residente que solía acunar un muñeco?

Irene asintió con la cabeza. No se atrevió ni a pronunciar un corto «sí», como si con ello pudiera conjurar alguna mala noticia.

* * *

Era media tarde. Desde hacía ya meses a Soledad la encamaban a la hora de la siesta sin esperanza de volver a levantarse, pues no había manos para ello. Irene la encontró viejecita, diminuta entre la ropa de la cama. Ella la miró desconcertada. La mascarilla no le permitía reconocer a la mujer que algunas tardes le había hecho compañía y le dio conversación.

—¡Soledad!, soy Irene. ¿Cómo está?

La anciana incorporó la cabeza y echó sus huesudos y blanquecinos brazos al aire esperando un abrazo, que no pudo llegar a darse a causa de la inhumana y miserable COVID.

Con timidez y miedo, no sabía bien a qué, Irene la ayudó a incorporarse. Soledad se sentó en la cama y tomó aire profundamente como si el esfuerzo la hubiese agotado. Sus piernas delgadas quedaron colgando. Desnudas y trasparentes dejaban a la vista ríos y afluentes azulados. Tras arrastrar el trasero en movimientos dificultosos y oscilantes, apoyándose en los brazos consiguió que sus pies tocasen el suelo y los enfundó en unas zapatillas de paño descoloridas.

–Por favor, Irene, acércame esa bata –dijo señalando con un movimiento acompasado de cabeza y ojos.

Se enfundó la bata, se puso en pie y se acercó cansinamente a un sillón. Se sentó e invitó con la mirada a que Irene hiciese lo propio en otro gemelo que se encontraba frente al suyo.

–Te esperaba, querida mía. Sabía que vendrías y rezaba para que este maldito bicho no me visitase antes que tú.

–¿Cómo se encuentra, Soledad?

–Irene, siempre has querido saber sobre mi vida y yo, conscientemente, he intentado que no fuese el tema que nos ocupara en cada encuentro. Me ha gustado más escuchar sobre ti, sobre tus cosas, tu trabajo; que me trajeses la vida de ahí fuera. Aunque no ha sido mucho el tiempo que hemos pasado juntas, me ha ayudado y contigo he pasado unos ratos bien entretenidos. Te dejé intuir más de lo que te conté. Me he sentido muy cómoda y confío en ti. Por ello...

Soledad se levantó con dificultad, tomó aire con fuerza y empezó a caminar hacia la mesilla de noche. Abrió la portezuela baja del pequeño mueble y sacó algo. Lo alzó hasta la altura de su pecho, lo abrazó y volvió al sillón. Se dejó caer para sentarse; no podía dejar de abrazar lo que llevaba.

Miró fijamente a Irene. Los ojos de la anciana reflejaban el color del mar bajo un cielo encapotado. Suspiró y abrió los brazos dejando en el regazo de sus piernas un cuaderno de color rosa pálido rodeado con gomas elásticas de las que antaño se empleaban para formar los paquetes de cinco mil pesetas con billetes de a cien.

–Esta es mi historia. Las hojas de este cuaderno son las únicas que saben de mí. Quisiera que lo guardases, Irene, y que el día que yo ya no esté, lo leas. Pero es importante que solo lo leas cuando yo ya no esté. ¿Me harás este favor, Irene?

* * *

No pasó mucho tiempo después de la visita de Irene, hasta que una noche fría y llorona, la anciana, cansada, se santiguó, se acurrucó y se dejó ir.

La noticia le llegó a Irene por una llamada del director de la residencia a la caída de la tarde del día siguiente al óbito. La luz del anochecer enrojecía la estancia donde teletrabajaba en su casa y la pantalla del ordenador se convertía en un faro en la penumbra.

Irene nunca hubiera imaginado la sensación de tristeza que le dejó la noticia, una tristeza melancólica y, al mismo tiempo, visceral.

Durante unos momentos se quedó mirando fijamente lo que tenía en pantalla sin ver lo que miraba. El resplandor de la luz del ordenador ayudó a que se desbordaran unas lágrimas que no podía contener. Pensó en la situación de soledad de los ancianos, su fragilidad.

Se levantó de la silla, se acercó a la ventana y contempló el fin del día. Le ahogó pensar en la situación de aislamiento que sufrían las personas mayores en ese momento con la pandemia y la cantidad de ellas que estaba muriendo solas. Y solos iban sus féretros al reposo final, sin un abrazo, sin un adiós, ni una flor, ni un rezo.

Se acercó al estante de sus libros preferidos. Sacó de entre ellos un cuaderno rosáceo abrazado por gomas elásticas. Se sirvió una copa generosa de vino tinto, se sentó en un pequeño sillón, encendió una lámpara cuya luz caía de lleno sobre el cuaderno dándole el protagonismo de un actor al salir a escena, y comenzó a leer.

Nací en una pequeña población castellana un día de lluvia y viento del mes de abril de aquellos tiempos turbios, color sepia, de la posguerra española.

Mi madre había presentido mi llegada antes de completarse el tiempo, pero mi nacimiento se adelantó tanto que los meses quedaron cortos y mi progenitor no encontró más motivo que achacarlo a que esa hija no era suya, pues solo habían pasado algo más de siete meses desde que su unión se había sacramentalizado ante Dios y los vecinos.

Me bautizaron Soledad y mi infancia estuvo marcada por mi propio nombre, abocada al destierro afectivo de mi padre y a la culpabilidad de mi madre, ya que decidió cargar sobre mí la dolorosa desconsideración que su marido desplegaba sobre ella en las tardes oscuras de su alma.

La inocencia me permitió vestir de color esperanza cada uno de mis días y huir de la realidad con juegos donde la imaginación me convertía unas veces en princesa y otras en aguerrida enfermera que curaba todos los males, propios y ajenos.

Al cumplir seis años empecé a ir a la escuela. Allí me sentía bien. Aprendí rápido los números y las letras, que poco a poco fui hilando para más adelante navegar entre páginas de historias caramelizadas que en cierta manera me permitieron huir de la realidad. Así pude mecerme en un mundo de anhelos, sueños y esperanzas.

Al cumplir los catorce años falleció mi madre. Se la llevó una extraña dolencia que no lograron localizar en ningún sitio del cuerpo. Siempre he creído que se ahogó en su propia pena. Con la falta de mi madre mi vida cambió y pasé a suplir su ausencia en el cuidado de la casa... y en el lecho conyugal.

Mi padre empezó a llamarme a su alcoba con pretextos varios. Me contaba su triste pesar por la falta de mi madre, por el dolor y la soledad tan profundos que sentía. Recordaba los días de su infancia con sus hermanos, y fundamentalmente con su madre, que había sido cocinera en la casa de unos señores acaudalados y que siempre les traía las pequeñas sobras que, con cuidado, separaba de los platos sin rebañar.

Alejada de la dramática realidad, sentía que la vida me había hecho un regalo al poder estar con mi padre compartiendo sus historias y sentimientos. No sé cómo ni cuándo, pero un día sucedió. Sus manos se arrastraron por mi espalda, su cabeza reposó en mi hombro y yo cerré los ojos. Ese día supe que en su lamento además había una súplica íntima. Yo no quería dejar de oír su lánguida voz, ni de sentirme querida. Tampoco quería dejar de estar a su lado, ni de compartir su soledad. «Mi pequeña niña tonta», me decía, y yo me sentía dichosa.

No volví a la escuela ni al mundo real. Mi vida transcurrió aceptando lo único que conocía, sin solivianto ni pena, sin ningún tipo de rebeldía. Sentía como si la ausencia emotiva de mi padre en los primeros años de mi vida se compensara con aquella intimidad antinatural y la aceptación de una culpa que siempre arrastré.

Una tarde del verano más caluroso de aquellos tiempos sentí una sacudida. Tuve la sensación de despertar de un largo letargo. Un gélido latigazo en las entrañas y un dolor infinito que no podía controlar me llevaron a ser consciente de que tenía que poner fin a aquella trampa. Mi padre sesteaba en su dormitorio. El canto de las cigarras ponía el fondo musical a sus profundos y descompasados ronquidos.

De lo poco que atesoraba solo cogí lo que cupo en una pequeña maleta de cartón. Cerré tras de mí la puerta con extremo sigilo. Tenía veintiún años y no sabía por dónde empezar a consolidar mi desesperación por vivir.

La mañana amaneció abrazada por una baja y espesa niebla. Era la premonición de que la tarde sería soleada y espléndida como la vida que yo confiaba que me estaba esperando.

No tuve que dar muchas explicaciones cuando, tres días después, llegué a la residencia de las Hijas de la Caridad en una población lo suficientemente lejana como para que mi padre perdiera mis pasos. Mi madre siempre lo dijo: «donde hay monjas, siempre hay un hogar».

Tras golpear la aldaba de su casa, me acogieron entre sus hábitos y sus almidonados, impolutos y alados cornetes. No me preguntaron nada; respetaron mi silencio al ver que mis ojos retenían un profundo océano de lágrimas.

Las monjas se encargaban de atender las soledades de los reclusos de la cárcel de la provincia. Así pues, encontraron un buen trabajo para mí en las tareas de lavar y zurcir las ropas de los presidiarios.

Me desollaba las manos frotando cuellos y puños de camisas, sábanas empercutidas de tanto golpearlas contra la tabla lavandera con aquellas pastillas de jabón de aceite y sosa que habíamos elaborado previamente. Era un ritual que me recordaba a la malvada bruja de Blancanieves removiendo con fruición la pócima dormidera en aquella película que fui a ver con sor Enriqueta en la sala Capitol una tarde de domingo.

Los días comenzaban muy temprano, antes de la salida del sol. Los pasos cortos y rápidos de las hermanas que se dirigían a maitines eran mi despertador. El cántico de aquellas mujeres ponía más color al alba y un misterioso bienestar me invadía. Y así pasaron los meses y los años, dedicando mi vida a la pastilla de jabón y a la tabla de lavar, sin mirar demasiado hacia atrás.

A principios de un mes de marzo me llamó la madre superiora. Eran años de siembra de vocaciones y pensó que me podría ilusionar entrar en la orden. Las Hijas de la Caridad renovaban sus votos, como cada año, el 26 de ese mes, por lo cual sería el momento idóneo para abrazar el compromiso de castidad, pobreza, obediencia y servicio a los pobres.

Había participado de la alegría contagiosa de las hermanas y de su generosidad. Había podido observar la gran fuerza interior de ese grupo de mujeres que se manifestaba prudentemente, pero con rebeldía, ante cualquier injerencia en su misión, ya fuese de los mandos sociales o institucionales como de la jerarquía eclesiástica. Sabía que sus vidas estaban llenas de sentido, pero yo no quería renunciar a soñar con otro tipo de existencia. Quería formar mi propia familia con un buen hombre y unos hijos que crecieran seguros y protegidos por las fuertes lazadas de amor que construiríamos para ellos.

Unos meses después varias monjas fueron trasladadas a otras provincias para poder atender diferentes proyectos de la orden, por lo que las visitas al centro penitenciario quedaban bastante desatendidas. Esa fue la razón por la que yo empecé a acercarme al centro con las hermanas, donde me ocupaba personalmente del acopio de las ropas de los presos. Mi misión requería menos tiempo del que las monjas dedicaban a las visitas, por lo que a alguien se le ocurrió aprovechar mi estancia allí para que enseñara a leer a un preso que cumpliría parte de su pena en escasos meses y podría empezar a salir con el tercer grado penitenciario.

El recluso aparentaba haber sobrepasado los cuarenta años, pero su edad real eran treinta y siete. Tenía unos ojos lánguidos y tristes de un intenso color miel. Su pelo y su tez eran oscuros y el vello de su cara recio y prieto, lo que le daba un aspecto desvalido.

José Edelmiro Fernández Minch había nacido en el pueblo minero jienense de La Carolina. Uno de aquellos seis mil colonos europeos atraídos por las generosas ofertas de tierra y ganado del Gobierno de Carlos III con el fin de repoblar la desolada Sierra Morena debió legarle el apellido.

Su historia se construyó sin memoria, en el regazo de un orfanato del que salió para sostener un arma que debía apuntar a los que le venían de frente. Sin saber muy bien cómo ni por qué terminó en un batallón que se rindió ante aquellos que tomaban el poder. De ahí ir a la cárcel fue solo un paseo.

Aparte del hecho de que llevaba diez años entre aquellos muros, supe poco de él en aquel tiempo. Martes, jueves y viernes nos reuníamos en una pequeña sala aséptica y grisácea con tres ventanitas enrejadas en lo alto. La puerta de la estancia siempre permanecía abierta y por ella entraban los efluvios de las marmitas y los sonidos del quehacer de la cocina que se encontraba al otro lado del pasillo.

El alumno no valoró mis clases más allá de la oportunidad de romper la rutina y de aislarse de aquella jauría diaria de ruidos y monotonía. Aun así aprendió a leer a trompicones y a cincelar letras más que a escribir.

Llegó el día en que José podía salir los fines de semana. Salía los viernes y pasaba las noches en una pensión al otro lado de la ciudad. Era una vida sin sentido, los muros del presidio parecían rodearlo constantemente y se parapetaba tras ese sentimiento para no entablar ningún tipo de relación. Arrastraba sus pasos por donde ellos le llevaban. El mundo se agitaba a su alrededor, pero él parecía no poder oírlo; eran imágenes que se sucedían sin sentido. Los domingos antes de la hora de la cena regresaba a prisión.

Un viernes, al finalizar nuestro tiempo de clase, José me propuso que le esperase a la salida y así ir juntos hasta la ciudad.

Y, como si fuese lo lógico y esperado, llegamos hasta la habitación de la pensión.

Desde aquel momento empezamos a tejer nuestros días juntos. José fue saliendo más a menudo de la penitenciaría, por lo que alquilamos una habitación en casa de doña Juana, una mujer mordaz y seca que no quería líos ni charlas más allá de que le pagásemos semanalmente el arriendo. Teníamos derecho a utilizar el fogón de la cocina y a dejar algunas viandas en la fresquera.

Tras casi un año me quedé embarazada. Mi emoción solo duró el tiempo en que tardé en darle la noticia a José. «¿Te lo quitarás, verdad?», me espetó sin apenas mirarme.

Durante semanas le pinté una vida bella y un futuro alentador. Solo conseguí que su despedida fuese más cruda pues terminó con un portazo con el que puso punto y final a ese tiempo compartido durante el cual yo había aderezado ingenuamente mis ensueños.

Lo único que supe de él es que terminó saliendo de la cárcel por una amnistía.

María del Carmen vio la luz el 16 de julio de 1951. Sumida en un dolor inmenso fui plenamente consciente de la imposibilidad de criarla yo sola. La retuve en mi regazo durante horas. Aquel olor a cachorrillo me ha acompañado toda la vida.

El tiempo de incertidumbre volvía a asomarse y decidí coger el mismo camino. No sin pesar llevé a la niña a casa de las monjas, donde con acallado contento la recogieron. Yo ya no quería estar entre las paredes del convento, no quería soltar el sueño de tener otro tipo de existencia. Estabilizaría mi vida y volvería a por ella.

Me empleé en cualquier tipo de trabajo que me reportara un jornal, aunque fueran pocas pesetas y, entre uno y otro, limpiaba una vaquería en la que algunos días ayudaba a ordeñar.

En la vaquería me terminó frecuentando a mí el señor Jacinto. Mientras ordeñaba metida entre las ubres de las reses, el hombre me contaba sus cuitas y tristezas. Una antigua sensación me embargaba y cierta ternura se apoderó de mí.

El señor Jacinto tenía un vergel en el que sobrevivían los restos de una pequeña caseta de aperos. Si yo era capaz de dignificarla, me la ofrecía como vivienda.

Con la ayuda del carbonero, el carnicero y algún que otro brazo generoso, la casilla se hizo habitable.

No había día en que a la caída de la tarde no tuviera la visita de un buen hombre. Siempre traían una botella de vino y alguna vianda bajo el brazo. Me acostumbré a escuchar. Cada uno tenía una historia y un dolor en el corazón. Se convertían en niños carentes de abrazos y cariños. A veces lloraban, otras reían... y el tiempo fue pasando, como siempre, sin sentirlo, rápido y veloz.

La vida transcurrió sin encontrar la estabilidad que hubiera necesitado para mi hija, por lo que las monjas no tardaron en buscarle una buena familia a la que —lo supe con el tiempo— María del Carmen siempre creyó pertenecer con la legitimidad de haber nacido en su seno. Yo conocía cada rincón del convento, cada secreto de aquella orden, por lo que pude saber que mi hija había sido adoptada por la familia de un médico de la zona.

Años después, casualidades de la vida, don Fermín, que me visitaba en el vergel cada quince días, quiso celebrar conmigo la buena nueva: su hija María del Carmen se casaba. El nombre y la edad de su hija coincidían con la de la mía; él era médico, y en una confesión de lecho, me dijo que su hija era adoptada, aunque la quería como si fuera suya. Así fue como a partir de entonces supe de los devenires de mi niña.

La espié el día de su boda, del nacimiento de sus tres hijos y en todos aquellos acontecimientos donde yo hubiera tenido presencia como madre. La seguí siempre con la mirada.

A veces, y especialmente cuando me apretaba el sentimiento, intentaba encontrarla en su devenir diario. Era algo regordeta, con caderas bailongas, como recordaba yo a mi madre. Solía llevar a los niños al colegio y recogerlos al final del día, y eso que su posición era acomodada y no le faltaban manos en casa para cuidar de sus hijos.

El día del funeral de don Fermín, al finalizar la misa, María del Carmen se acercó a mí. Había sido educada en la férrea fe cristiana propia de las buenas familias. Iba toda enlutada y un precioso velo de organdí negro le cubría la cabeza.

Al terminar la misa la gente se agolpó alrededor de la familia a dar el pésame. Yo me mantuve quieta observando. Vi pasar a todos mis «visitantes» con semblante altivo, llevando orgullosos del brazo a sus esposas. Ni siquiera me miraron por el rabillo del ojo. Parecía un espectáculo donde la representación era solo para mí. Mientras les veía rememoraba los ratos de confidencias de cada uno. Creo que, sin querer, sonreía. ¡Cuántas cuitas, madre mía!

María del Carmen salió la última del banco de la familia tras haber recibido las correspondientes condolencias. De su mano llevaba a un niño y tras ella seguían sus pasos dos mozalbetes, niño y niña. Caminaban por el pasillo central y, al llegar a mi banco, detuvieron el paseíllo.

Ella se giró hacia mí, me agarró las manos y con una ternura exultante, mirándome a los ojos, me preguntó: «Usted es la señora del vergel ¿verdad?». Se me heló el alma y *me quedé paralizada. Notaba que el corazón se me desbocaba y solo acerté a asentir con la cabeza mientras no quitaba los ojos de los suyos.*

«Imagino lo difícil que debe de ser su vida —me siguió diciendo—, pero debería encomendarse a Dios y pedirle ayuda. Las esposas de muchos hombres sufren terriblemente a causa suya».

No sé si fue vergüenza por pensar que ella pudiera siquiera imaginar nuestro vínculo, o la desolación de que no podría saberlo nunca y quizá entender las razones de mi vida para no enjuiciarme, pero aquel suceso me hizo tomar la determinación de no volver a verla nunca más. Con una melancolía sin límites ni barreras que pareció rasgarme las entrañas como el día que la parí, me resigné a quedar en su imaginario como una frívola «mujer de la vida».

* * *

Mis manos están arrugadas, salpicadas de manchas, y el cauce de las venas que las riegan se ha hecho visible y sinuoso. A veces soy consciente de que tengo mucha más vida pasada que la que me queda por vivir, pero otras entrelazo la realidad con el recuerdo y regreso a aquellos momentos por los que mi vida ha merecido ser vivida.

Aquí, en la residencia de ancianos, nadie me visita. Pocos conocen mi vida y nadie conoce mi historia. Las horas están vacías; solo la rutina diaria me da la seguridad de que sigo con vida. Desde hace semanas, o quizá más (ya no tengo el recuerdo despierto), me han puesto en el regazo un bebé. Creen que no sé que es un muñeco, como si el palpitar de una criatura, su olor y su respiración no fueran un universo envolvente que llena de gozo cada instante.

Recuerdo a cada uno de los hombres que buscó en mí compañía, complicidad y ternura. Ninguno, nunca, dejó su casa ni su familia. Ninguno me quiso como para sacarme de allí e iniciar nuestra propia andadura. No me lamento; en cierta manera he tenido más y he dado más amor del que podía esperar. Rememoro los días en los que mi presencia fue importante para algunas almas. ¡Si supieran cuánta soledad he acompañado!

No hace mucho –quiero pensar que ayer para que no me abandone tan vívido recuerdo–, atisbé a la pequeña niña que ya he visto en otra ocasión merodeando por la sala común donde cada tarde nos aparcan para recibir las visitas de la familia o para que aquellos que no tenemos a quien nos venga a ver cabeceemos las tristes horas entre la comida y la cena.

La pequeña niña se me acercó, miró mi muñeco, luego levantó la cabeza y me miró a mí: «¿De verdad es usted un hada? Mi abuela María del Carmen dice que usted es el Hada del Vergel».

* * *

Debían de ser alrededor de las diez de la noche. Irene dejó la libreta sobre sus piernas. Acomodó la espalda y apoyó la cabeza en el respaldo. Alzó la mirada y la posó sobre una estrella cuya destelleante luz iluminaba el trozo de cielo que se veía desde su sillón de lectura.

Alzó su copa de vino aún intacta y rompió el silencio de la habitación con una voz quebrada y líquida: «¡Por ti, Soledad!». «Y por qué no, ¡también por ti, soledad!».

IX. EL PROBLEMA ELÉCTRICO

Cuando Irene presentó a Juan García al equipo de dirección se formó un gran revuelo. Un murmullo provocado por los micrófonos que comenzaron a activarse sin control cruzó la sala de reuniones, hasta que el director general, Esteban Orozco, tomó la palabra. Entonces un silencio pesado se adueñó de la sala y los asistentes pusieron sus ojos en un pequeño cuadro que aparecía en sus ordenadores, en la plataforma de videoconferencias, en el que estaban Irene y Juan, separados por algo más de metro y medio, con los rostros cubiertos con las mascarillas quirúrgicas.

Desde que se ordenó el confinamiento, Green Technology se había convertido en un gigante de pasillos desiertos, paredes tristes y departamentos desolados. Solo algunos empleados con funciones muy específicas y la mitad de la plantilla del departamento de Recursos Humanos se cruzaban entre sí de vez en cuando por las distintas dependencias con la mirada huidiza. Irene y Juan García se presentaban ante un inmenso desafío, escoltados tan solo por un técnico responsable del funcionamiento de los equipos; el resto del comité de dirección se aprestaba a seguir la reunión desde su domicilio.

La convocatoria, en la que Irene se disponía a remover los cimientos de la empresa, se realizaría en parte de modo presencial y en parte en remoto, en un ejemplo de reunión híbrida. Por las circunstancias estaría sujeta a distracciones, malentendidos y problemas técnicos o pérdidas de cobertura.

El comité de dirección estaba dominado por un conservadurismo preocupante. En general sus miembros no toleraban que se les hiciese esperar, por mucho que las dificultades técnicas causadas por la situación sanitaria lo justificasen. Imbuido de un rancio enfoque y marcado por el enfrentamiento ancestral de Hernán, director del departamento de Marketing, con el departamento de Recursos Humanos, el comité tampoco estaba abierto a la experimentación, la creatividad, el pensamiento divergente, y mucho menos a las sorpresas que venían del departamento que dirigía Irene Díaz de Otazu.

—Juan, ahora que sabemos quién eres y lo que haces aquí, estamos expectantes por escuchar tu exposición —dijo con desdén el director general desde el otro lado de la pantalla.

Irene había intentado preparar a Green Technology para la transformación digital. Intento tras intento había chocado contra el comité de dirección. Necesitaba a alguien con un enfoque fresco y distinto, no necesariamente con experiencia profesional, pero con talento. Alguien especial que mirase la organización con los ojos del que nunca ha trabajado en Green, ni en ningún sitio, alguien como Juan García.

En su introducción Irene explicó que había elegido a Juan entre cientos de candidatos para llevar a cabo el proyecto cuyas conclusiones estaba a punto de presentar. Era el turno de su elegido. Ella permanecía impasible. Centró con disimulo su mirada en la parte de la pantalla en la que aparecía Hernán y no pudo evitar una mueca de satisfacción al descubrir su cara de desconcierto.

El joven ingeniero miró a la cámara de vídeo que estaba justo enfrente de él. Sostenía en sus manos un puñado de papeles en los que había anotado el esquema de contenidos a tratar y centraba su mirada en esas líneas mientras el comité se impacientaba. De reojo observaba una gran pantalla de más de cincuenta pulgadas colgada en la pared, en la que se mostraba a todos los asistentes. Respiraba de manera entrecortada por culpa de la mascarilla; no estaba nervioso, pero la situación era incómoda. No podía fallar.

Cuando salió de casa por la mañana tenía las ideas claras. Había planificado un discurso en el que todo encajaba como las piezas de un rompecabezas. Todas las variables estaban bien definidas y cada paso secuenciado. Sin embargo, escrutado en la distancia por todos aquellos directivos expertos en el mundo de los negocios y de las tecnologías de la información comenzaron a llegarle las dudas.

No había respondido a la primera pregunta del director general cuando se produjo una nueva de Hernán.

—¿Alguna idea para compartir con nosotros? —preguntó con suficiencia hiriente.

Se escucharon las risitas de algunos miembros del comité de dirección. Irene ya no estaba en condiciones de ayudar a Juan García. Por su mente pasó la idea de que había ido demasiado lejos exponiéndolo a una situación tan crítica.

Juan respiró profundo. «Hazlo relevante —se dijo—. Hazlo divertido, hazlo interactivo». Tenía que conseguir que el comité de dirección llegara a la raíz del asunto. No bastaba con provocar una reflexión superficial sobre los problemas que atenazaban a la empresa; había que llegar hasta el fondo, provocar un terremoto. «Una simple reflexión sobre el problema que corroe a la empresa no será suficiente», pensó. Irene le había encomendado esa tarea, había depositado en él una confianza sin límites y sentía que no podía fallar.

Las instrucciones que le dio fueron pocas, pero muy claras: «No quiero saber nada de la presentación al comité de dirección. No quiero influir; tienes que hacerlo a tu modo, sin interferencias».

La idea era descabellada, pero Irene había disfrutado con intensidad en sus primeros años en la empresa diseñando proyectos de aprendizaje tan disruptivos y creativos que rozaban la locura. Ahora presentía que se encontraba ante otro de esos momentos en los que era necesario forzar un cambio. Se desesperaba al pensar que para la empresa lo más importante era reinventar el modelo comercial sin preocuparse de nada más. Las personas, los empleados y los clientes ocupaban un lugar preferente en cualquier discurso del comité de dirección, pero luego la realidad hacía ver que todo eran palabras vacías. Sin embargo, lo que estaba ocurriendo en la sociedad indicaba que era el momento de las personas. Había que cambiar.

Juan Manuel Larrea, que había sido su jefe durante años, se lo dijo en cierta ocasión: «Para hacer negocios solo hacen falta dos cosas: personas y dinero, y tú eres responsable de la mitad de la ecuación». Nunca había dejado de tener en cuenta estas palabras y quizás por eso pensó en la figura de un ingeniero brillante como impulsor del cambio, pues la mejor forma de cambiar, en su opinión era dar ejemplo incorporando ingenieros, científicos, arquitectos del comportamiento humano, diseñadores de experiencias de aprendizaje, programadores, expertos en predicción e inteligencia artificial, para poner el foco en las personas, en la experiencia del empleado, en el trabajo colaborativo, en la ciencia predictiva y en la gestión de equipos en remoto.

Juan miró a Irene buscando conformidad. Ella levantó el pulgar para transmitirle confianza. El ingeniero fijó la mirada en la pantalla, saludó a todos los asistentes uno por uno, dio las gracias a la directora de Recursos Humanos por haber confiado en él y comenzó a hablar.

–Hace unos meses me incorporé a Green Technology con la ilusión del que comienza en su primer empleo. Siendo ingeniero nunca hubiera pensado que mi primer puesto de trabajo sería en el departamento de Recursos Humanos. Fue una sorpresa, lo reconozco, recibir el mandato de Irene para

realizar algo tan inesperado como el proyecto que les voy a
presentar.

Juan miró a la pantalla para observar a los asistentes
y comprobó que mantenían una actitud distante; cada uno
parecía estar pendiente de sus cosas, pero sabía que la indiferencia era una pose, que en realidad estaban al acecho
como fieras.

—Como supongo que sabréis —prosiguió—, Irene propuso que conociera la empresa por mí mismo, sin sesgos, y que
después de un período de un par de meses diera mi opinión
sobre aquellas cosas que pudieran mejorarse en el proceso
de transformación digital. El objetivo era identificar las debi-
lidades que habían pasado desapercibidas hasta ahora y que
bloquean el proceso de cambio. Al ser nuevo en la organización pasé un periodo andando de un lado para otro entre
despachos y estancias, al principio sin un rumbo fijo, conver-
sando con todo el que me encontraba. No fue fácil, pero poco
a poco fui generando confianza. Fue un reto interesante para
un ingeniero, ya que como ustedes saben, no solemos ser los
más sociables de una fiesta.

Esperaba alguna expresión facial como respuesta, pero
no encontró ninguna. Los miembros del comité se mostraban impasibles. Solo había una persona que no le quitaba el
ojo de encima.

—Al grano —dijo Esteban Orozco impaciente—. Déjate de
chistes y dinos lo que has averiguado.

El comité de dirección había interpretado el interés
de Recursos Humanos como una intromisión en sus responsabilidades. Ellos eran los catalizadores del cambio, los
responsables últimos de la estrategia y la cultura organiza-
cional. Solo la trayectoria profesional de Irene Díaz de Otazu
había posibilitado llegar a una reunión como la que se estaba
produciendo.

–Con todos los respetos, cada cosa a su tiempo –prosiguió Juan, como si no hubiera captado la supuesta falta de interés generalizada–. No es que no quiera responder a sus preguntas; es que son irrelevantes para lo que quiero exponer en este momento.

La palabra «irrelevante» disparó la atención de todos los asistentes ante una aparente falta de respeto. Todos miraron a Esteban. Esperaban una respuesta mordaz, pero la réplica no llegó. En cambio, Juan García había logrado captar su atención.

–Cuando comencé este proyecto –prosiguió– lo primero que hice fue reflexionar sobre las razones por las que un desconocido podría responder a cuestiones que desde dentro de la empresa se deberían conocer mejor. Mi única ventaja, por tanto, era la perspectiva externa.

»Mi primer objetivo fue descubrir el flujo de comunicación que existe en la empresa, es decir, las vías, los caminos a través de los cuales se conectan los empleados. Hablé con muchas personas, me interesé por lo que hacían. Tras conversar durante algún tiempo con ellas, les proponía que me presentasen a un compañero. Empecé con una persona, que me presentaba a otra, y esta a otra más, y así fui ampliando mi red hasta que a los pocos días me di cuenta de que los nombres empezaban a repetirse. Revisé los datos y comprobé que cuando los nombres comenzaron a repetirse solo conocía al 20% de los empleados.

Sus palabras seguían fluyendo con naturalidad mientras sus pensamientos se fueron a algunos de los trabajadores de Green que había conocido: los nombres de María, Verónica y Laura salieron juntos, como un racimito de cerezas, en el que también venía el nombre de Pilar. A Chuchín llegó por varias rutas; era uno de esos nombres en los que convergían muchos caminos. Paloma y Salva eran más discretos, pero el nombre de uno atraía siempre al otro.

Retomó la realidad. No debía anclarse en estos pensamientos si quería conseguir el objetivo que se había propuesto. Las miradas seguían fijas en él y no era momento de dispersarse; había que centrarse en la cuestión.

—A los pocos días comencé el proceso de nuevo contactando con una persona a la que aún no conocía. Repetí el patrón. Me preocupé por conocer su vida, su trabajo; le pregunté por la empresa y, tras generar un clima de cordialidad, le pedí que me presentara a un compañero de su confianza, que después me llevaría a otro, y este a otro, y así sucesivamente hasta encontrar un final de la cadena. No tardé en averiguar que ocurría lo mismo que en el primer intento. Llegué más o menos a un 20% de las personas. Pero también descubrí algo más. Había gente que coincidía en los dos grupos. Es fascinante analizar cómo se relacionan los empleados de la empresa, cómo forman redes y circuitos de información e influencia. Continué repitiendo el experimento siempre con el mismo resultado: cada círculo se cerraba en torno a un 20% de los empleados. Primero iban apareciendo los que estaban trabajando de manera presencial; quizás la proximidad real les hacía estar más presentes de una manera inmediata, pero este número era muy reducido por las medidas anticovid-19. Las reuniones en remoto retrasaban todo el proceso, pero han sido igualmente eficaces. Puedo asegurar que en poco más de un mes he hablado con casi toda la plantilla.

Juan García se había hecho con la reunión. Había soltado la tensión que le dominaba al principio y sentía que con cada palabra iba ganando seguridad. Adivinó una amplia sonrisa bajo la mascarilla de Irene y aún tuvo tiempo de recordar una de las reuniones en remoto que más le impactó.

Cuando le pasaron la referencia de Ana Raval le advirtieron de que se encontraba de baja médica por una larga enfermedad. No quiso preguntar por los detalles; le pareció algo tan personal que debía ser ella misma quien lo contara. Cuando conectaron la mujer llevaba un pañuelo anudado en la cabeza. Le sorprendió su fuerza, su vitalidad; le causó tanta impresión que en aquella charla olvidó preguntarle por una persona de referencia para seguir conociendo el entramado de empleados de la empresa. Tuvo que contactar con ella de nuevo al día siguiente, lo que desembocó en otra larga conversación cargada de sentimientos.

—¿Y qué conclusiones sacaste? —le interrumpió Hernán mientras seguía escribiendo en el móvil.

—Descubrí algo interesante que podría ser una primera conclusión. Como he comentado, a pesar de estar organizados en departamentos, los empleados se reúnen en grupos que no obedecen a una estructura formal. Estos grupos están formados por gente que comparte aficiones o tiene una forma parecida de ver la vida. Hay personas que pueden estar en varios de estos grupos y funcionan como líderes informales. Conectan personas y grupos, que se unen con un pegamento común y confían unos en otros. Esto es emocionante, pero también hay que destacar la parte opuesta del análisis, por sorprendente que parezca: hay personas que no pertenecen a ningún grupo.

Miró a la sala y comenzó a ver los rostros preocupados. El mensaje estaba calando y apuntaba en una dirección. Ya no había nadie distraído con otras tareas.

—Hay un problema de fondo que es irrelevante en esta fase del análisis; lo plantearé más adelante. Pero antes de abordarlo quiero explicar bien de lo que estoy hablando y, para ello utilizaré una analogía que, como ingeniero, me es familiar: los circuitos eléctricos. Imaginemos un circuito eléctrico al que le suministramos una corriente, tras lo cual nos damos cuenta de que hay bombillas que no encienden. En este ejemplo sería un error fijarnos solo en las bombillas que permanecen apagadas y no observar el circuito completo. No quiero cometer ese error —Juan había empezado a hablar con un tono mucho más pasional que al principio–. De la misma forma que cuando un aparato eléctrico no funciona lo primero que se debe hacer es comprobar si está enchufado a la corriente eléctrica, en una empresa debemos hacer lo mismo. Cuando algo no funciona primero debemos identificar si el circuito de personas está bien conectado a la corriente eléctrica, es decir, si está enchufado a una fuente que las moviliza.

–¿Nos estás diciendo que nuestros empleados están desconectados? –dijo la directora de producción.

–Siguiendo con la analogía –prosiguió Juan–, lo que he visto es que todos los empleados están conectados, pero no todos reciben y transmiten energía. Hay personas encendidas, otras apagadas, unas brillan a mil vatios y otras están fundidas. Las hay que reciben energía pero no transmiten, y las hay que quieren transmitir pero no tienen energía. Y claro, esto no significa siempre que las que están apagadas o fundidas lo estén por culpa de la propia bombilla.

Juan hizo una pausa. Era un silencio diferente al que se había producido al comienzo de la reunión. El silencio inicial llevaba implícito un ninguneo, una desaprobación. Juan estaba atravesando por un difícil paso en el que no se podía permitir ni un solo resbalón, pero no cabía duda de que era él quien manejaba la situación.

–Somos muchos, y muy diferentes –Juan se arrancó de nuevo midiendo mucho sus palabras–. Se podría hacer una clasificación: hay personas que irradian tanta energía, esos líderes informales que he comentado, que les sobra y la comparten con los demás. En segundo lugar hay un grupo de personas que brillan con la energía que aporta la organización, que se comprometen y están enganchadas a la empresa. En un tercer nivel hay un grupo que trae las baterías recargadas de casa, que se automotiva, pero que encuentra su energía en una fuente ajena a la organización. Por último, hay otro grupo que necesita conectarse a algún generador secundario, porque no le llega energía o la que le llega no es suficiente.

Juan no pudo continuar hablando. Al llegar a este punto los micrófonos comenzaron a activarse; un conocido murmullo de desaprobación invadió la sala de reuniones y los asistentes empezaron a pisarse el turno de palabra. Tras algunos momentos de alboroto la reunión pudo continuar con una pregunta de la directora de producción.

–¿Nos estás diciendo que el problema somos nosotros porque no motivamos a nuestros empleados? En mi familia me enseñaron que, igual que se viene desayunado de casa, se viene motivado.

–Lo que estoy diciendo es que la electricidad no llega a toda la organización por igual. No me corresponde a mí señalar culpables; no he venido a eso. Ni siquiera he indicado de dónde viene, o de dónde debe venir, la electricidad.

–¿Cómo que no? De alguna forma estás diciendo que el problema somos nosotros y eso es una insolencia. Solo llevas tres meses en la empresa y vienes a insultarnos y a decirnos lo mal que hacemos nuestro trabajo. ¡No sabes nada de nosotros, muchachito! –dijo Hernán con su insultante tono habitual.

En aquel momento Irene decidió intervenir. No iba a tolerar que Hernán avasallase a un miembro de su departamento. Le pidió que se calmara; no era el momento ni el lugar para hablar de ciertas cosas, ni era la impresión que había que dar a una persona que se acababa de incorporar a la organización. Estaba dispuesta a continuar ella misma con la presentación, pero Hernán rebajó su agresividad y Juan García pudo continuar con su exposición.

–No, no he insultado a nadie y, como he dicho antes, no he venido a buscar culpables –dijo–. Si hubiera realizado el análisis desde esa perspectiva no habría llegado a ninguna parte. Lo importante es comprender bien el circuito de comunicación interna y confirmar que todo está correctamente conectado. Solo entonces podremos valorar lo que falla y plantear un problema cuya resolución nos lleve al diseño de un sistema más eficiente.

Esteban Orozco zanjó la cuestión. Su obligación era mantenerse neutral.

—No tengo tiempo para clases de electricidad —dijo—, pero me gustaría saber si tenemos un problema o no, y si lo tenemos querría saber cuál es la solución que propone el ingeniero en recursos humanos.

Irene permanecía recostada en su asiento con la tranquilidad que aporta la experiencia en el comité de dirección. Ya no se alteraba con batallas dialécticas, aunque le fastidió el tono del director al referirse a Juan como el «ingeniero en recursos humanos». Siguió escuchando a su joven pupilo, que se mantenía tranquilo.

—Soy ingeniero y mi foco son los procesos. Entiendo que es algo que habéis valorado al contratarme. Supongo que queréis que aplique mis competencias, conocimientos y habilidades a la creación, diseño e implementación de procesos, y supongo también que queréis que genere soluciones a determinados problemas de la empresa. No he necesitado mucho tiempo para reconocer en esta empresa un sistema formado por personas que está conectado, como tampoco he tardado en descubrir que la electricidad no llega a todos los puntos del mismo con la suficiente intensidad. Es posible que sea un problema del generador; quizás solo sea un fusible que se ha quemado o que haya un fallo en las resistencias eléctricas del circuito. Me habéis preguntado desde el principio si hay un problema, pues ahora sí estoy en disposición de plantearlo:

»¿Cuál es el mejor sistema para que electricidad llegue a todos los empleados sin necesidad de que tengan que recurrir a generadores informales, sin riesgo de que salten los fusibles, con los condensadores y resistencias sustentando el circuito para que la electricidad se mantenga constante a través de la toda la organización?

Todos se quedaron pensando ante la pregunta lanzada por Juan. Al ver la perplejidad de sus caras, él intervino una vez más para aclarar algunos conceptos.

–Donde lean la palabra electricidad, escriban motivación; donde encuentren la palabra generador, escriban liderazgo. Los fusibles son aquellos que controlan la organización para que no salte por los aires con una subida de tensión. Para ello se sacrifican al quemarse, como Recursos Humanos. Los condensadores son los líderes intermedios; las resistencias son aquellos que modulan la tensión. Con esta clave comprenderán mejor lo que quiero decir.

Se abrió un largo debate sobre el planteamiento del ingeniero. Algunos llegaron a la conclusión de que tenía parte de razón, otros eran reacios a reconocer errores, y menos inducidos por un desconocido, por mucho que trabajase en el departamento de Recursos Humanos de la empresa. Pero el director general concluyó que sus ideas encajaban bien con los planes de comunicación de Green y con la forma de motivar a los equipos. Estaba claro que un porcentaje de la motivación procedía de los propios empleados, pero también era verdad que había otra parte que se generaba en los órganos de la empresa a través del propio comité de dirección, y que se perdía por falta de lo que Juan García había llamado «condensadores de liderazgo».

–Se malgasta mucha energía –dijo el director general en una especie de lamento.

–Todos los esfuerzos de liderazgo se desperdician en el momento en que no alcanza a toda la organización por igual –insistió Juan–, y ante la ausencia de liderazgo orgánico el vacío se llena con liderazgo informal, o peor aún, con nada, con lo que el sistema poco a poco se apaga o entra en un bucle sin control.

−Es una interesante reflexión −dijo la directora de Innovación y Desarrollo−. Como ingeniera me gusta la analogía, pero las organizaciones son mucho más complejas que un circuito eléctrico.

−Al contrario; son exactamente lo mismo −dijo Juan−. Nuestras neuronas son células especializadas en transmitir electricidad y nuestro comportamiento social responde de la misma forma que una red neuronal. Es complejo, pero es así.

La reunión terminó tras unos minutos de debate sobre quién era quién en el circuito eléctrico del liderazgo y la comunicación. Juan tenía la sensación de haber descrito bien el problema, pero que había fallado en la búsqueda de la solución.

El director general dio las gracias a Irene y Juan, y despidió a los miembros del comité de dirección, que se desconectaron con prisa, como si hubieran sido descubiertos en un error fatal y tuvieran ganas de desaparecer para no asumir responsabilidades.

El director general se quedó solo con el equipo de Recursos Humanos.

−Buen trabajo; ha sido una reflexión muy interesante. Como equipo nos ayudará a desempeñar mejor nuestro papel de líderes.

Irene señaló a Juan con su pulgar.

−Dale las gracias a él cuando puedas conocerle en persona.

El director general sonrió e hizo un gesto de despedida con la mano. No dijo nada más antes de desconectar.

Irene se acercó a Juan para felicitarle.

−A pesar de todo lo bien que ha salido la reunión te veo contrariado. ¿Me equivoco? −dijo Irene.

–Sí. Es cierto. No me voy satisfecho del todo.

–No te preocupes. No es fácil que entiendan que algunas cosas están mal. Nadie piensa que se equivoca hasta que se lo dice alguien de fuera, sin vicios, sin sesgos, alguien como tú. De ahí que tu papel fuera tan importante. Felicidades.

–Gracias. No es eso –contestó Juan–. Creo que hay algo que no he explicado bien porque el resultado no es el que esperaba.

–¿De verdad? ¿Qué esperabas? ¿Que todos entonaran el *mea culpa* y aceptaran su falta de liderazgo en este proceso de cambio? No te preocupes; no es fácil que entiendan que son parte del problema. Hemos dado un primer paso; poco a poco irán cambiando.

–Me conformaría con que ciertas personas se dieran cuenta del impacto que tienen y de que necesitan ayuda –dijo Juan mientras salía de la sala de reuniones–. De todas formas, muchas gracias por la oportunidad de conocer al comité de dirección, aunque haya sido de manera virtual. Si hubiera tenido que esperar a conocerlos en un encuentro cara a cara, con naturalidad, no habría llegado a ellos –dijo con un tono que no gustó a Irene.

–Vale –contestó en voz baja–. Muchas gracias por tu trabajo, Juan. Te veo luego en el departamento. Me tengo que quedar un rato; tengo otra reunión.

–Gracias a ti, Irene. Voy a recoger en un momento –dijo él señalando las notas que tenía esparcidas encima de la mesa.

Al salir de la sala dejó un intrigante papel sobre la mesa. Era una nota garabateada con un puñado de pensamientos, amontonados entre signos casi ininteligibles, que Irene encontró justo antes de empezar la nueva reunión. La cogió en sus manos y comenzó a leerla. Había multitud de dibujos, círculos y cuadrados. Flechas y conexiones. Líneas rectas continuas y discontinuas. Números y letras que no entendía salvo unos que estaban escritos en un lado del folio, dentro de un círculo con una letra G en el centro, con un titular muy grande: «GENERADOR DE LIDERAZGO», y un comentario al lado que decía «fallo del generador»; «solución: cambiar el fusible».

X. TODOS LOS HOMBRES QUE FUI

Llegué a la casa de la montaña y encontré a mi madre sentada a la puerta de la cocina de leña. No me extrañó verla, a pesar de que hacía muchos años que no había estado con ella. Parecía como si me hubiese estado esperando y el tiempo se hubiera detenido en la aldea, y ni la pandemia ni los problemas fuesen a llegar allí jamás. Apartó la mirada de la profundidad del bosque y me regaló un gesto amable y una sonrisa cálida con la que sentí que me daba la bienvenida y me llamaba a su lado.

Me fui de Madrid muy ligero de equipaje por las prisas y el miedo, no recuerdo ni cómo ni de dónde, como un suspiro, sin despedirme de nadie. Me senté junto a ella, sin apenas meter ruido, en el tronco viejo de madera seco y muerto que el paso del tiempo había pulido y con el que tanto había jugado cuando era niño.

—¿Cuánto tiempo estarás aquí, hijo? —Cada vez que volvía me preguntaba lo mismo, aunque supiese la respuesta. Era su forma de decirme que le dolía que me fuese.

—Te he echado mucho de menos, mamá —le respondí con lágrimas en los ojos.

Unas ansias locas de hablar se habían apoderado de mí. Tenía ganas de contarle todo lo que había vivido y lo que ahora sentía. Quería confesarle mis dudas y escuchar sus consejos, pero no sabía cómo empezar. No tuve que esforzarme mucho; ella siempre supo leerme los pensamientos y se anticipó a lo que yo quería decir.

—Escucha bien a tu corazón, hijo. La gente te recordará por cómo eres, por tus hechos, no por quién eres ni por los bienes que hayas logrado acumular.

—He luchado toda la vida por ser alguien, mamá; así me enseñaste tú. ¿Por qué me recordarán? ¿Por qué me recuerdas tú? ¿Qué tiene de malo que la gente lo haga por lo que he conseguido?

—No olvidarán el cariño que les has dado, ni lo bien que te has portado con ellos, pero a nadie le importarán los puestos que has ocupado, ni el dinero que has ganado. El triunfo no se mide por lo que has logrado, sino por los corazones a los que has llegado con tu amor.

Nos fundimos en un abrazo fuerte y sentido. Tanto ella como yo necesitábamos el contacto físico. Había pasado mucho tiempo sin vernos y últimamente los abrazos eran un bien escaso. Ya atardecía. Sus palabras retumbaron en mi corazón; me conmovieron. Disfrutaba de su olor, de su pelo suave, de su mirada dulce, de sus manos y su piel delicada. Su risa era sincera, discreta, y a veces terminaba en un movimiento inquieto; le pasa a Poe, mi cachorro de gata, cuando otea un pájaro tras el cristal de la ventana de la terraza en Madrid y se ve impotente por no poder alcanzarlo.

—Mamá, me encanta tu risa.

Era como el agua fresca que brota del manantial del camino de entrada a la aldea, primero explosiva y después fluía con pequeñas ráfagas contenidas hasta que ella hacía un ruidito de pícara y ponía cara de buena chica, con una mirada que te llenaba de energía. Entonces sabías que era tu cómplice o que tú te habías convertido en el suyo.

Siempre he pensado que las personas dicen mucho a través de su risa, que su personalidad desprovista de teatralidad se refleja cuando son capaces de quitarse la máscara ante los demás y se dejan llevar por la espontaneidad de una carcajada. Mi madre es de risa fácil, de gesto delicado; incluso se tapa la boca avergonzada, como si la vida no le diera permiso para reírse de todo lo que le dé la gana. Su ademán, tan tímido como natural, encierra una fuerza que siempre se proyecta hacia los demás. Yo siempre he creído que la carcajada es el gesto más sincero del ser humano, que te desnuda por dentro, que te muestra tal y como eres.

Horas después aún seguíamos sentados a la puerta de la cocina de leña, bajo una noche llena de estrellas. Ella no dejaba de mirarme y tocarme. Se mostraba orgullosa; en sus ojos se reflejaba mi cara de niño a pesar de los años que habían pasado. Sentí de nuevo que me cuidaba, y que me tenía que dejar cuidar. Su curiosidad me encantaba.

–Vamos dentro. La chimenea está encendida –me dijo en voz baja.

De pequeño me gustaba verla de rodillas frente al fuego, prendiéndolo con unos palitos y unas cerillas. Mi madre hacía magia; yo lo pensaba al ver cómo con tan poco era capaz de lograr una hoguera tan grande, tan hechizante. Ella sabía cómo hacerlo y yo la observaba y aprendía en silencio. Después pasábamos horas mirando cómo se consumía la leña, como si al observar las llamas uno pudiese aprender todo lo que iba a necesitar en la vida.

–Cuéntame lo que has hecho estos años. Anda, Josín, dime en cuántos sitios has estado.

Después se sentaba en el sillón y yo la observaba mientras hacía ganchillo al pie de la chimenea. Aquella noche le conté todo lo que se me venía a la cabeza, sin mucho orden, fantaseando un poco para cubrir las lagunas de los recuerdos, y ella me escuchaba atenta. Le hablé de Green Technology, la empresa a la que había entregado los mejores años de mi vida, y de mi jefe, Hernán, al que todo el mundo en la empresa odiaba y temía a partes iguales.

Mi madre me miró divertida cuando le expliqué que Hernán tenía risa de conejo y que cuando parecía que iba a soltar una carcajada metía los labios para adentro y lanzaba un sonido entrecortado, jadeando, y torcía las manos y cerraba los ojos. Le hablé también de un coro de «pelotas» que le reían sus gracias y lo imitaban como una manada de conejos. Siempre supe qué clase de persona era. Desde el primer día que escuché una carcajada en una de las juntas del Consejo. Nunca me pareció un tipo de fiar.

–¿Cuánto tiempo estarás aquí, hijo?

Volvió a preguntarme sin ganas de oír la respuesta. Le gustaba escuchar que yo adoraba el pueblo.

–Cuando te despiertes camina por el bosque, ve a buscar al abuelo al prado, baja al bar a jugar a las cartas con los amigos, que se alegrarán de verte –me dijo.

Me contó que Manolín y Juanjo nunca se fueron de la aldea y siempre que se los encontraba le preguntaban por mí. Volvería a tumbarme en la hamaca entre los perales, a disfrutar de los días soleados, a sentarme a escribir durante horas en el escritorio del corredor, frente al ventanal que da al bosque, a ver películas al anochecer en la pared del salón, que hacía las veces de pantalla de cine. Me figuraba que mi madre o mi tita iban a cocinar, que volvíamos a vivir alrededor de una mesa juntos, sin prisas, ajenos a los objetivos trimestrales, a las agendas interminables, a tener que viajar.

Le dije a mi madre que sentía que era el momento de dejar atrás todo lo que me ataba. Había hecho balance y en un lado coloqué mi puesto, el trabajo, el dinero, los colaboradores, los horarios, las presiones de los clientes, las reuniones interminables, los aviones y los aeropuertos, esos taxis que te mueven por el mundo como un pelele, aquellos hoteles impersonales, los despachos sobrios... En el otro lado solo había puesto una cosa en la balanza: volver a la casa de la aldea, al origen de lo que fui.

* * *

Al día siguiente seguí el consejo de mi madre y salí temprano de casa. Caminé por una senda conocida, entre castaños centenarios y rincones húmedos, en los que la frondosidad del bosque impide que llegué el sol con nitidez. Los caminos que rodean la casa de la montaña están cubiertos de lodo; hay que avanzar y esquivar las piedras dejándose atrapar por el olor de los manzanos. No tardé en cruzar el río y llegar a la pradera en la que suele estar el abuelo, con la Nozal imponente observándole y un verde intenso que inunda los ojos.

Lo encontré sentado en unas peñas, con la mirada perdida hacia el infinito, en una parte de la pradera que el sol de primavera acariciaba con dulzura. Estaba de espaldas a la cuadra y de vez en cuando volvía los ojos hacia las vacas, que pastaban fuera. Se acababa de liar un cigarrillo de picadura, al que le dio dos o tres caladas del tirón. Lo vi muy joven, con la edad con la que yo le recordaba de niño. Tenía el bigote blanco y gris del humo del tabaco y la boina calada con gracia, como si formara parte de él. Me lanzó una sonrisa socarrona, áspera, con un tono grave, con la boca de lado y el cigarrillo en la comisura de los labios. Cuando se reía le brillaban los ojos.

Era un hombre alto, fuerte, con las manos grandes. Antes de soltar una carcajada miraba de lado, como cogiendo carrerilla, y entonces rompía su voz con estruendo y agitaba la cabeza. Cuando era niño su risa hacía retumbar mi cuerpo. Después se echaba la boina hacia atrás como si así pudiera ver mejor y volvía a encerrarse en un silencio profundo.

—¿Viniste a ordeñar las vacas, guaje? —dijo antes de soltar una de sus tremendas risotadas.

Lo abracé con todas mis fuerzas. Con la pasión del que descubre un tesoro perdido, intentaba disfrutar de un momento que jamás creí que volvería a vivir.

—Ya sabes, abuelo. La tierra, que siempre tira.

Empezamos a hablar. Mi abuelo me contó historias y sentí el placer olvidado de la niñez. Ahora yo también le podía compartir las mías.

–Tú sabes que en cada muro, en cada piedra de esta cuadra, en cada peldaño, hay una gota de sudor mía que me cayó con cada golpe de cincel, Josín.

Me lo dijo con tono solemne, como le gustaba hablar a él. Era un hombre rudo y educado. Igual que me pasó el día anterior con mi madre, tuve la sensación de que yo era dueño del tiempo, de que el reloj en aquellas montañas no corría y que a mi abuelo le podría contar todas las cosas que alguna vez me había guardado para mí y que me pesaban en el corazón. Él también tenía ganas de sincerarse conmigo.

–Cuando escapé me escondí aquí –me dijo–. Los vi llegar y salté por la ventana que da a la parte de atrás de la casa. Si no lo hubiera hecho me habrían matado aquella misma noche, como a muchos del pueblo. Estuve aquí oculto varios días. Sabía que me buscaban, a mí y a otros que también huyeron. Cuando los escuchaba llegar me iba para el monte, y luego volvía a la cuadra a pasar la noche.

–Suele pasar, abuelo. A veces se tiene que ir uno de forma precipitada de los sitios, sin avisar –le dije, sacándole una sonrisa.

–Al final me cogieron. Me llevaron a la Tabacalera de Santander y allí me tuvieron tres años preso.

Hizo una larga pausa que yo respeté. Allí el silencio nunca llega a ser completo. Cuando dos personas se miran como lo hacíamos mi abuelo y yo, la conversación se completa con el sonido del agua del río, el ruido de los animales, el rumor de las hojas de los árboles movidas por el viento...

–No te puedes imaginar el frío, el hambre, la humedad. Pero yo no me rendí. No me iba a dejar vencer tan fácil. Y un día me vine aquí y caí desplomado allí detrás –dijo mientras señalaba la cuadra–. Pero entonces ya no me veía nadie.

–¿Qué fue lo que pasó, abuelo?, ¿qué te sucedió?

–Ya estaba roto por dentro; primero fue la mina y luego... luego la cárcel. Me habían molido a palos, perdimos la guerra, ganaron ellos, y sus ganas de venganza no nos dejaban vivir.

Sus ideales se apagaron con su salud. Quiso cambiar el mundo y solo encontró la paz en la soledad de aquel prado, sin la ilusión de cuando era joven, sin las ganas de entonces. Mi abuelo lió otro cigarro, lo encendió y se recostó sobre la piedra. Empezó a dar pequeños golpecitos con su bastón de avellano en la roca. Era su señal para decirme que él ya había hablado bastante y que me tocaba a mí.

–Yo no quería seguir viviendo de aquella manera. Ya no me importaban los títulos, ni el negocio, ni el prestigio.

»Cuando era joven me seducía cualquier promesa de dinero y gloria –le confesé–. El reconocimiento, un puesto directivo, un logro comercial... todo me llenaba. Pero a medida que pasaban los años de dedicación y esfuerzo, toda esa fuerza interior se comenzó a calmar.

–Llegó tu momento, Josín. A todos nos llega algún día. Decides parar, quedarte para siempre en un lugar. Yo encontré el mío en este prado.

Lo bueno de hablar con el abuelo era que te escuchaba y no te juzgaba. Le conté que llegó un momento en el que comencé a estar descontento con lo que hacía, que ya no quería aceptar un precio por mi tiempo, que sentía que la vida se me escapaba entre los dedos y ya tenía suficiente con todo lo que había logrado y era hora de disfrutar de otras cosas.

–Se cansa uno, abuelo.

Le hablé de mis sentimientos encontrados. De la satisfacción por mi trabajo, de los retos profesionales que me hacían sentir poderoso, invencible, pero también le hablé de la otra cara de la moneda, de la sensación de que la vida pasaba muy deprisa, del vértigo, y de que necesitaba un cambio.

–Un día me levanté y dije: «Hasta aquí hemos llegado, Josín». Lo que pasa es que después se precipitó todo, abuelo.

»Pero yo ya había roto con aquella vida –le confesé con orgullo–. Rompí porque mi vida se había convertido en un triste ir y venir a la oficina, un bajar y subir de un avión a otro, en cerrar una reunión y abrir otra con clientes a los que no me unía nada, con los que no tenía nada que ver...

»¿Sabes, abuelo? He viajado mucho por América. He vivido muchos años en México; allí encontré al amor de mi vida, allí me casé –le dije con vanidad.

–Eres fuerte y decidido, como yo –me dijo mientras sacaba del bolsillo una navaja con la que pelaba un palo de avellano largo.

–¿Te estás haciendo otro bastón?

–Me llega con el que tengo.

–Trabajaba catorce horas al día, a veces más. Estaba siempre fuera de casa. Sobrevivía a base de cafés; gracias a la cafeína podía mantener la energía necesaria. Las conversaciones me aburrían; eran interminables. Al final todo el mundo tenía la misma sonrisa. Eran sonrisas sórdidas, interesadas, con apretones de manos falsos. Cuando me di cuenta vivía entre hojas y hojas de notas, *mails*, llamadas por el móvil, wasaps, videoconferencias. Una cara de mi trabajo me daba mucha satisfacción, pero la otra resultaba enfermiza.

–Yo no entiendo muchas de esas «moderneces» de las que me hablas.

Le conté que había dado la vuelta al mundo un montón de veces. Le hablé de la sensación de despertarme y tener que pensar en qué lugar dormía, abrazado a almohadas frías entre sábanas a estrenar de camas grandes, en hoteles de lujo, de la sensación de trabajar desde rascacielos y ver paisajes con cientos de tejados, como jaulas sin barrotes, con ventanas que nunca se abrían.

–En muchas ciudades ni siquiera pisaba la calle, abuelo.

–¿No había bosques allí, ni prados? –preguntó socarrón.

–Los bosques que se ven desde la ventanilla del avión.

–¿Y te entendías bien con la gente?

–Claro. A veces en inglés, y otras en español. El español se habla en muchos sitios, pero con otros acentos.

–Tiene que ser difícil... –dijo pensativo.

–Al final te acostumbras al acento de cada uno. Resulta bonito hablar la misma lengua, pero cada uno a su manera.

–Yo sé por qué saliste así de viajero, Josín. Fue aquel libro que te regaló tu madre, el del *Pájaro Verde*. ¿Lo recuerdas?

–Claro que sí, ¿cómo podría olvidarlo? ¡Aquella historia me marcó para siempre! Era un loro que vivía en una jaula, en una casa con una familia y era feliz, y un día le dejaron la jaula abierta y se escapó con un circo a viajar y recorrer el mundo. Yo siempre dije que quería ser como el pájaro libre que recorría todos los países.

–Hasta que un día el loro estaba cerca de su tierra y volvió para siempre a su jaula –dijo el abuelo, que comenzó a reírse con todas sus ganas.

Yo también solté una carcajada muy fuerte. Mi risa era espontánea, no podía parar; incluso a veces rompía a llorar en un ataque incontrolado, como si una fuerza extraña se apoderase de mí. Cuando lo hago así, todo el mundo acaba como yo, sin poderse contener. Es una risa simple, pero muy sincera, que me sale de lo más adentro. El uno arrastró al otro en aquel ataque incontrolado y al final nos quedamos exhaustos, relajados.

Cuando me dan esos ataques me quedo nuevo. Es una especie de «reseteo» que limpia todo lo negativo que se acumula dentro de mí. Charlamos durante un buen rato, todavía con los ojos humedecidos. Sin decirme nada me lo dijo todo. Volvió a mirarme de arriba abajo, en silencio. Yo le quité la boina y me la puse en la cabeza. Vi su pelo negro con las patillas con canas. Apartó de mis ojos su mirada y la dejó caer lentamente sobre el bosque, que ya comenzaba a rugir con los sonidos del atardecer. El ladrido de un perro a lo lejos retumbaba en el valle. Dejé a mi abuelo en el prado con un gesto tranquilo; acababa de encenderse otro cigarro. Descendí por el sendero que lleva de vuelta a la aldea. A lo lejos vi la casa. De la chimenea salía humo y una luz se distinguía entre la bruma del ocaso.

En la casa encontré de nuevo a mi madre y a sus hermanos, la tita Victorina y el tío Germán. Estaban sentados frente a la hoguera. Esa escena la había vivido muchas veces de niño. Mi tío ponía la voz grave y empezaba a contar historias fantásticas, historias fingidas, que a mí me asustaban. Yo creo que disfrutaba metiéndonos miedo a los pequeños. Pero mi madre siempre encontraba el momento de quedarse a solas conmigo y me repetía una y otra vez, con solemnidad, la misma frase:

—No tengas miedo, hijo, somos tu familia. Si algún día las cosas se ponen mal, estés donde estés, si decides volver, aquí tienes la casa de tus abuelos, la casa perdida de la montaña. No lo dudes; en ella estarás seguro, aquí no te faltará de nada y podrás, aunque el mundo se caiga en pedazos, ser feliz.

—Ay, mamá —recuerdo que le contestaba en aquel entonces, con mi cara de niño y la arrogancia típica de los adolescentes—. ¿Pero qué va a pasar?, ¡qué exagerada eres!

Yo era incrédulo y soberbio. Estaba convencido de que jamás iría a pasar nada terrible, que nadie podría obligarme a permanecer en aquella casa durante mucho tiempo. ¿Cómo iba a saber yo que íbamos a sufrir una pandemia tan cruel?

Para un joven como yo, que solo pensaba en salir de fiesta y divertirse, la casa del pueblo era todo lo contrario a lo que anhelaba. Una casa en la ladera de una montaña, rodeada de castaños, en la que se oían los sonidos de los pájaros al amanecer, con un río de aguas cristalinas muy cerca, senderos de barro y piedras, no me ofrecía nada. Sin embargo, ahora en la madurez, iba a convertirse en el refugio que espera al final de un camino. Mi madre sabía de lo que hablaba entonces; ella ya estaba curtida por el paso del tiempo y los acontecimientos.

* * *

En la parte de abajo del valle, junto al río y frente a la estación del tren, donde los vagones se cargaban del carbón que arrancaban del corazón del bosque, estaba el chigre. Era el salón en el que todos los hombres compartíamos el tiempo desde muy jóvenes. Hasta la llegada de pandemia, el lugar siempre estuvo lleno de gente a cualquier hora. En las paredes se podían ver fotos de cacerías, de comilonas, de carromatos con jabalíes muertos y de hombres con sus botas de montaña y sus escopetas. Aparecían retratados todos los conocidos del pueblo, abrazados, llenos de juventud, de ilusiones. También había imágenes de corzos sangrando sobre caminos de tierra, de trofeos por las piezas capturadas, de medallas conmemorativas.

—Ya se han muerto muchos —me susurró Manolín en la puerta con voz de nostalgia, haciéndome entender que todo había cambiado.

Caras conocidas, vecinos del concejo, amigos de la infancia, de la juventud. A alguno de ellos hacía mucho tiempo que no les había vuelto a ver. Entré en el bar y saludé al dueño, que no me vio. Juanjo estaba sentado a una mesa, rodeado de nuestros amigos, con su chubasquero oscuro, su paraguas y el pelo blanco. Miraba cómo jugaban al mus. Me senté a su lado.

—Ya vi el humo de la chimenea, Josín, y también hablé con tu madre. Ya sé que volviste.

Juanjo nunca se había ido del pueblo. Cuando nos encontrábamos yo le contaba mis viajes y él me ponía al corriente de la vida en la aldea. Le encantaban las bromas. Cuando reía se ajustaba las gafas, como si fuesen a saltarle de la cara, y contenía su gesto al máximo, sin relajarse, lo que le hacía ponerse rojo como si estuviera a punto de encenderse.

–El Roxu nunca aprendió a jugar. Es bien pardillo –me dijo, dándome un golpecito con el codo–. Vaya órdago se acaba de tragar.

–Pues Rubén no es mucho mejor –dije–. ¿Juegan siempre de pareja?

–De toda la vida, pero no aprenden ni a hostias.

Entonces Juanjo se sujetó las gafas y empezó a ponerse rojo conteniendo una risa que no iba a tardar en contagiarme.

Nos levantamos y nos dimos un abrazo muy fuerte. Había que recuperar todo el tiempo que llevábamos sin vernos. Nos acercamos hasta Manolín, que se había quedado apoyado en la barra.

Bebimos sidra hasta cansarnos y comimos pan untado de cabrales. Había olvidado el sabor de la sidra hecha en casa.

Borrachos como piojos, Juanjo me hacía preguntas comprometidas y yo me inventaba las historias que le gustaban. Manolín solía escuchar en silencio. Hubo un tiempo en que no había secretos entre nosotros. Ellos sabían de mis viajes a través de mi madre. Me imaginaban como al protagonista de una gran película, rodeado de éxito, de viajes, de amantes...

–Tu madre nos contó que has escrito un buen puñado de libros y que tienes vídeos en Internet.

–Yo he visto los vídeos –dijo Manolín.

–Y yo –contestó Juanjo–. Pero los libros no los he leído, solo los he visto por encima; ya sabes que no soy mucho de leer.

–Era parte de mi trabajo –contesté con un poco de frialdad. Era una faceta de mi vida que ya no me preocupaba lo más mínimo.

–Buah, pero déjate de hostias y dinos la verdad: ¿con cuántas mujeres has estado, Josín?

Me sacó de dentro una carcajada que, cargados de sidrina como íbamos, tampoco era difícil, y vi el momento de fantasear.

–Tantas como letras tiene el abecedario, Juanjo –le respondí con un ademán de satisfacción impostada. Yo me lo inventaba todo; sabía que así les hacía reír, y ellos querían creer que todo era cierto y yo lo disfrutaba.

–«Cagüen» mi manto, dime la verdad, Josín; cuéntame una a una de todas ellas –decía Juanjo alterándose, y Manolín y yo nos mirábamos y nos partíamos de risa con él.

–Déjame pensar... Ana, Belén, Cristina, Diana, Esperanza, Fabiola, Gabriela, Helen, Irene, Julia y así hasta completar el abecedario. Y Juanjo se quedaba con la boca abierta, porque él nunca había tenido novia. A mí me gustaba exagerarle las cosas y hacerle pasar un buen rato abrazándonos a sus fantasías y a las mías.

El bar empezó a llenarse de almas afectuosas. En una mesa cerca de nosotros se sentó Nemesio, y poco después llegaron Vicente y Gelines. En la barra quedaban los mayores, y entre ellos, en el otro extremo, mi abuelo, rodeado de sus amigos. Todos participaban de una celebración improvisada. Por un instante sentí que era mi fiesta de regreso, que estábamos festejando mi vuelta a la casa de la aldea, al origen de lo que fui. Yo saludaba a todo el mundo, pasaba un rato distendido de charla con cada grupo. Después volví junto a

mis amigos, que se habían acoplado en una de las mesas de
la entrada.

–Venga, Josín; déjate de saludos y háblanos de alguna
de las mujeres con las que has estado –dijo Juanjo, que seguía erre que erre con el tema.

–«Joer», qué plasta te pones –le dije–. Verás, una vez
conocí a una...

A Juanjo hablar de sexo le alteraba mucho y le hacía
gracia. Se le encendían los ojos y no tardaba en arrancar con
esa risa nerviosa que sonaba como una ametralladora. Comenzaba a coger velocidad y se volvía un torrente de carcajadas y gritos. Le he visto muchas veces doblar la espalda y dar
golpes con sus grandes manos encima de la mesa de roble, ya
gastada, pulida por los vasos y por las cartas.

–Echa un culín –le dije para aumentar la incertidumbre.

–Vamos, hostias. ¡Arranca!

Miré hacia Manolín, que ya no podía contener la risa.
Decidí que ya no podía seguir torturando más a Juanjo.

–Verás, una vez conocí a una... a una mujer con la que
me casé. He sido un buen padre, un buen marido, he cuidado
de mis hijos, no he descuidado mis deberes conyugales...

–Vamos, no me jodas.

–Ya ves. Me convertí en cocinero de la familia, me hice
mayor junto a ella, hemos sido cómplices, amigos, compañeros de negocios... y fue la madre de mis hijos.

Cuando pronuncié el nombre de mi esposa, se cruzaron
las miradas entre ellos. Nadie desde que llegué a la aldea me
había preguntado por mi mujer, ni por mis hijos. Sentí que
mis paisanos habían hecho un pacto de silencio. De repente
me embargó una gran pena, un vacío inexplicable, un presentimiento extraño. Dudé de todo. No entendí qué hacía
allí. Intenté volver la mirada hacia atrás y sentí de nuevo el

vacío. Fueron segundos que parecieron horas. Me quedé en silencio.

–Venga, Josín, que te pierdes. Cuéntanos algo más. Tú siempre has dicho que has sido muchos hombres en tu vida. Háblanos de esos otros hombres –dijo Manolín para sacarme del mal momento.

Me recompuse un poco y seguí hablando.

–Yo también fui un hombre que llegaba de lejos a lugares desconocidos, que no tenía un pasado. Era un hombre de quien nadie sabía nada. Una noche invitaba a una mujer a cenar, la despedía con un beso y ponía fin a la historia. Hubo un tiempo en que no tenía hijos ni ataduras; lo único que me gustaba era bailar hasta el amanecer.

Me miraban con interés, invitándome a continuar.

–Yo era el que acariciaba con dulzura, el novio perfecto para una hija. El que te hacía salir a escondidas de casa para estar una noche juntos. El dueño del amor prohibido, el amante del riesgo. Yo era el hombre al que siempre se le podía pedir cualquier cosa. Sin preguntas, sin compromisos, puntual, sin reproches, sin reclamos.

–Joder... que esto ya lo sabemos, «cagüen» mi vida. ¡Qué somos amigos de siempre, cojones!

Manolín se reía mucho. Le encantaba jugar y hacer muecas con la cara mientras hablaba. Me escuchaba atento, no era como Juanjo. Manolín nunca se creía nada. Siempre había dicho que yo era un fantasma que presumía más de la cuenta y que me gustaba inventar historias para llamar la atención y alterar a la gente. Manolín, cuando se reía, parecía un perro juguetón. Cada carcajada era un ladrido que avanzaba con su velocidad y su ritmo. Cuando se aceleraba, sonaba como el motor de un avión al despegar y, si llegaba a perder el control, comenzaba a toser y a ahogarse. Más de una vez tuvimos que evitarlo dándole palmadas en la espalda.

—Estás un poco moñas hoy. ¿Dentro de ti habrá algún hombre más picante, Josín? —Manolín señaló la cara de Juanjo, que se había quedado un poco decepcionado, y me provocó para que continuara.

—Yo también fui un hombre al que le gustó el riesgo; cómo explicarte... Tantos lazos unían a nuestras familias, sus hijos eran amigos de los míos, tantas veces había estado en mi casa y yo en la suya. Siempre disimulando. Fuimos dos actores que desempeñaban el papel de desconocidos. Nunca nadie pudo sospechar nada, nos sentíamos cómplices, dos delincuentes furtivos. Nos habíamos deseado tanto en secreto... hasta que al final pasó. Una noche de verano nuestros labios se encontraron. A partir de entonces hubo muchas noches en que nos prometimos que nunca más volvería a suceder. Me hablaba entonces del respeto, de la lealtad que se corrompe, de lo mucho que por aquella locura podíamos llegar a perder, pero luego se le olvidaba cuando nos abrazábamos. Y si su marido volvía a salir de viaje de nuevo, a irse lejos por unos días, ella entonces se quejaba de lo sola que estaba y buscaba de nuevo refugio en mis caricias.

—Eres un fanfarrón —gritó Juanjo, y todo el local comenzó a reírse. Ya no éramos nosotros dos solos, sino que todos en el chigre estaban pendientes de nosotros.

Con lágrimas de risa en los ojos, mirando a Manolín que se retorcía en su silla con la botella de sidra en la mano, alargué el disfrute de aquel momento.

—Ella se vestía para mí, se pintaba los labios de rojo intenso, se maquillaba como una actriz de Hollywood. Le gustaba sentirse así, como una actriz. Era incapaz de negarse a ese momento de locura, aunque luego me prometía que iba a ser la última vez. Hablaba de que estábamos locos, de que lo nuestro no podía repetirse, pero volvía a buscarme; me decía que era adicta a mis abrazos, a mis besos, que aquella noche sería la última.

–Para, Josín. Para un poco, que te estás poniendo muy poético.

Y entonces Juanjo se hizo partícipe de la broma y empezó a reír con su risa de metralleta y el grupo se contagió. Lo pasé muy bien en aquel reencuentro con mis amigos. Poco a poco el chigre empezó a vaciarse. Mi abuelo vino a despedirse de mí y salió del bar con sus amigos. También se fueron Nemesio, Vicente y Gelines. Al final nos quedamos solos los tres. Juanjo me miraba callado; le encantaban mis historias, él siempre se las creía. Cuando salimos del bar era noche cerrada. Nos despedimos con un abrazo y comencé a caminar. Al volverme hacia ellos vi que Manolín llevaba una botella de sidra en la mano. Se escuchaban risas frescas y agudas, otras más graves y secas, todas con un mismo tono, acopladas, como las voces de un coro que se entrelazan. Dentro de mi cabeza sonaba aquella algarabía, aquella fiesta de bienvenida improvisada. Me crucé con una fila de velas encendidas, una procesión que se dirigía a la iglesia. Decidí volver a la casa de la montaña, a encontrarme con mi madre, por el camino más largo, el más cerrado. Olía a monte fresco y se respiraba la vida. En silencio se oía palpitar el corazón profundo del bosque.

* * *

El tiempo había dejado de ser trascendente en mi vida y los días transcurrían con placidez. A la casa de la montaña comenzaron a llegar amigos y familiares con los que no había coincidido en muchos años; a algunos incluso no los conocía y tan solo sabía de ellos por las historias que me contaba mi abuelo. Reconocí muchos rostros que había visto en alguna de las pocas fotos de los álbumes que mi madre guardaba en el desván. Mi madre y mi tita se encargaban de presentarme a la gente que se acercaba a la casa. ¡Estaban tan orgullosas de tenerme junto a ellas!, ¡presumían tanto de mí! En todo momento trataban de hacerme olvidar mi pasado más reciente y me hacían sentir que era alguien muy importante para ellas y para todos.

A quien llegaba a la casa le contaban mi vida... que si los libros que había escrito, que había visitado muchos países, que si había ayudado a mucha gente... Parecían saberlo todo de mí.

—Mira, Josín, este es mi tío Antón, el hermano de tu abuela. ¿Te acuerdas de él?

Mi madre me contó que Antón tuvo una vida muy dura. Fue muy bueno con todos sus hermanos y siempre se encargó de mantener a la familia unida. Fue represaliado y perseguido después de la guerra, pasó mucha hambre, como todos, pero nunca tuvo rencor y siempre fue generoso con los demás. Lo poco que tenía lo compartía.

Antón me miró de arriba abajo, intentaba reconocerme. Le vi igual que la última vez que estuvimos juntos, en el funeral de su esposa. Él fue de los pocos hermanos de mi abuela que yo conocí cuando era un crío; ya habían pasado más de cincuenta años.

—Mira que anduviste mundo, guajín. Dicen que en la vida uno no se arrepiente de lo que hizo, sino de lo que no llegó a hacer. Yo me arrepiento de no haber viajado más y mira... ¡a ti poco mundo te quedó por conocer! Eres bienvenido, Josín. Aquí en la aldea te queremos mucho.

Antón era un pedazo de pan, un foco de luz al que todos se acercaban, un hombre al que todos querían y admiraban. Siempre tenía un gesto amable, ecuánime, y una palabra de ánimo, incluso en los momentos más difíciles. Siempre estaba dispuesto a ayudar a los demás. Antón se reía sin reírse; con solo mirar ya te contagiaba su alegría. Llevaba la sonrisa fija en la cara, como colgada de su bigote, poblado y negro; ese era su gesto más natural. Al verle entendí el significado de lo que tanto me repetía mi madre. Todos valoraban a Antón en la aldea. Era el más popular, el más querido, el que más corazones había conquistado en su vida gracias a la generosidad.

Los ojos de mi madre se llenaban de energía cuando su tío Antón estaba cerca. Yo me dejaba llevar por ese torrente de felicidad y disfrutaba junto a ellos; era incapaz de decirles que no a nada. A ella la veía cada día más contenta, en paz consigo misma, al igual que yo. En la aldea se esforzaban por hacerme el tránsito del pasado al presente más fácil. Mi llegada había inyectado una ilusión nueva, y yo me sentía arropado y seguro en mi nuevo camino.

A finales de marzo llegaron a la pradera que hay frente a la casa las ovejas de mi vecino, y con ellas un perro enorme y muy viejo.

—¿De quién es ese perro, mamá? —le pregunté, sentados en el tronco de madera donde pasábamos la mayor parte del tiempo.

—Es Grandón, hijo, el perrín de Rodrigo, el nieto de Dimas, el traidor que durante la guerra delató a tu abuelo.

—Todavía no he visto a Dimas en la aldea.

—Mejor —torció el gesto mi madre.

Hay temas de los que prefiere no hablar, y yo la respeto. Bastante teníamos con preocuparnos de Grandón. Desde que llegó no había día ni noche que no le escuchásemos ladrar a cualquier hora. Me gustaba observarlo, ver su caminar lento, relajado. En su cuello aún tenía la marca de una pesada cadena a la que había estado amarrado durante todo el invierno. Por su comportamiento supe que ahora se sentía libre. Al verle retozar en la hierba, correr entre los manzanos y perseguir a las ovejas, descubrí que los perros también se ríen. Grandón tenía una risa jadeante, dejaba colgar su lengua, su boca se llenaba de baba y su cuerpo se movía de lado a lado, como un péndulo que toma impulso en cada balanceo.

La cola se le descontrolaba y daba enormes saltos sobre las patas delanteras, como si tuviese un amortiguador en ellas. Al final, cuando se cansaba, estiraba su boca hacia atrás y la abría de par en par; enseñaba los dientes para mostrar su alegría y se relajaba acostado en el suelo. Le observaba jugar durante horas y me satisfacía verle contento.

Grandón era ya un perro viejo y cansado. Pensé que tendría ganas de vivir la vida, de olvidarse de las ovejas y romper con las obligaciones y las cadenas del invierno. Era un animal de campo, acostumbrado a vivir las inclemencias del tiempo, a ser cumplidor con su cometido, a pasar las horas amarrado durante la época de frío, con la ilusión de sentirse un poquito más libre cada primavera, cada verano. Sus pezuñas eran casi tan grandes como mis manos, de una raza desconocida, mezcla de perro de monte con otro de pedigrí. Tenía la mirada de un animal noble y una actitud leal. Era inofensivo a pesar del miedo que infundía por su tamaño.

Por momentos me vi reflejado en aquel perro y en sus ganas de sentirse libre de ataduras. Su llegada coincidió con que dejé de afeitarme, y la ducha, la verdad, tampoco la frecuentaba mucho. Un día, al trastear por la casa descubrí en un armario una corbata y un traje de los que usaba para ir a trabajar. Me pregunté dónde estarían la agenda y el ordenador que siempre llevaba conmigo. Comencé a ver mi pasado como algo muy lejano. Para ser feliz ya no necesitaba más que una camisa, la que llevaba puesta desde mi llegada, unos vaqueros, unas botas y un sombrero viejo que rescaté del armario para los días que más pegaba el sol. Sentí que, como Grandón, empezaba a olvidarme de las cadenas y de mis responsabilidades.

No había día que no aprendiese algo nuevo. En casa de unos vecinos del pueblo descubrí que cocinar una buena fabada requería de cierta dosis de paciencia. Es importante dejarle su tiempo, que absorba todo el agua, que repose tapada, encerrada en sí misma, porque solo así, cuando se enfría, se suelta. Aprendí que no conviene moverla, so pena de que se haga pastosa. En fin, comprendí que no se puede hacer fabada con prisa, porque al final no se logra ese punto de excelencia que se busca y que, al igual que en otros aspectos de la vida, a veces es necesario tomarse un tiempo y hacer las cosas con calma.

Dedicaba horas a contemplar los pájaros que asomaban entre los castaños, a observar los árboles y sus frutos. Hice recuento de todos los regalos que a partir de mi llegada nos había dado la naturaleza: en julio las cerezas, en agosto los higos, en septiembre las manzanas, en octubre las castañas, en noviembre los miguelinos, en diciembre... Me había olvidado por completo de quién había sido y de dónde había vivido hasta entonces. Nadie en la empresa me había buscado ni se había preocupado por mí, ni yo lo había hecho por ellos.

No había día en que no tuviera algo que ver hacer a alguno de mis vecinos: arreglar el tejado de la cuadra, limpiar el muro de piedra de la entrada, cortar las ramas de los árboles que invaden la pradera, preparar la comida, vaciar el desván, cortar la hierba, sanear la huerta...

Ya no pensaba en la empresa, ni en mi jefe. Ya no me acordaba de mi casa de Madrid, ni de todos los amigos que tenía. No echaba de menos nada ni a nadie de mi pasado más reciente. Yo, que era un enamorado de Madrid, de sus calles y de la gente, que adoraba el cielo azul y anaranjado que tantas veces parecía una acuarela de trazos finos, lo había olvidado. Me había olvidado del palpitar de la ciudad en septiembre, de las navidades ajetreadas, del invierno frío y lleno de luz, de las tabernas y de las charlas hasta la madrugada alrededor de una barra.

Una mañana, días después de la llegada de Grandón, a la hora del desayuno me asomé a la ventana y le vi saltar la valla para escaparse en dirección al bosque. Otro día se metió en la huerta de Rodrigo e hizo sus necesidades entre las verduras. Su dueño corrió en zapatillas a amarrarlo, persiguiéndole entre los castaños. Noté el hartazgo de Rodrigo con Grandón. Me puso triste verlo todo el día atado a un árbol. Vi a mi vecino darle patadas y cómo él se echaba en el suelo cuando lo regañaban. A pesar de la crueldad con la que lo trataba, Grandón lamía la mano de Rodrigo en busca de cariño.

Sufrí al escucharle llorar encerrado durante días en la cuadra. Pesaba más de cuarenta kilos, pero todo lo que tenía de grande lo tenía también de bueno y cariñoso... y de listo y rebelde. En un descuido se escapó y se comió la comida de los gatos, después comenzó a perseguirlos y uno de ellos se subió a lo más alto de la higuera, a una rama, como si de un trapecista se tratase. Grandón no paraba. Iba de allí para acá, volvió a entrar en la huerta, pisó los tomates, arrancó unas cuantas patatas y destrozó las lechugas...

—Me «cagüen» su manto —se quejó Rodrigo a su primo—. Este puto perro ya no sirve para nada. Solo me da problemas. Voy a matarlo.

—Coño, Rodrigo, ten paciencia. El perrín ya está viejo; piensa en lo leal que siempre ha sido y en todo el cariño que te dio.

Las palabras de Rodrigo me hicieron recordar la cruel cultura que dominaba en Green Technology, esa forma de distinguir a las personas entre seres útiles o inservibles, la manera de tratar a los colaboradores que ya no daban el resultado esperado. El sistema los convertía en trastos inútiles que poco a poco perdían su valor y su brillo, hasta verse relegados por un ERE o, en el mejor de los casos, por una jubilación anticipada que ponía fin a sus sueños.

—Gallina que no pone huevos, al caldo —sentenció Rodrigo.

Me parecía escuchar a Hernán, a quien ya tenía enterrado en el olvido, con su pecho henchido, con una mirada de soberbia, con esa sensación de tener en sus manos la vida y el futuro de otros. Con esa maldita risa de conejo, cínica e hipócrita.

—El dinero no tiene corazón, ni los accionistas; es que pareces nuevo, Josín. O aportas valor a la empresa o estás muerto. Las empresas no tienen memoria.

Me vinieron a la cabeza todos aquellos compañeros que habían dejado su vida, sus ilusiones y su esfuerzo en una empresa sin alma. Me acordé de Diego Escalante, de sus lamentos y su esfera del tiempo, que se murió trabajando dentro de aquellos muros, incapaz ya de soportar la presión.

—«Cagüen» sus muertos; este perro ya no sirve para nada. Solo trae problemas; no hay día que no tenga que salir a buscarlo —escuché quejarse a Rodrigo otra vez más—. Pierdo más tiempo buscándolo en el bosque que cuidando yo mismo de las ovejas.

—Déjalo en paz, primo. Que disfrute lo que le queda de vida, coño.

Grandón había roto la armonía de Rodrigo y de los vecinos de la aldea. En varias ocasiones lo llamé, pero él nunca me escuchó, quizás nunca pudo oírme. Hasta que una tarde, Rodrigo, el nieto de Dimas, el traidor que durante la guerra delató a mi abuelo, subió con un hacha en la mano, encerró a Grandón en la cuadra y volvió a ponerle la cadena.

A escondidas de mi madre, aquella noche bajé a la cuadra de Rodrigo. Miré a través de una rendija que quedaba entre la puerta y la pared, y vi a Grandón resignado, cabizbajo, intentando escapar de su propio confinamiento sin poder hacerlo. En un gesto inútil, porque no tenía fuerzas, intenté liberarlo, pero fui incapaz de abrir la puerta.

«Perro de mierda, no sirves para nada».

No sabía si era mi jefe el que me gritaba a mí o era Rodrigo el que amenazaba a Grandón. Volví a casa desolado.

−Hijo, olvídate del perro, no vas a poder cambiar nada −me repetía mi madre con un gesto de impotencia y una mirada resignada.

−Mamá, me parte el corazón ver cómo le tratan.

Grandón no volvió a salir de la cuadra. La noche siguiente me asomé de nuevo al hueco que hay en la pared de la cuadra y lo vi resignado a su cautiverio y a su destino. Me lo imaginé corriendo entre las ovejas, mientras el sol de la mañana le calentaba el cuerpo. También me figuré que saltaba la valla para perseguir a los gatos o destrozar la huerta, pero la realidad era que Rodrigo lo tenía encadenado y cautivo. Me vi reflejado en él, en su rostro, vi cómo su risa se apagaba y vi el final de mi vida profesional en su mirada.

Unos días más tarde lo sacaron de la cuadra y trajeron a otro perro mucho más joven, igual de fuerte pero más sumiso y disciplinado. Escuché a Rodrigo hablar con su primo.

−A ver, coño; ya está bien de tanto sentimentalismo y tanta hostia. Era un animal y punto. Cumplió su función, pero ya no servía para hacer su trabajo. Primo, tú mismo sufriste su comportamiento. No valía la pena invertir más tiempo ni más comida en él. Un hachazo en la cabeza y se terminó el problema.

* * *

Ya avanzado el verano, mi abuelo bajó del prado después de encerrar a las vacas. Venía en madreñas y en la mano traía un bastón nuevo de avellano. El tío Antón llegó muy temprano a la casa y permaneció sentado en el tronco de madera en el que siempre estaba mi madre. Callado, pensativo, con gesto solemne, parecía esperar que sucediese algo. Germán subió acompañado de Vicente y de Gelines; no le gustaban las multitudes, así que nos saludó, salió rápido de la casa y fue a sentarse en las rocas que hay a un lado del camino. Germán siempre buscaba cualquier excusa para no estar mucho tiempo en el mismo sitio.

–Es como el rabo cortado de una lagartija –decía mi madre–; no para nunca de moverse.

El sol iluminaba la ladera de la montaña y reflejaba sus rayos sobre la hierba recién segada por los vecinos. La naturaleza explotaba en mis ojos llena de luz y de vida, los colores dorados se entremezclaban con un verde intenso y brillante. Los abejorros zumbaban con fuerza, los manzanos comenzaban ya a dejar ver unos frutos pequeños y verdes, que se asomaban tímidos entre las flores blancas. La savia de los castaños, los robles y las hayas levantaba terrones de tierra y hacía palpitar el bosque con más intensidad que nunca. Escuché la risa de metralleta de Juanjo salir de la profundidad del bosque y los ladridos acelerados a punto de romper en una carcajada de Manolín.

–¡Coño! Os habéis dado prisa. No os esperaba tan pronto.

–Un día como hoy no te íbamos a dejar solo, Josín.

Mi madre estaba feliz y andaba alborotada con el trajín de gente que llegaba, se movía de un lado para otro, de la casa al camino de la entrada, de la cocina de leña a la pradera, donde la gente hablaba en corrillos y esperaba. Le gustaba saludar y presentarme a todo el mundo.

–Mira, Josín, esta es Lenita, una de tus primas, y aquel es Celsín, otro de tus tíos, al que seguro no conoces. Ven conmigo, que te voy a presentar a mis amigas.

–¿Papá no va a venir? –pregunté casi con miedo de saber la respuesta.

–Ya sabes que es muy difícil. Él no nació en la aldea y aquí cada uno tiene su sitio.

–Pero a veces pasa que uno puede ir de un sitio a otro...

–Sí, es verdad; a veces hay excepciones. Pero ahora con eso de la COVID las cosas están muy mal para moverse –me dijo mi madre riéndose de la ocurrencia.

Vi a mi tita Victorina acompañar del brazo a Silveria y a Manuel, ya muy ancianos, con un gesto de respeto; su caminar era lento y cansado. Mi tita, que había sido como mi segunda madre, parecía un ángel cuando sonreía; su risa era dulce y mágica, capaz de curar la nostalgia, de disipar la tristeza. Su pelo era rubio, sus ojos verdes, claros e intensos, como dos luciérnagas encendidas, y tenía una piel suave que olía a las rosas que crecían salvajes en el jardín. Siempre tan cariñosa, tan amable con todos. Mi tita tenía una mirada profunda y noble que te empujaba a hacer lo imposible, que te hacía sentir poderoso e inmortal.

Poco a poco la gente de la aldea llegaba a la casa de la montaña. Se arremolinaba en grupos a la entrada del camino, frente al muro de piedra cincelado por mi abuelo, junto a las hortensias. Las mujeres entraban y salían de la cocina de leña, hablaban de pie en la huerta. Los hombres se acomodaban en la pradera, cobijados del sol por los manzanos, sentados en la hierba. La mayoría a la sombra del árbol más grande, el más florido, el que tenía las ramas cargadas de frutos, hojas y flores. Yo permanecía expectante ante aquel espectáculo, espiaba las miradas cómplices de los vecinos, los abrazos sinceros y espontáneos entre amigos y hermanos.

–No me imaginaba que se iba a armar tan gorda –les dije a Manolín y a Juanjo, que no se separaban de mí ni un instante.

–¿Qué esperabas? Ya te hemos dicho que hoy no te íbamos a dejar solo.

Vi a mi abuela María sentada junto a su hermano, el tío Antón, que no se había movido del tronco de madera. El resto de sus hermanos formó un corrillo alrededor suyo y de mi abuela, y así se juntaron con ellos Quico y Patrocinia. Reconocí rostros que tenía olvidados en la memoria: a Ascensión, que hablaba con su madre; a la tía Cristina, con su marido Pepín; a los más pequeños, Marián y Margo, moviéndose entre los paisanos, y allí estaba también Blanca, la más chiquita de todos, que no se separaba de mi madre. El murmullo de la gente se mezclaba con el arrullo de la corriente del río, con el reclamo de los petirrojos, con el azul y amarillo intenso de un cielo que parecía una bandera pintada en un lienzo. El bosque se volvió a llenar de voces frescas y agudas, y otras más graves y secas, acopladas como un coro que retumba en la cúpula de una iglesia.

—Ahí llegan —escuché decir a mi tío Antón, en voz baja y grave.

Se hizo un silencio en la pradera y a mi alrededor que me encogió el alma. Vi entonces un grupo de gente que se acercaba a la casa desde el camino que sube de la carretera. Reconocí a lo lejos el andar de mi esposa y la silueta de mis dos hijos, vi también a Poe, mi gatita, que ya no era un cachorro, entre los brazos de mi hija. Mi mujer iba rodeada de un buen grupo de amigos a los que identifiqué poco a poco. Se aproximaban muy despacio al muro de la entrada.

—¡Cuánto tiempo ha pasado sin verlos! —dije—. ¿Aún me querrán? ¿Me habrán echado de menos?

—Pero... ¿cómo dudas de eso ahora?, ¿no ves que sí? —dijo Manolín, que me puso la mano en el hombro para hacerme notar todavía más su cercanía.

Desde aquella mañana que me fui de Madrid no volvimos a hablar más, ni a vernos. Supuse que el reencuentro no iba a ser fácil, ni alegre. Que iba a estar cargado de lamentos y reproches. Me había venido escapando de la pandemia y de Green Technology no me había dado tiempo a coger nada de equipaje por las prisas y el miedo, ni siquiera el ordenador donde guardaba todos los proyectos de trabajo, aunque maldita la falta que me había hecho desde entonces. Pero en ese

momento lamenté que no me diese tiempo a despedirme de
nadie.

−Se fue sin avisar... Sucedió todo tan rápido que no nos
dimos cuenta. Nos dejó cuando más le necesitábamos −le
dijo mi mujer a una de sus mejores amigas que caminaba a
su lado.

Pensé que estarían dolidos y decepcionados, pero que
podríamos hablarlo, que sería capaz de explicárselo. Ahora
tendría tiempo de sobra para compensarlos por todo aquel
que no les dediqué en su día.

Mi familia entró en la pradera, a paso lento y con las cabezas bajas. Vi la mirada triste de mi hija y sus ojos llenos de
lágrimas, y el rostro desencajado de mi hijo cogido con fuerza de la mano de mi mujer, que estaba bellísima, refulgente
en aquel día soleado.

El corazón del bosque dejó de palpitar en ese momento.

Al ver el rostro de mi mujer, un sinfín de recuerdos fu-
gaces cruzaron por mi mente. Los años de novios en México,
el contacto de su piel suave, sus caricias, sus besos tiernos,
su lealtad inquebrantable, los sueños que vivimos juntos, las
ilusiones en común, las horas de juegos con nuestros hijos,
los viajes improvisados, los veranos en la aldea, sin prisas y
con sensación de libertad. En un minuto pude ver pasar una
vida juntos y notar esa triste sensación de que el pasado,
como un breve suspiro, se había esfumado para siempre.

−¿No pueden verme? −pregunté.

−Ya sabes que no −contestó Manolín−. Al principio se
hace duro, pero después te acostumbras.

−¿Ni siquiera hoy?

−Ni siquiera hoy. El pasado, pasado está.

−Puto virus... −dijo en voz baja Juanjo, ya congestiona-
do y rojo por culpa de la emoción.

Empecé a caminar hacia el manzano para situarme
junto a mi madre y mi tita Victorina. Manolín y Juanjo me

hicieron un gesto con la mirada, comprendiendo que me fuese hacia ellas. Mi abuelo se acercó a mí para arroparme, pasándome su brazo por encima de los hombros. De pronto, de las entrañas del bosque apareció Grandón, que se abrió paso entre la gente con su caminar lento y su mirada noble, hasta llegar a mi lado. Se sentó entonces sobre sus dos patas traseras y me lamió la mano para reconfortarme. El silencio era más profundo a cada instante.

Se fue abriendo un pasillo en la pradera a medida que mi mujer y mis hijos se acercaban. Los hombres se quitaban la boina.

–Cuánto tiempo, mi amor –le dije a mi esposa.

Extendí mis manos para abrazarlos, para sentir de nuevo el calor de sus cuerpos, para besarlos. Entre lágrimas pude balbucear cuánto los amaba y lo mucho que siempre les había necesitado, pero ellos no me oían.

Escuché el lamento desgarrador de mi esposa romper el silencio profundo del bosque, las palabras amargas y entrecortadas por el llanto de mis hijos, que se clavaban como alfileres en mi alma. Sentí agradecimiento hacia el grupo de amigos que la acompañaban, que no la habían dejado sola en una ocasión tan dolorosa.

Una corriente poderosa de aire frío balanceó con fuerza las ramas de los árboles.

Mis ojos se clavaron en el suelo y vi a mi mujer arrodillada depositar con lentitud la urna con mis cenizas bajo el imponente manzano.

> *Donde el corazón me lleve*
> *allí es donde quiero estar,*
> *y me iré cuando no encuentre*
> *ninguna razón más para soñar.*

XI. EL CLUB DE LOS SIETE

«La vida nunca se vuelve insoportable por las circunstancias, sino solo por falta de significado y propósito».
Viktor Frankl

«Razonar y convencer, ¡qué difícil, largo y trabajoso! ¿Sugestionar?, ¡qué fácil, rápido y barato!».
Santiago Ramón y Cajal

«No sé cómo me meto en estos berenjenales —me dije, mientras repasaba por enésima vez las notas de mi intervención—. Debería aprender de esos maestros de la asertividad que, con la mayor soltura, dicen no a tiempo y con gracia». Consulté la hora en el móvil; se me había echado el tiempo encima. Metí los folios en la carpetilla y pasé al baño para atildarme y anudar mi corbata, lo que me costó, pues desde que me había prejubilado había abandonado esa rutina. La imagen que me devolvía el espejo no me desagradó: piel tostada por los paseos, abdomen en una cota aceptable y el toque interesante de las canas que escalaban por mis sienes. Por último me atusé el pelo y difuminé por mi cara una sutil dosis de colonia. Ya estaba listo.

Carmen, mi mujer, ojeaba un libro de recetas en su sillón favorito, con la música de Queen de fondo. La miré un instante sin delatar mi presencia. Se había recogido el pelo con un lapicero, sus gafas de cerca estaban en la punta de su nariz y mordisqueaba el rotulador de marcar; resultaba coqueta sin pretenderlo. Seguro que le gustaría acompañarme, pero me daba apuro quedar mal ante ella y pretexté que solo asistían profesionales y socios.

—Adiós, pecosa —le dije, y le planté un beso nada rutinario en los labios, que ella recibió con frialdad—. No creo que llegue muy tarde.

—Pues vale; que te salga bien —contestó sin mirarme.

—¿Y esa cara?, ¿te pasa algo?

—No, Félix, no me pasa nada, pero me gustaría saber cuándo vas a sacar un hueco para mí; tenemos que hablar del restaurante.

Salí a la mortecina tarde de febrero preocupado por la actitud de Carmen; ya pensaría en ello después. En el taxi ojeé el programa del «Parlamento de los Recursos Humanos». Según me explicó Irene Díaz de Otazu, era una iniciativa de «escRHitores», un grupo de directivos de Recursos Humanos, apoyada por la Asociación de Gestores de Talento (AGT), a cuya directiva pertenecía. El tema de la jornada era «¿Gestores de crisis o apagafuegos?», sobre el que teníamos que debatir al estilo de los diputados. La iniciativa despertó mi curiosidad, y además a Irene no le podía decir que no.

En el trayecto nos topamos con una manifestación de motoristas de reparto, la versión actual de los míticos jinetes del «Pony Express», lo que nos retrasó. Pensé que hubiera sido mejor ir a pie; mi casa no quedaba lejos del lugar de la cita. La radio del taxi vomitaba retazos de la actualidad; destacaba lo del virus chino, que al parecer causaba estragos en Italia. Según un portavoz oficial, «aquí podíamos estar tranquilos». Agradecí que me tocase en suerte un conductor silencioso; no tenía muchas ganas de conversación tras el comentario de Carmen al despedirnos.

Al entrar al edificio acristalado, sede de un prestigioso bufete, me crucé con algunos abogados jóvenes, que parecían recién desembalados: trajes estrechos de marca, corbatas ellos, maquillaje ligero ellas y zapatos relucientes todos.

Llevaban el orgullo de la élite pintado en la cara y los portátiles en bandolera. Me recordaron las peripecias del protagonista de *La Tapadera*, la novela de Grisham: jornadas que excedían las doce horas, palmaditas de los socios y competitividad despiadada para alcanzar el olimpo del bufete, donde los elegidos encontrarían el tesoro del estatus y las monedas de oro.

Tras superar el control de seguridad me dirigí hacia una especie de islote que emergía de un mar de mármol. Todo aparecía impoluto, hasta la recepcionista, que me recibió tan atenta como perfumada desde su uniforme ceñido.

–Buenas tardes, señor, ¿en qué puedo ayudarle?

Desplegué mi sonrisa madura y le dije que venía a lo del «Parlamento». Ella consultó el listado de asistentes hasta encontrar mi nombre y me indicó la escalera que descendía hacia la sala de conferencias.

Restaba poco para el comienzo y ya habían llegado los primeros invitados. Enseguida distinguí a Irene. Lucía un vestido con volantes y unas gafas de montura roja a juego con el color de sus zapatos. Hacía tiempo que no la veía y, según me acercaba, noté un hormigueo leve y un calor súbito en las mejillas, que esperaba que ella no apreciase.

–¡Que alegría tenerte aquí! –me saludó, plantándome dos besos con aroma a jazmín, a la vez que posaba sus manos delicadas en mis hombros.

–Te veo estupenda, Irene. Oye, me he preparado a conciencia; espero no defraudar –dije con una sonrisa.

Irene me aseguró que lo iba a hacer muy bien.

–Te he visto salir airoso de muchas refriegas sindicales y esto no será peor –me dijo sonriente.

Agradecí el gesto de confianza, pues nunca había ejercido de tribuno. Luego accedimos a la sala semicircular, dotada de un amplio aforo y los recursos para emitir el evento en *streaming*. En el estrado habían dispuesto una mesa larga con micrófonos y, tras ella, una pantalla con el título de la jornada. En los laterales pude ver sendos atriles de metacrilato para los ponentes; solo faltaban los ujieres para semejar el Congreso.

Ya estaban en la sala la presidenta del Parlamento y el resto de oradores, a los que me presentó Irene. Juntos repasamos los detalles del debate que, según nos recordó la presidenta, debía ser tan incisivo como irónico. También saludamos al presidente de AGT, un referente en el mundillo de los Recursos Humanos, cuyo porte me recordó al de un senador romano.

Los invitados se acomodaron y, a las seis en punto, abrió la sesión la presidenta, que transmitía la impresión de mujer sobria y con carisma. Con voz diáfana presentó el tema del debate y a los parlamentarios; luego repasó las reglas del juego, con una mezcla equilibrada de simpatía y rigor, insistiendo en el control de los tiempos. La acompañaban en la mesa Irene y «el letrado del Parlamento», un jurista repeinado, cuyo papel consistía en aportar el punto de vista legal al tema de la sesión.

Durante la introducción me fijé en los ocupantes de las butacas, entre los que distinguí algunos rostros familiares. Había profesionales de diverso pelaje: jóvenes, maduros, clásicos y hasta *hípsters*. Me pregunté si les merecía la pena acudir a esos saraos o si era solo una coartada para escaquearse de la oficina. También lancé alguna mirada furtiva a Irene; parecía mentira, cuatro años ya desde mi salida de Green.

Gelmírez, el parlamentario ponente, un directivo de Recursos Humanos con fama de duro y resolutivo, inició el debate. Con voz segura, y sacándose las gafas de manera teatral tras cada consulta a sus papeles, defendió la necesidad de contar con buenos apagafuegos en la empresa. Contrapuso la figura «bomberil» a la de los gestores timoratos, que en sus palabras «no se mojan ni en los diluvios y el desastre les sorprende siempre en plena confección de un PowerPoint sin sustancia». Concluyó sus seis minutos de gloria, los que le concedía el reglamento, afirmando que no concebía un buen gestor de personas sin las virtudes del apagafuegos.

Tras la intervención, los asistentes intercambiaron miradas cómplices y se susurraron comentarios. Entre sorbos de agua mineral y consultas al móvil, aguardaban expectantes a los siguientes parlamentarios.

En esos momentos pensé en mi carrera profesional, seguro que muy distinta a la de Gelmírez, que debió iniciarse muy cerca de la cúspide. Hijo de una familia humilde, yo me crie en un barrio obrero de Madrid y antes de cumplir los dieciocho accedí a mi primer empleo. Eran los años 70 y aquella prestigiosa empresa en la que empecé presumía de ser una gran familia con poca conflictividad y empleos casi vitalicios. En aquel tiempo se estilaba el usted en el trato y el don delante del nombre de los directivos; la tecnología punta la representaban computadoras gigantes atendidas por técnicos de bata blanca, cual científicos. Nadie hablaba de Recursos Humanos o de Talento, sino del departamento de Personal, de corte burocrático y más centrado en el control que en el desarrollo de los empleados. Poco a poco las empresas desterraron el paternalismo, se hicieron más competitivas y flexibles; también más cortoplacistas y con empleos más precarios.

Araceli Pujalte, directiva de una multinacional tecnológica, que adornaba su figura menuda con un traje de chaqueta verde, una blusa beige y lo justo de maquillaje, se dirigió al atril. Con tranquilidad pasmosa ajustó el micrófono a su altura y colocó sus notas en la superficie plana, estrenándose al punto como replicante:

–Apreciado Sr. Gelmírez, mientras escuchaba su disertación le he imaginado como a uno de esos apagafuegos que se mueven veloces por los pasillos de la empresa, móvil en oreja y carpeta en mano. Siempre con prisa, no se sabe para llegar a dónde. Esa especie directiva que apenas se posa unos minutos en cada uno de sus múltiples frentes, sin llegar a cerrar ninguno −expresó Araceli con un verbo seguro y punzante. Tras añadir otros piropos a los apagafuegos, finalizó con un retador−: ¿Sabe usted distinguir entre lo importante y lo urgente, Sr. Gelmírez?

Se podía percibir la incomodidad de Gelmírez; encajar la crítica con elegancia no está al alcance de cualquiera. Así que se preparó para la acometida del siguiente replicante, un joven ayuno de cabello que abundó en la sobrevaloración de los apagafuegos. En su opinión, ocultaban su caótico sistema de trabajo con sobreactuaciones enérgicas, lo que solía llevar a la improductividad y el estrés crónico.

A estas alturas Gelmírez se sentía aludido, él sabría por qué, y apenas podía disimular su impaciencia por intervenir. No pude evitar compararlo con algunos fantasmones con los que topé en mi singladura profesional. Tan pagados de sí mismos, tan patéticos. Lo escocido que debía sentirse al tener que aguantar a esta gente, a su presumible juicio tan inferior.

Pensé que el valor de la humildad perdía enteros en la sociedad actual y recordé las palabras del jefe que orientó mis primeros pasos en la empresa: «Félix, elévate sobre la mediocridad; estudia, esfuérzate y no pierdas nunca la humildad». Se llamaba Alfonso Utiel. También me vino a la mente el dulce *training* con aquella compañera de treinta y tantos que, en encuentros tan puntuales como furtivos, me introdujo en la senda de la pasión, en la magia de lo prohibido: «No te emociones, chaval; esto terminará como llegó, de improviso», me decía Charito con un deje castizo.

De repente, la voz de la presidenta me sacó del ensimismamamiento.

–Tiene la palabra el Sr. Corcuera –anunció con ceremonia, mientras mi predecesor retornaba a su asiento con gesto de alivio.

Noté ese cosquilleo nervioso que suele preceder a una intervención en público, me abroché el botón superior de la chaqueta y me situé en el atril, sin notas. Percibía el peso de las miradas del auditorio y, de forma instintiva, mis ojos buscaron los de Irene como un punto de apoyo.

–Me parece que mis compañeros de bancada han situado a su admirado apagafuegos donde le corresponde. ¿No le parece a «su señoría» Gelmírez que en realidad se necesitan gestores de crisis? –planteé, sintiéndome ya seguro en escena.

Argumenté que, en un pasado reciente, los incendios eran hechos puntuales, mientras que ahora el fuego era continuo; la incertidumbre y la crisis habían pasado a formar parte de lo cotidiano. Ante esa coyuntura no servían los bomberos ocasionales, sino estrategas capaces de traducir las dificultades en oportunidades. Ese tipo de profesionales que saben encontrar el orden dentro del caos, que se apoyan en un equipo y sacan lo mejor de cada uno –proseguí mi aserto.

Para concluir lancé la idea de que los gestores de personas, con la adecuada preparación, podían asumir a la perfección el papel de gestores de crisis. Estaba lejos de imaginar el sentido que cobraría esta reflexión en los meses venideros.

En el turno de réplica, Gelmírez, que parecía haber menguado, pretextó que se habían malinterpretado sus palabras; lo que él valoraba era a las personas con iniciativa y capacidad para decidir en situaciones complicadas. Me pareció observar que se había cargado una patilla de sus gafas por la presión nerviosa.

El debate se enriqueció en el turno de preguntas de los asistentes. Uno de ellos se interesó por la formación para afrontar las crisis, a lo que respondí que el *mentoring* y los juegos de simulación resultaban apropiados, aunque otras cualidades, como el temple, resultaban difíciles de adquirir si no venían «de serie».

La sesión concluyó con la síntesis de lo tratado por parte de la presidenta y una foto de los intervinientes, ya relajados y con una sonrisa en los labios; incluso Gelmírez posó de buen talante. Salimos al hall con ganas de refrescarnos y comentar los detalles del evento. Al poco, Irene se acercó a mí y, tomándome del brazo, me separó del corrillo para alabar mi intervención, con esa habilidad suya para hacerte sentir único. Después me presentó al hombre de porte senatorial que, desde su toga con corbata, me animó a unirme a la asociación que presidía. Ninguno presentía lo pronto que nuestros caminos volverían a cruzarse.

Tras un par de vinos, algunos canapés y mucha charla, eché un vistazo al reloj. «Leches, casi las nueve», pensé. Comencé a despedirme y, al llegar a Irene, esta me tentó con una copa en otro sitio:

—Tengo que contarte algo importante —me dijo.

Yo la habría acompañado sin pensarlo, si no hubiera sido por la alarma interior: «Recuerda cómo han quedado las cosas con Carmen», me dije.

—Otro día, Irene; hoy tengo un poco de prisa. Te llamo yo y quedamos para comer o lo que sea —me disculpé.

—Tú te lo pierdes, «Castelar» —zanjó ella con gesto de decepción.

La noche estaba agradable y me apetecía pasear hasta casa; eso me ayudaría a pensar. Me sentía satisfecho de mi faena; había colocado al torero bombero en su sitio. Recordé las novilladas y las cornadas recibidas hasta llegar a este remedo de Parlamento. El turno de noche en la Escuela de Graduados Sociales, los cursos de especialización al finalizar la carrera, las oportunidades profesionales en la empresa que me vio crecer y en otras que aparecieron en mi camino, y cómo llegó mi primer puesto de responsabilidad, que me hizo comprender que en la pendiente del ascenso podías dejar parte de tu alma.

Las relaciones laborales te sumergían en las realidades más crudas de la empresa, las que impactaban en las personas, y pronto me enfrenté a mi primer despido, el de una cajera madura que distraía pequeñas cantidades en la confianza de pasar desapercibida. Se justificó con la voz afectada por el llanto:

—Es la primera vez que lo hago; estaba agobiada por las deudas y me cegué. Le juro que no volverá a suceder. Me he entregado a la empresa durante años y necesito el trabajo —imploró.

—El problema es que la empresa ha perdido la confianza en ti. Sustraer dinero es un hecho incluso delictivo. No te vamos a denunciar, pero no tenemos otra alternativa que despedirte —le contesté con firmeza, sin dejar resquicio para la esperanza.

Aun seguro de la razón jurídica y empresarial, la imagen de aquella mujer sin recursos y con escasas oportunidades de empleo me inquietó por un tiempo; justo hasta el siguiente despido. Tuve que desarrollar recursos psicológicos. Al igual que un cirujano, no podía realizar ese trabajo y marearme ante la sangre. Con el tiempo comencé a cuestionar ciertas decisiones de empresa y a flexibilizar mi manera de proceder. De hecho, incluso jugándomela, hice la vista gorda en más de una ocasión.

Al llegar a casa, Carmen charlaba en la cocina con nuestra hija, a la que encontré guapísima, a pesar de los vaqueros deshilachados y el enorme jersey de lana. Les relaté la experiencia parlamentaria y exageré las escenas con gracejo, con lo que logré arrancar la sonrisa de mis chicas. Juzgué que lo mejor sería aplazar lo del restaurante para otro momento.

Me dormí con el pensamiento de ese «algo importante» que me quería contar Irene.

* * *

«La mejor manera de encontrarte a ti mismo es perderte en el servicio a los demás».
Mahatma Ghandi

Tras mi abrupta salida de Green Technology viví meses idílicos. Carmen y yo realizamos los viajes tantas veces aplazados, me puse al día con la familia y rescaté relaciones un tanto abandonadas. Hasta pude echar una mano a mi hija con sus estudios; cuando se dejaba, claro. Me sentía poderoso, era dueño de mi tiempo.

Después se nos ocurrió abrir el restaurante en Cercedilla con Roberto, mi antiguo compañero de Green. Carmen y yo sentíamos debilidad por la cocina, por lo que resultaba un reto ilusionante. Lo bautizamos «El Veterano» y, para no agobiarnos, decidimos que solo abriría de viernes a domingo.

Mi nueva vida me satisfacía, aunque no se pueden borrar el pasado ni los hábitos laborales sin más. Quizá por ello comencé a mantener una especie de contacto clandestino con Irene. Aunque ella se apoyaba en profesionales externos, seguía fiándose de mi criterio para resolver cuestiones espinosas; hasta me hacía partícipe de sus asuntos personales. A mí no me molestaba; es más, su interés me hacía sentir importante y, por qué no reconocerlo, alimentaba mis fantasías. A Carmen no le comentaba nada; no hubiera entendido mi dedicación a la persona y a la empresa que, según ella, me habían traicionado.

«El Veterano» tuvo buena aceptación. Muchos de sus clientes eran antiguos compañeros de Green, incluidos sindicalistas, quién lo iba a decir. Algunos me planteaban sus cuitas laborales; buscaban a alguien que los escuchara y orientara con sentido, lo cual no era tan fácil; yo me sentía en mi salsa.

Comencé a recibir llamadas y correos, y no solo de gente de Green, también de conocidos de estos, y hasta de profesionales de Recursos Humanos. Mi red de LinkedIn echaba humo. Un día me consultaban, otro me pedían un artículo, y en ocasiones también me proponían intervenir en algún evento. Este nuevo rol comenzaba a devorar mi tiempo con apetito, hasta que una noche llegué un poco tarde de una de mis actividades. Carmen, que me conocía mejor que yo mismo, me lanzó la mirada de las ocasiones señaladas; tocaba hablar de algo importante seguro.

En la cocina, frente a una ensalada de pasta y dos copas de rioja, abordó la inaplazable cuestión.

—Félix, tú echas en falta algo. Cada día te dedicas más a, digamos, tus asuntos, y menos al restaurante, al ocio y a mí.

En el fondo esperaba esa conversación. La lógica me dictaba que debería estar encantado con mi nueva situación, pero aún notaba el veneno laboral en mis venas.

—No exageres, Carmen. Reconozco que me enredan con facilidad, lo cual no significa que no valore nuestra vida actual —le dije sin demasiada convicción.

Tras un sorbo breve de su copa, Carmen alzó los ojos y retomó el discurso con calma:

—Mira, no te engañes: a ti te va la marcha. Quizás has pretendido desengancharte antes de tiempo. No tienes que justificarte ni pasarlo mal ante mí; solo quiero que te sientas bien, que afrontemos las cosas con realismo.

Al instante me sentí aliviado. La generosidad y comprensión de Carmen superaban mis expectativas. Así que protesté lo justo y luego le di la razón. Ahora tenía que pensar en cómo organizarme. Lo último que me dijo Carmen fue:

—¿Sabes lo que de verdad se te da bien? —dejó la pregunta en el aire, para crear un suspense deliberado.

Yo la miré con extrañeza y respondí:

—¿El baile? —pregunté, y acompañé mis palabras con un movimiento rítmico de brazos.

—No seas tonto. —Sonrió—. Sabes escuchar a la gente, aunque a mí no tanto. Además, eres imaginativo para resolver problemas.

Me quedé con estas palabras para la reflexión y no me atreví a preguntar lo que se me daba mal.

Carmen se había descubierto a sí misma en el restaurante, convirtiéndolo en su proyecto, de manera que lo hablamos con nuestros socios y yo pasé a un segundo plano. Por mi parte, a mis cincuenta y muchos no era fácil que me contratasen, ni me apetecía volver a lo mismo de antes. Pensaba que podía canalizar mi experiencia y mis inquietudes por otras vías.

Pronto descubrí que trabajar desde casa no era lo mío; necesitaba las relaciones de proximidad. Alguien me había hablado de los centros de *coworking*, así que me dediqué a visitarlos y a comparar sus condiciones. Allí podías encontrar jóvenes con aspecto de poca ducha y mirada de talento, otros del tipo «pijos business» y los de mi nicho, maduros con ropa casual, gafas de cerca y movimientos pausados sobre el teclado. Descubrir este nuevo espacio me estimuló; podías socializar tu soledad con sabor a empresa.

Opté por un local del centro con techos altos y luz natural, al que denominé «la Oficina». No quedaba demasiado lejos de mi casa y hasta contaba con un cafetín bien surtido. Me hice con el *pack* de los espacios flexibles: portátil de última generación, auriculares inalámbricos, cuadernos gruesos de anillas, rotuladores fluorescentes y bolis tipo Pilot —me encanta escribir con ellos–, y una cartera para el material que comencé a llevar en modo bandolera.

Solía desayunar con mi mujer; a veces se sumaba la niña. Después me iba a la Oficina y llegaba allí sobre las nueve. A los mandos de mi escritorio me dedicaba a responder consultas, preparar presentaciones o ponerme al día en temas de interés. A veces comía en casa y otras por la zona: menú frugal y de postre un café expreso, para evitar la modorra. A media tarde cortaba y me dedicaba al ocio. Me sentía cómodo, pero aún faltaba algo. Más adelante lo supe: necesitaba un propósito, ese sobre el que escribió el maestro Frankl.

–Un cortadito, Olga –le dije a la chica del cafetín, tan eficiente como seria.

–Enseguida, Félix –contestó con una mueca muy lejana a una sonrisa; se ve que no tenía un buen día.

–Pon otro para mí, Olguita, con una brizna de leche; ya sabes –solicitó desde mi derecha el recién llegado, un hombre de cabeza rasurada y mirada azul. Sería más o menos de mi edad.

Se dirigió a mí con la mayor naturalidad:

–Me llamo Eladio Cruz y soy del Madrid –dijo, a modo de presentación–. Llevo días viéndote por aquí. ¿Te dejas invitar a un café?

–Yo soy Félix Corcuera –le dije tendiéndole la mano–, y soy de los otros. –Los dos nos echamos a reír e iniciamos una animada charla, quitándonos la palabra a menudo, como sucede cuando hay entusiasmo y mucho que contar.

Salimos del local a fumar, aunque yo lo estaba dejando otra vez. Con la complicidad que genera el tabaco, Eladio me habló de su largo periplo como directivo de Recursos Humanos y me comentó que, tras su prejubilación hacía un par de años, se había convertido en un científico en la materia. Yo le correspondí con una sinopsis de mi historia y le pedí que me concretara lo de la ciencia.

–Verás, Félix, en la empresa me comían las urgencias; supongo que como a ti. Pensaba en nuevas fórmulas para la función de Recursos Humanos, pero no llegaba a profundizar. Ahora me dedico a idear recetas para quien las quiera utilizar; no lo hago por dinero sino como una especie de contribución a la sociedad.

Yo concluí que en el fondo le molaba mucho más presentarse en modo Einstein que como prejubilado.

–Joder, eso suena muy bien. ¿Y qué temas tocas? –pregunté con una chispa de interés en los ojos.

Eladio, que ya había consultado su reloj en un par de ocasiones, se disculpó pues llegaba tarde a una cita y quedamos en vernos unos días después.

–Si te parece comemos juntos por aquí cerca –propuso el científico merengue.

Aproveché el lapso para meditar y para «googlear» a Eladio, claro. Lo descubrí en varios artículos y escuché alguna de sus intervenciones. Resultaban coherentes con lo que me había dicho y eso me gustó.

Unos días más tarde, Eladio me esperaba en la puerta de la cafetería. Se cubría con un sombrero tirolés de ala ancha y lucía su habitual sonrisa. Comenzamos a charlar sin hacer mucho caso a los platos. Eladio gesticulaba mucho con las manos y utilizaba a menudo la muletilla «¿a que sí?». Me habló de algunas de sus iniciativas, como un sistema para mejorar la política de ascensos en las empresas. Según conocía más detalles, recitaba un mantra en mi interior: «esto es, esto es».

–Oye, Eladio, ¿y trabajas tú solo? –le sondeé.

Tras una breve pausa para calibrar mis intenciones, Eladio me contó que colaboraba con él una experta en selección en dique seco desde hacía poco. Me la describió como una persona proactiva, con mucha clase y pocas ataduras familiares. Luego, me miró a los ojos y me hizo la pregunta clave:

–¿Te apetece unirte, Félix?

La propuesta me sorprendió; solo habíamos hablado una vez, pero... ¿qué tenía que perder? Así que me interesé por lo que conllevaba participar en su proyecto, aunque ya había decidido la respuesta.

–Apenas te conozco, pero he percibido tu interés por la gestión de personas, algo lógico por tu historial, y creo que dispones de tiempo. ¿A que sí? Pues se trata de dedicarlo a retos que merezcan la pena, sin ataduras ni límites. Eso sí, con poca recompensa económica, Félix.

A los postres acepté, nos dimos un apretón de manos y le pedí un par de días para poner mis asuntos en orden. Volví a casa con una sonrisa interior. El aire me parecía más puro y notaba el cuerpo ligero; me sentía como un adolescente al que la chica de sus sueños le dice que sí. Pensé en la manera de contárselo a Carmen. Le quitaría un poco de altruismo al proyecto y añadiría alguna expectativa de ingresos a fin de evitar el latiguillo de turno: «Eres un ingenuo sin remedio, Félix».

–Tú verás; ya sabes que lo de trabajar en grupo suele traer decepciones. Dosifícate, que te conozco –me dijo Carmen a modo de plácet–. Y no olvides que los fines de semana hay que echar una mano en «El Veterano».

Pasé la tarde en mi santuario doméstico, donde solía recluirme para leer, pensar o escribir en compañía de mi música favorita, mis libros y objetos de recuerdo. Los escritores le llaman «el cuarto de juegos». Enfundado en un chándal, tan cómodo como gastado, puse al día temas pendientes y despejé mi agenda de compromisos. Ahora tocaba pensar en este nuevo... «club». Sí, parecía una buena denominación.

La mañana del viernes me dirigí a la Oficina. Llovía con la puntualidad del otoño, por lo que cogí el metro. Me dediqué a observar con discreción las caras de mis compañeros de vagón, jugando a adivinar su ocupación y estado de ánimo. Por contraste con mi euforia, me parecieron tristes y los clasifiqué a todos como empleados de la funeraria o de un registro. «Vaya condena eso de limitarse a sellar papeles día tras día», me dije.

Fui directo al cafetín a iniciar la liturgia con Olguita, ya perfumada por el aroma adictivo, mezclado con el de tostadas y bollos. Enseguida llegó Eladio, al que acompañaba una mujer con gabardina estilo parisino y gorro Burberry de lluvia. Parecía salida de las páginas de una revista de moda.

–Félix, te presento a Vicki Ramírez, la compañera de la que te hablé –explicó Eladio.

–Encantado, Vicki –le dije, dándole un par de besos–. Eladio se quedó corto al describir tu elegancia.

–¿A que sí? –apostilló Eladio, mientras la modelo sonreía halagada.

Llevamos los cafés a mi mesa y conversamos sobre temas banales. Tras apurar mi taza, les expliqué que en mi opinión necesitábamos otros cuatro perfiles para completar el grupo: un experto en informática, alguien ducho con los números, otro de prevención de riesgos y, por último, un especialista en formación.

–Con eso sumaríamos siete –afirmó Eladio, mientras evaluaba la propuesta.

Vicki nos miró desde el verdor de sus ojos, apartó el lápiz que sujetaba bajo su nariz a modo de bigote, y afirmó que los griegos lo consideraban un número mágico por los siete días de la semana, los siete astros visibles o los colores del arcoíris. De ahí quizá lo de los siete sabios de Grecia.

–Y los siete magníficos, no te olvides –añadí con una sonrisa.

Eladio, que había consultado en Internet, leyó de la pantalla del móvil:

«En numerología, el siete se considera el signo de la sabiduría, la espiritualidad y la conciencia». Suena bien —añadió.

»Tu propuesta parece razonable. Si Vicki está conforme, nos ponemos a pensar en ello. ¿Qué tal si salimos a echar un pitillo?, parece que ha escampado —propuso.

Vicki no fumaba, pero nos acompañó con el repique de sus botas de tacón alto, que me parecieron de excelente factura. Desde luego sabía qué ponerse. Sus años como consultora de élite tendrían algo que ver. La sofisticación de los proyectos y la dimensión de los honorarios tenían que presentarse con el empaque adecuado.

Entre vaharadas de humo gris, Vicki nos habló de la salida de su empresa tras un proceso de fusión, de su divorcio y de sus hijos, ya emancipados.

—En esta etapa de mi vida me he impuesto hacer solo aquello que me interese de verdad —nos confió.

—Seguro que tenéis algún candidato en mente, ¿a que sí? —cambió de tercio Eladio.

Pusimos algunos nombres sobre la mesa y cada uno quedó en sondear los suyos.

—Debemos insistir en el compromiso y el altruismo. Nuestro motor no puede ser el dinero, como los del Madrid —bromeé—. No sé si estaréis de acuerdo.

—Ni yo mismo lo habría expresado mejor que el «colchonero». ¿Qué dices, Vicki?

—Pues que si contamos con alguna mujer más, mejor. A fin de cuentas, en todo grupo se necesita un poco de talento —respondió ella con una sonrisa pícara.

Al término de la reunión fijamos tareas para comenzar a trabajar. Me sentía como aquel joven universitario que fui, con fuerza y ganas de mejorar las cosas. Carmen lo notó en cuanto llegué a casa; no tenía más que mirarme a los ojos.

—Has vuelto a recobrar el entusiasmo, Superman —me dijo.

Contacté con Marta «Cerebrito» Silvera, una amiga de siempre. Un prodigio de la cibernética que salió en el último plan de prejubilación de Telefónica. Me agradeció que hubiera pensado en ella pero, otra vez, creía haber encontrado «al hombre de su vida» y quería dedicarse a esa relación por completo.

—Me acabo de acordar de alguien que podría estar interesado y es, incluso, mejor que yo, con eso está dicho todo —concluyó Marta, dejando ver sus grandes incisivos.

—¿Le conoces bien?, ¿no será uno de esos tipos raritos? —pregunté.

—Se llama Paco Martos y es un tío cojonudo. Incluso es del Atleti, no te digo más. ¿Quieres que le llame?

Le dije que sí y quedamos en salir a cenar con Carmen y «el hombre de su vida». «A ver si hay suerte con el tal Paco», pensé.

Ese fin de semana lo dediqué por entero al «Veterano»; las reservas estaban a tope y quería demostrar mi compromiso. Aunque mientras servía las mesas y hablaba con los clientes ya solo pensaba en temas para desarrollar en el «Club».

La mañana del lunes recibí la llamada de un número desconocido. Dudé un instante, pues en estos casos solía escuchar una voz amable que tras confirmar mi nombre intentaba venderme algo, pero esta vez contesté.

—¿Félix? —preguntó una voz tan grave como desconocida.

—Sí, ¿quién eres? —respondí.

—Te llamo de parte de Marta. Soy Paco Martos, el informático —añadió.

Le agradecí su llamada. Luego le expliqué el propósito del Club y lo que esperábamos de sus miembros. Él me habló de su dilatada experiencia como analista y desarrollador de páginas web. Quería seguir al día y nuestra iniciativa le interesaba.

—Si me admitís, claro —dijo con sorna.

El viernes de esa semana Paco y yo nos reunimos a comer con Vicki, Eladio y sus tres fichajes, a saber: Adela Méndez, ex médica de empresa y viuda; Rafael Medina, ex director financiero —al que no le interesaba el fútbol—; y la más joven, Esther Rocamora, canaria y directora de un máster de Recursos Humanos. Entre platos y bromas fuimos conociéndonos y en la sobremesa decidimos el nombre:

—Seremos el Club de los Siete—sentenció Eladio, con los ojillos ya un poco achispados.

La propuesta gustó.

—Suena bien —dijo alguien.

—¿A que sí? —respondió Eladio, y todos brindamos por el Club.

* * *

«Si quieres llegar rápido has de caminar solo, pero si quieres llegar lejos has de hacerlo acompañado».
PROVERBIO AFRICANO

A las pocas semanas contábamos con una página web y hasta con logo. No todos avanzábamos al mismo ritmo, pero el equipo funcionaba. Las diferencias de perfil eran nuestra mejor virtud, aunque resultó necesario recortar algunos egos, y eso Eladio lo hacía muy bien, con sutileza. ¡Qué gran tipo!

Esa mañana nos había convocado la Rocamora, en su papel de coordinadora. En esta ocasión utilizamos una sala de la sede del máster, bien surtida de agua mineral e infusiones. Olía a pino y la lluvia que caía tras los ventanales incitaba al trabajo. Tras los saludos, abrió la sesión con su deje canario:

–Vamos, «muyayos», a ver cómo van esos «proyestos» –dijo desde sus labios gruesos y sus ojos de azabache.

Eladio y Vicki se habían propuesto actualizar la formación idónea para gestores de personas. Ella abrió su Moleskine de tapas de cuero y nos refirió que, junto a los tradicionales conocimientos jurídicos, de psicología y organización, habían considerado la conveniencia de añadir la retórica, la diplomacia y, por supuesto, las herramientas digitales. La intención era presentar el dosier en universidades y escuelas de negocios.

–Pues pinta muy bien, mi niña –afirmó la Rocamora, que esperaba un ¿a que sí? de Eladio.

–¿Y vosotros, Félix?

–Pues este mago de los números –señalé a Rafa Medina– y yo, continuamos con lo del «gran relevo». Veréis, en España hay unos tres millones y medio de trabajadores en el tramo de 55 a 64 años y algo más de tres millones en la franja de 20 a 29 años con tasas de desempleo que tienden al 50%.

–Pero eso es una tragedia –interrumpió Adela Méndez.

–Y un contrasentido –continué yo–. Nuestra experiencia en la empresa y el resultado de diversas encuestas indican que a partir de los cincuenta y cinco años comienzan a disminuir el compromiso y el interés de los trabajadores por su carrera profesional, mientras que aumentan la pasividad y el absentismo. No me malinterpretéis; aún somos muy capaces a esa edad, pero solemos tener cubiertas las necesidades básicas y las empresas no se esfuerzan en motivar a los que están en el tramo final de su carrera.

–Pero, que yo sepa, el Gobierno propugna alargar la edad de jubilación –indicó la Rocamora.

Rafa Medina explicó que eso estaría bien si el mercado de trabajo se aproximara al pleno empleo, lo que distaba mucho de la realidad, de manera que «tenemos a los más veteranos y desmotivados en el campo de juego, mientras que las jóvenes promesas se queman en el banquillo», dijo.

—¿Y por dónde va vuestra propuesta? —se interesó Eladio.

—Con la venia —miré a Rafa con sorna—. Pensamos que habría que facilitar la salida del mercado de trabajo de unos dos millones de trabajadores del tramo alto de edad, para dar empleo a otro tanto del tramo bajo. Por supuesto, con una pensión de prejubilación para los que decidan acogerse y la obligación de sustituirlos por otros profesionales.

—Pero eso puede suponer lo comido por lo servido, ¿a que sí? —cuestionó Eladio.

—No exactamente. Los jóvenes necesitan casas, muebles, coches, tener hijos; en definitiva, consumir y crear familias, lo que contribuiría al crecimiento económico y, de paso, a mejorar la tasa de natalidad, que falta nos hace. Es preferible pagar prejubilaciones que prestaciones de desempleo a los jóvenes —remató Rafa.

—Eso sin contar con los intangibles: el empuje y la productividad de las nuevas incorporaciones, su mejor adaptación a las tecnologías digitales y la ilusión colectiva de ver a los jóvenes progresar en vez de frustrarse o tener que salir del país. Todavía tenemos que concretar detalles y realizar cálculos realistas —concluí.

Después intervinieron Adela y Paco, embarcados en un proyecto de digitalización de los servicios de prevención, que preveía tarjetas inteligentes con el historial médico de los empleados, entre otras medidas.

La Rocamora nos comentó sus gestiones con instituciones y empresas para conseguir el patrocinio de nuestras iniciativas. Al principio se extrañaban, pero algunas lo estaban considerando. Su acento tropical resultaba persuasivo, pensé.

El tiempo transcurría entre proyecto y proyecto, no sin dejar frutos. Una asociación de servicios de prevención patrocinó la propuesta de Adela y Paco, sorprendida por el altruismo de la oferta, y las recomendaciones de Vicki y Eladio, enriquecidas por la experiencia docente de la Rocamora, adoptaron forma de libro: *Lo que debería conocer un gestor de personas*, con una portada tan elegante como la propia Vicki. También participamos en un ciclo de conferencias sobre el voluntariado en el siglo XXI. Disfrutábamos de nuestra libertad de acción, ajenos a las presiones presupuestarias y las exigencias cortoplacistas. No todo era de color de rosa, pero la fe en lo que hacíamos y los resultados nos mantenían unidos.

Por otra parte, el restaurante había empezado a contribuir a las arcas familiares, lo que hinchaba a Carmen de un merecido orgullo. Y la gran novedad en casa: la niña tenía novio, y no uno del montón, no. El afortunado gastaba rastas —Laura decía que las llevaba siempre limpias— y lucía un zarcillo en el lóbulo derecho. Vestía jersey con pelotillas y, de cintura para abajo, uniforme de montañero. «¡Hay que joderse!», pensé nada más verlo. Carmen, que trataba más con ese espécimen y que me conocía tan bien, intercedía por él:

—Es un chico estupendo y buen estudiante, no te fíes del aspecto —me decía.

* * *

«No olvides nunca que el primer beso no se da con la boca,
sino con los ojos».
O.K. Bernhardt

La semana siguiente a lo del Parlamento quedé a comer con Irene. Aconsejado por Eladio, reservé en un restaurante de la carretera de Burgos. El local resultaba muy acogedor por sus artesonados de madera, el olor a cordero y a pan recién hecho, y por la amabilidad no servil de su personal. A nuestra mesa llegaba el calor natural de los troncos que ardían en la chimenea de granito.

—¿Vienes con hora o libre total? —me espetó Irene, que aún tenía fresco lo de la copa no aceptada.

—Venga «jefa», no empieces así; vamos a disfrutar del momento —dije mientras juntaba las manos en un gesto de perdón y le guiñaba el ojo izquierdo.

Tras acabar con las setas a la plancha y el tomate aliñado con aceite y sal, entramos en materia.

—Me voy de Green, Félix; quería que fueras el primero en saberlo.

—No me jodas, ¿y eso? —acerté a contestar.

Me contó que le habían ofrecido un puesto importante en Bilbao, en una empresa pública. Volvía a casa y podría ejercer sin la presión de la cuenta de resultados y de los horarios estresantes.

—Son demasiados años en Green y seguro que en la nueva empresa apreciarán mejor mi trabajo —comentó Irene con un deje de amargura. Al parecer, en la empresa a la que iba habían nombrado consejero delegado a un viejo amigo que creía en la gestión del talento.

—Oye, ¿y la familia?

—Entre tú y yo, Félix, mi matrimonio está muerto desde hace tiempo. Seguro que este movimiento nos ayudará a ponerle punto final. En cuanto a las niñas, espero que vengan cuando termine el curso —me dijo con gesto de resignación.

Con el cordero y algo más de Protos nos desprendimos ya de las chaquetas; la temperatura había subido. Observé a Irene más delgada; su blusa de seda bailaba bajo los hombros desnudos; sin duda lo estaba pasando mal. Me señaló un lamparón de grasa en mi corbata, que la camarera supo aliviar con el espray adecuado.

A los postres, Irene se atrevió a hacerme la propuesta envenenada.

–¿Por qué no te vienes conmigo?, volveríamos a formar un gran equipo.

Noté una especie de sacudida interna; para nada esperaba algo así. En segundos mi cerebro fabricó el escenario: codo a codo con ella, de nuevo en acción, otra oportunidad. Irene me había inoculado el elixir de la tentación.

–Pero..., no sé; mi familia, mis ocupaciones actuales –pretexté para salir del paso.

–Bueno, podrías venir a Madrid los fines de semana. En cuanto a lo otro, lo tuyo es estar en la brecha y las condiciones son buenas; ya tendrás tiempo de volver a la ONG esa. –Esto último lo dijo con cierta malicia.

Concluimos la comida con unos chupitos –más que nada para alargar la sobremesa– y quedé en pensármelo. Irene añadió que se tenía que incorporar en un par de meses.

Cuando salimos del local el sol ya se ocultaba tras la sierra de Guadarrama. La acompañé hasta su coche y, antes de subirse, asió mi cara con las manos:

–Te necesito Félix, espero que aceptes –me dijo con mirada tierna. Y, por sorpresa, bajó mi cabeza hasta sus labios y besó los míos sin prisa, con apetito, con la dulzura del licor aún en su lengua. Yo correspondí con vehemencia a ese contacto tantas veces imaginado, con los ojos cerrados y la mente en el nirvana. ¿Cómo pudimos transmitirnos tanto en silencio?

A partir de ese momento entré en esa fase de zozobra que precede a una decisión crucial. Rehuía el contacto con Carmen, me costaba concentrarme en los asuntos del Club, elucubraba sobre el significado de aquel beso y no dormía demasiado bien.

Por aquellos días me reuní con el presidente de AGT, aquel hombre de planta senatorial que había conocido en la sesión del Parlamento, Marcial Téllez. Irene le había comentado algo sobre las actividades de nuestro club y hablamos largo sobre estas y las de su asociación. Concluyó, desde su impoluta toga:

—Félix, me gustaría que estudiéis alguna forma de colaboración con AGT.

«Se ve que es tiempo de propuestas», pensé.

Esa noche me senté a ver las noticias con Carmen. Un primo suyo había venido de Italia con el virus chino y estaba ingresado. Según supimos, se anulaban congresos multitudinarios y había polémica en torno a la celebración del Día de la Mujer, ese mismo domingo 8 de marzo. Sin embargo, un portavoz de Sanidad con aspecto de caricatura y voz quebradiza afirmaba que todo estaba controlado.

—La niña piensa ir —dijo Carmen con gesto de preocupación.

—Seguro que con el espécimen —afirmé con fastidio—. Hablaré con ella.

Ese domingo fui al Metropolitano con Paco Martos. Recuerdo el resultado: Atleti 2-Sevilla 2. Todos allí, apretujados, tan tranquilos, lanzando virutas de saliva con los gritos rituales de ánimo a los nuestros. Lejos estábamos de imaginar el silencio que poblaría el estadio en los próximos meses. Solo cinco días después, el presidente del Gobierno anunció con cara de circunstancias la inminente declaración del estado de alarma como forma de frenar al virus asesino. Se aprobó para un periodo de quince días, lo que trajo cambios nunca antes conocidos: cierre de centros de enseñanza, comercios y espectáculos, parón de competiciones deportivas, centralización de competencias en el Gobierno de la nación y un largo etcétera restrictivo.

Todo era confusión y miedo en esas primeras semanas; el número de contagios y fallecimientos no paraba de crecer. Los recursos sanitarios estaban desbordados y no parecía que las autoridades tuvieran alternativa salvo la de confinar y comunicar las crueles estadísticas del llamado COVID-19.

Las medidas paralizaron la actividad del Veterano y los proyectos del Club. Comenzamos a experimentar la reclusión domiciliaria, a la que ni nosotros ni nuestra hija estábamos acostumbrados. Nos turnábamos para salir a comprar, la única excusa para tomar el aire, pues no tenemos mascota. Yo no olvidaba que Irene esperaba mi respuesta, lo que me provocaba ansiedad.

El 28 de marzo el Gobierno dio otra vuelta de tuerca, que obligaba a permanecer en casa a los trabajadores que no prestasen servicios esenciales. Al día siguiente, domingo, recibí la llamada de un número desconocido y pensé que nadie intentaría vender en esas circunstancias, de manera que contesté.

—Soy Marcial Téllez; perdona que te llame en domingo.

«¡Coño, el senador!», pensé.

—Hola, Marcial, no te preocupes; tampoco puedo ir muy lejos —le dije para aliviar su apuro de hombre educado.

—Te supongo al tanto de las últimas decisiones del Gobierno en cuanto a los trabajadores. Muchos de nuestros asociados nos transmiten su desconcierto y las lagunas sobre la forma de proceder —dijo con tono serio.

—Pues sí, lo escuché ayer y he curioseado algo en Internet. La verdad; no me gustaría estar en su pellejo en esta crisis.

El senador me propuso poner en marcha un servicio de atención a los asociados, a fin de escucharlos y facilitarles orientación técnica, de lo que andaban muy necesitados.

La Junta Directiva de AGT pensaba que nuestro Club, por su composición multidisciplinar, podía ocuparse de esa tarea; la asociación pondría los medios necesarios.

–Entiendo lo insólito de mi propuesta, pero vivimos una emergencia sin precedentes. Solo te pido agilidad en la respuesta, que agradeceré, sea cual sea su sentido –concluyó con franqueza senatorial.

Le agradecí la confianza y quedé en hablarlo de inmediato con mis compañeros. «¿No queríamos ser útiles a la sociedad?, pues ahí lo tenemos» pensé. Enseguida le transmití la propuesta a Eladio. Al principio dudó; no sabía si estábamos preparados para una responsabilidad semejante.

–Eladio, si no nos implicamos ahora, ¿cuándo lo vamos a hacer? Hay que echar una mano a nuestros colegas de Recursos Humanos. Así es como lo veo yo.

–Quizás tengas razón, pero me gustaría comentarlo con los compañeros antes de decidir. Le voy a pedir a Paco Martos que prepare una videoconferencia para esta tarde. ¿Te parece bien? ¿A que sí?

No sin algunas dudas decidimos asumir el reto y pedimos unos días al senador para organizarnos. Creamos tres equipos: teletrabajo, medidas de prevención y asuntos jurídico-laborales. Al servicio se le denominó «Gabinete Pandemia» e iniciamos una actividad frenética: guías de actuación en cada materia, un teléfono de atención que nos distribuiría las llamadas y una dirección de *email* para consultas.

El estado de alarma se prorrogaba sin pausa y el gabinete estaba a pleno rendimiento. Cada tarde, a última hora, poníamos en común lo más destacado de la jornada, sobre todo las mejores prácticas de las empresas, para ayudar a difundirlas. Resultaba un esfuerzo titánico, pero cada noche nos acostábamos con la placentera sensación del deber cumplido.

—Hola, soy Félix Corcuera del Gabinete Pandemia. ¿Con quién hablo? —le dije de manera que sonara lo más cercano posible.

—Buenas tardes, soy Damián Rojas, de Hoteles Business; gracias por atenderme. Te voy a ser sincero, no sé si me podréis ayudar; a estas alturas desconfío de casi todo.

—Pues prueba, Damián. He trabajado muchos años en Recursos Humanos y puedo imaginarme cómo te sientes. ¿Quizá un poco solo?, ¿sin saber en quién apoyarte? —le solté.

—¿Solo, dices? Un punto más que Robinson Crusoe —dijo Damián, ya más relajado.

Me contó que no recibía demasiado apoyo de la Dirección General, que se había tomado lo que estaba pasando como una gripe larga. Sin embargo, su equipo y la mayoría de los trabajadores «están sacando lo mejor de sí mismos», me dijo. Por desgracia, tuvieron que poner en marcha un ERTE y los afectados estaban desesperados porque no acababan de cobrar.

—Mira, Damián, en algunas empresas han activado un sistema de anticipos a cuenta de las prestaciones, que ha reducido el problema y se ha valorado mucho por parte de los perjudicados. Si necesitas más detalles al respecto puedo ayudarte.

Damián, que incluso temía por su empleo, agradeció nuestra conversación, que en gran parte le sirvió para desahogarse. Preguntó si podía volver a llamar. Le dije que sí y que pidiera que le pasaran conmigo.

En nuestra videoconferencia de esa tarde hicimos un repaso general de la situación. Yo referí la llamada que había recibido de Hoteles Business; Adela nos comentó que los servicios de prevención de las empresas estaban al límite, como las UCI. A un ATS le había dado un infarto por la tensión y el sentimiento de culpa. Nadie estaba preparado para algo así y las jornadas se habían tornado agotadoras. «¿Quién piensa en coger la baja en esta situación?», le dijo el jefe médico de una de las empresas con las que habló.

Paco Martos había contactado con los departamentos de Informática y nos informó de la buena acogida que había tenido la guía del teletrabajo. Algunos responsables de Recursos Humanos confesaban que en circunstancias normales los mismos procesos habrían llevado años de resistencia enconada, «pero yo les insisto en que esto es un parche para salir del paso, que el teletrabajo exige otras medidas para ser efectivo», comentó Paco.

La Rocamora, por su parte, estaba muy afectada, pues el programa máster se había paralizado y trabajaban en un programa *online*. «¿Quién sabe si esta será la única vía para la próxima edición?», se preguntó dubitativa.

En las reuniones de esos días salieron a relucir otros problemas colaterales, como el de las parejas divorciadas, los unos desesperados por no poder estar con sus hijos y los otros agobiados por tener que responsabilizarse de ellos en exclusiva, con el añadido del cierre escolar. Los efectos anímicos de la pérdida de familiares y compañeros; miedo, incertidumbre e incluso depresión. También había cosas positivas, como la mejora de la conciliación por la suspensión de viajes y el teletrabajo.

La alta dirección no siempre daba la talla. Algunos se escondían y otros lanzaban a los empleados mensajes tibios, descafeinados. «Es como si el capitán del Titanic gritase ánimo a los pasajeros en medio del hundimiento», me dijo un director de personas, tan quemado como la moto de un hippie. En otros casos, sin embargo, los responsables de Recursos Humanos se sentían más apoyados que nunca y pensaban que su función había cobrado valor.

* * *

*«Memoria selectiva para recordar lo bueno, prudencia
lógica para no arruinar el presente y optimismo desafiante
para encarar el futuro».*
ISABEL ALLENDE

Durante las primeras semanas del estado de alarma contacté con Irene; comentamos el ERTE de Green y otras problemáticas, pero yo postergaba mi respuesta hasta que pudiéramos encontrarnos. ¿Qué habría ocurrido de haber mediado otro beso como aquel? Creo que nunca lo sabré. Una tarde agarré el móvil con decisión. «De hoy no pasa», me dije.

—Hola, Irene, ¿cómo vas?

—¡Vaya!, el señor del Gabinete Pandemia —me respondió con guasa—. Bueno, en Green estoy ya de salida; la próxima semana será la última y se me hace cuesta arriba —me dijo más seria.

—Ya, cómo ha pasado el tiempo. ¿Y se sabe quién te sustituirá? —pregunté, para no ir al grano demasiado pronto.

—Sí, Willy Olavide; te he hablado de él en alguna ocasión. En ese sentido me quedo tranquila; es alguien del equipo que dará continuidad a los proyectos. Un tipo capaz, te gustaría. Pero me parece que en realidad me has llamado para otra cosa —dijo Irene perspicaz.

—¿No has perdido el instinto, eh? Mira, lo he pensado bien. Me siento muy comprometido con mi ocupación actual. No creo que sea el momento de acometer un cambio como el que me propones. Sabes que te deseo lo mejor y que siempre podrás contar conmigo, aunque en la distancia.

—Esperaba algo así, Félix; esto es como una propuesta de matrimonio: si la respuesta no llega de forma instantánea y entusiasta, mejor olvidarlo. ¿Imagino que intuirías que no se trataba solo una oferta de trabajo, no?

Lo recibí como un golpe bajo, aunque directo al corazón. Había elucubrado con esa posibilidad, pero los hombres solemos leer con torpeza los mensajes femeninos. Ya no era momento de rectificar. A partir de ese día dejé de fantasear con una posibilidad que en el fondo intuía que no acabaría bien.

A finales de junio, un par de días después de cesar el estado de alarma, el senador nos convocó a una reunión presencial. En la mesa, sobria y ovalada, le acompañaban el secretario general y la responsable de comunicación de la asociación, muy atractiva por cierto. Los del Club, aunque habíamos contactado casi a diario, estábamos alegres por volver a encontrarnos, quizás con algunos kilos de más por el poco movimiento. Me fijé que al senador también le apretaba la toga.

−Queridos amigos, no sabéis cómo ansiaba este momento. Habéis hecho algo increíble en estos meses, que nunca os agradeceremos lo suficiente. Cuando nuestros asociados estaban más desorientados ante algo tan inesperado como la pandemia, aparecisteis como una mano amiga a la que agarrarse en medio de la incertidumbre. Os aseguro que no lo van a olvidar −nos dijo el senador como si interviniera en la Curia del Foro.

Nos sentimos reconocidos; habían sido semanas de trabajo duro bajo la presión de la urgencia. Muchos de los problemas que escuchábamos se nos quedaban dentro. Eladio se ocupó de la respuesta.

−Marcial, agradezco tus palabras en nombre de todos. Sabes que hemos sudado la camiseta, pero las compensaciones que hemos recibido no tienen precio. No imaginábamos que un puñado de profesionales en la reserva como nosotros pudiese aportar tanto, por más que ese fuera el fundamento de nuestro Club, ¿a que sí? −finalizó mientras nos miraba en busca de asentimiento.

Téllez nos pidió un último favor, una especie de dosier sobre las lecciones aprendidas durante la pandemia, de manera que pudiera ilustrar a otros en el futuro. Le gustaría presentarlo en la asamblea anual de la Asociación de Gestores de Talento y distribuirlo entre los asociados.

Al salir de la reunión eché el ansiado pitillo junto a Eladio, quien me comentó que iba a realizar un viaje de descompresión. A la vuelta nos convocaría; tocaba darse un respiro, añadió.

En el coche, de vuelta a casa, medité sobre la satisfacción del servicio por convicción, sin esperar nada a cambio. Mi padre tenía razón: te sientes casi mejor que el que lo recibe. Es una pena que los políticos olviden esta máxima y estén más en lo de servirse a ellos. Al llegar a casa conté orgulloso a Carmen los pormenores de la reunión.

–Me alegro mucho; es lo menos que merecéis por la paliza que os habéis dado. Por cierto, ¿has fumado en el coche? Hueles mucho a tabaco –dijo con gesto de desagrado.

–Pues yo no huelo nada, pecosa –dije sincero, aunque es verdad que habían caído dos pitillos por el camino–. Anda, abre una botellita de esas que has comprado para lo de mañana; vamos a brindar por el éxito de la «Operación Pandemia».

Carmen y Roberto tenían prevista la reapertura del Veterano ese fin de semana. Para celebrarlo organizaron una comida de las dos familias en el propio local. Mi mujer había llevado muy mal el cierre temporal, y no solo por el varapalo económico; su vida estaba muy ligada al restaurante y temía por su futuro.

Utilizamos la mesa principal, donde ya estaban dispuestos los aperitivos; desde luego no faltaba el marisco ni el ibérico y, por supuesto, descorchamos los caldos que había seleccionado Carmen. Allí estaban Roberto, con su bronceado permanente; y Matilde, su mujer, que se levantaba de cuando en cuando para vigilar el cordero en el horno. También vino su hija Sara con una amiga y mi hija con el de las rastas, que para la ocasión se puso una chaqueta demasiado holgada; sería de su padre, seguro.

Al igual que en mi casa, noté que el vino sabía raro, como agua sucia, y no lograba percibir ni el aroma ni el gusto de la comida. Miré a todos; bebían y comían con aparente deleite. No me atreví a compartir mis sensaciones; acababa de entender lo que me sucedía. Así que callé y salí de allí con discreción; no quería amargarles la fiesta. Encendí un cigarrillo y comencé a pensar en el nuevo reto que tenía por delante que, por desgracia, compartía con miles de ciudadanos. Un miedo pesado y amargo se apoderó de mí.

XII. JAQUE MATE EN TRES

«Y si las piezas de ajedrez tuviesen consciencia, es fácil que se atribuyeran albedrío en sus movimientos». Del sentimiento trágico de la vida, Miguel de Unamuno

En el año 2034 un simple gesto con la mano provoca acciones o cambios en las cosas cotidianas. Las luces, los canales de información, las puertas y ventanas; todo se ve afectado por instrucciones que se dan con un mero movimiento de muñeca hacia la derecha, hacia la izquierda, hacia arriba, hacia abajo o un círculo dibujado en el aire. Esto es lo que hace Willy mientras busca un canal en el que no se muestre a la nueva presidenta del Gobierno federal y su discurso de toma de posesión. Un discurso que traslada los mismos mensajes, casi palabra por palabra, que el de sus predecesores.

Al final se da por vencido y permanece en el centro del salón circular de su casa observando la imagen que se le muestra delante de sus ojos de color castaño. Con un nuevo gesto de la mano sube el volumen de la voz de la mujer que gobernará España hasta 2038, salvo que surjan una vez más las reiteradas mociones de censura de estos últimos años. Una voz sonriente, pero la mirada... «Todo seguirá igual –piensa Willy–. Los ricos más ricos y los pobres más pobres».

Pero mañana será diferente para Willy porque se retira del tablero de juego. Mañana es el día señalado hace ya mucho tiempo como meta en el calendario de la cuenta atrás. Mañana es 22 de marzo de 2034.

Willy −en realidad no le gusta demasiado que le llamen así− se gira para dirigirse a la cocina. A medida que avanza el camino se ilumina. La casa de una sola planta es grande, sin alardes decorativos. No necesita muchas cosas, salvo aquellas que le mantienen conectado con el trabajo y las que le permiten sobrevivir. Al llegar a la cocina sobre la superficie de la nevera se muestra la misma imagen que aparecía en el salón, la de la nueva presidenta. Esta vez Willy pone el foco en la nariz de la mujer, que es de las prominentes. «Derecha y puntiaguda», piensa. Nariz de personas engañosas que parecen muy simpáticas, pero que son complicadas y pisan a quien sea para llegar arriba. A Willy siempre le ha gustado fijarse en la nariz de la gente; dicen mucho de la persona. La suya es aguileña.

Acerca la mano a la puerta acristalada de la nevera y la imagen de la presidenta es sustituida por una lista de alimentos, bebidas y un porcentaje que indica la cantidad que hay en el interior.

−Liebe −le ordena Willy a su asistente tecnológico. Así le llamó y así le llama. Podría haber optado por su acepción en castellano, amor, palabra corta, pero intensa−: haz pedido de pasta, carne, patatas, lechuga y tomates. También, para la cena de mañana, helado de fresa.

Vuelve a la imagen de la mujer que acaba de prometer su cargo. Cuando esta termina, su discurso y su rostro son sustituidos por los de un hombre con nariz de garfio, como la de las personas creativas que sacrifican todo por sus pasiones. Narra las noticias del día. Escenas de lagos secos, bloques de hielo deshaciéndose. El sonido lo ha silenciado Willy con un movimiento de su mano. No le hace falta escuchar para saber que se habla del tema que preocupa a todo el mundo: el agua es un bien escaso, ahora también en el Primer Mundo.

−Liebe, proyéctame los mensajes y el resumen de la reunión de hoy.

Esta instrucción diaria se repite desde… Willy ya no recuerda el momento en el que Liebe entró en su vida, pero hoy será la última vez que le dé esa instrucción.

El hombre de la nariz de garfio se diluye al mostrarse un panel de mensajes y la grabación de una videoconferencia mantenida por la mañana con el equipo de Willy. Los echará de menos por muchas razones. Porque entre ellos siempre se han hablado a la cara. Hoy día es complicado encontrar personas auténticas en una empresa que está inmersa en su hipocresía, porque lo que prima, por encima de todo, es el qué dirán, lo políticamente correcto. Se escucha la voz de Laura, la persona que va a sustituir a Willy en su puesto de director de personas; la acepción Recursos Humanos la abandonaron hace tiempo. La echará de menos como persona porque Laura es de las que escuchan y solo opina de lo que sabe, no como la mayoría de la gente, que habla de todo, incluso de lo que no tiene ni idea. Willy se detiene en la nariz de Laura, de corte griego; solo un 3% de la humanidad comparte esta forma, que denota que detrás de esa nariz hay optimismo, buen corazón, objetividad y una gran inteligencia.

—Liebe, desconecta el visionado.

Mientras se dirige al cuarto de baño, Willy se fija en detalles en los que nunca había reparado. El color de la pared acristalada cambia a medida que avanza. Las diferentes tonalidades lo acompañan en el pasillo. Predomina el verde suave. Verde esperanza. A partir de mañana su vida será…

—Liebe, activa el sistema de higiene dental.

»Liebe, prepárame la dosis para conciliar el sueño.

»Liebe, apaga las luces y regula la temperatura.

»Liebe, despiértame a las seis y media.

A las dos de la madrugada, Willy sigue dando vueltas en la cápsula de descanso. No hay forma de conciliar el sueño. Los ojos de la nueva presidenta, el negro de esa mirada le empuja hacia el pasado, hacia aquel 2020. El año en el que empezó…. Hubo años peores después, pero para Willy, el 2020 supuso un punto de inflexión.

El primer síntoma de su inmersión en el laberinto en el que se convirtió su vida se mostró en forma de gota de sangre zigzagueante que recorría su espinilla. Una gota que buscaba el tobillo de manera lenta mientras Willy se limitaba a mirarla para después rascarse la pierna con rabia. Hoy, catorce años después, le sigue pasando. Cada mañana, cada noche. Picores que no soporta, que son nerviosos, que solo se alivian con uñas afiladas. Son por estrés, le había dicho la medicina, una medicina que no había avanzado lo suficiente como para curar los males del alma. Puede que interesara que las enfermedades del alma nunca se curasen. Por eso se arrancaba la piel con las uñas, pero la vida, la que no deseaba, la que ya no quería ni en pintura, seguía delante de sus ojos. Nada cambiaba; se mantenía la sangre provocada por esa frustración en forma de uñas afiladas que querían aliviar algo que no era posible sosegar. Pero a partir de mañana… la esperanza, el color verde…

–Liebe, dame agua.

A los asistentes tecnológicos no se les pide las cosas por favor. Instrucciones claras, sin adornos. Por favor es una expresión que está desapareciendo del vocabulario.

Willy vuelve a recostarse tras saciar la sed. Una sed que se ha vuelto insistente en estos catorce años dedicados por entero a Green. Pero no es la sed; se remueve agitado en la cápsula. Intenta apaciguar su desasosiego; quizá sea el miedo a una nueva vida vacía de trabajo. Atrae recuerdos a su mente. El primer día que pisó las instalaciones de aquella empresa. Ese primer día en el que permaneció tres horas en un vestíbulo lleno de monitores envueltos en la evolución de Green Technology. Le habían dicho que esperase y ahí se quedó sin ver pasar a nadie. Mientras esperaba, harto de ver imágenes de la vida de la empresa, la idea de marcharse tomó fuerza en su cabeza. Sin embargo, decidió permanecer en el sitio; es lo que tiene la psicología positiva. Hasta que por fin apareció una mujer de nariz pequeña y respingada, es decir, arrogancia y amor por sí misma, y que se presentó como Irene Díaz de Otazu.

–Bienvenido, Guillermo –Irene nunca le llamó Willy–. Sigues aquí, lo que demuestra tu paciencia, tu capacidad de aguante.

–He pensado en irme.

–A veces ocurre, pero tú estás aquí. ¿Qué te sugiere la tecnología?

–Que lo que aprendiste ayer hoy no te vale porque se ha quedado obsoleto.

Así empezó la primera entrevista con Irene, la primera toma de contacto con una persona de aquella compañía. Los siguientes días se llenaron de encuentros, de pruebas algo raras para él, como tener que escribir un relato o jugar a un videojuego llamado «La Esfera». Hasta que el 20 de enero de 2020, Guillermo Olavide, conocido como Willy, se incorporó a Green Technology Group como la persona que años después sustituiría a Irene Díaz de Otazu en el puesto de dirección del área de Recursos Humanos.

Willy aparta la cobertura de la cápsula de descanso y vuelve a incorporarse. Mira a su alrededor. Esos ojos negros y la nariz derecha y puntiaguda. ¿Será por lo que ha dicho la nueva presidenta del Gobierno? «El año 2020 cambió nuestras vidas, pero ahora…». Eso ha dicho la persona que dirigirá el presente y el futuro cercano. ¿Y ahora, qué?

–Liebe, dame más agua.

»Liebe, regula la temperatura a diecinueve grados.

Se acomoda en la cápsula y mira la hora que flota en el centro de la habitación cuando el asistente tecnológico recibe la indicación para ello. Las tres y media. Bosteza. Se rasca la pierna con fuerza. Se mira la espinilla. No sangra. Se gira, se pone boca abajo. Nota como colchón y almohada se adecúan de forma automática a su nueva postura. Se extraña; eso es algo que está diseñado para no notarse.

Las imágenes se agolpan en su cabeza. Escenas de un pasado, de catorce años atrás, de distanciamiento, de soledad solo acompañada por el trabajo. Otro vaso de agua filtrada. Mañana, en unas horas más bien, se juntarán todos en las instalaciones de la empresa para despedirse. Al final, a Willy, por su nariz aguileña, o se le quiere o se le odia. A eso le ha llevado su personalidad fuerte, su pasión y su carisma. Quizá su gran defecto haya sido querer complacer a todo el mundo por igual.

No puede cerrar los ojos, los minutos en vigilia vuelan y tiene que conseguir que sus pensamientos se tornen vacíos. Necesita dormir. En poco tiempo Liebe activará el sistema despertador. La música irá de menos a más, el cristal de la ventana se tornará poco a poco transparente permitiendo que entre la claridad tímida del amanecer. Le gusta que su asistente tecnológico le sorprenda con la música. Sabe sus gustos, así que nunca falla. Música antigua; así la cataloga su buen amigo Marley. Música que nunca muere, que se escuchó en vinilo, en casete, en CD y que sigue viva para Willy. Quizá «When my time comes» de Dawes. Willy se sonríe. «Cuando llegue mi hora». Sería una canción muy adecuada. O «Creep» de Radiohead, porque teme que al dejar Green se convierta en alguien insignificante. Tiene miedo a verse como si no perteneciera a este mundo, a que su esencia, su alma, se desvanezcan.

Tanta agua ha provocado que la vejiga no soporte ni una gota más del líquido filtrado. Desde hace meses el agua se ha de beber filtrada. Las luces suaves del pasillo, que se conectan a medida que avanza, le indican el camino a seguir hasta el cuarto de baño. Unos segundos después suena el clic del dispositivo de limpieza del váter. Al poner las manos debajo del grifo se activa el mecanismo de desinfección y después el de secado de manos. Se mira al panel espejo. Se gira y retorna a la habitación como un zombi.

Las cinco de la madrugada. Willy suspira y vuelve a rascarse la pierna. Tan solo una hora y media para que llegue el momento de la canción que elegirá Liebe. Los recuerdos de estos años en Green se agolpan en la cápsula de descanso. El reflejo en el panel espejo le ha devuelto sus ojeras, su pelo blanco perfilado a lo largo de los últimos años. No era ningún crío cuando se incorporó a Green, pero estaba bien físicamente. Lo vivido en aquellos meses y lo que le depararon los catorce años siguientes es lo que aceleró, como si de una enfermedad degenerativa se tratase, su envejecimiento, y con él la pérdida de confianza en el ser humano. Le pide a Liebe que suba la temperatura a veintidós grados. Bosteza. Acompasa la respiración e intenta concentrarse en la oscuridad de la estancia. Vuelve a rascarse.

Se incorporó a Green con cincuenta y tres años. Su experiencia en transformación cultural a raíz de procesos de digitalización y la incorporación de soluciones innovadoras en la gestión de personas eran lo más adecuado para sustituir a Irene. Ambos tenían la misma edad.

Otro giro en la cápsula, otro vaso de agua filtrada. El recuerdo del último día de Irene en Green, que surge de golpe, acentúa el picor de la espinilla. La voz del director general de la empresa y lo que dijo al despedirse de ella. Esa imagen ha permanecido incrustada en su memoria hasta ahora.

—¿Sabes, Irene? —empezó diciendo el director general de Green, un tipo de nariz torcida—, creo que el departamento de Recursos Humanos siempre ha carecido de empatía.

En realidad nadie entendió muy bien aquella sentencia, ni el momento en el que se pronunció, pero la gente sabía que no se trataba de un tema profesional. Las diferencias entre ambos eran más por temas personales y durante muchos años se habían ido enquistando. Filias y fobias que tanto daño hacen en las empresas, que tanto daño han hecho en la sociedad estos años. Circunstancias que luego heredó Willy.

—¿Empatía? —preguntó Irene con un tono de liberación. Se marchaba a un proyecto que sí iba a llenar su vida, o al menos eso decía. Nunca pareció una mujer muy feliz—. La empatía mal entendida se convierte en la habilidad más hipócrita. Nunca me podré poner en el lugar de los demás si no hay una conversación. No podré hacerlo porque no he vivido sus vidas; para ello necesitaría que me contaran sus experiencias previas, lo que los empuja a ver la vida de una manera o de otra. Y en tu caso, mi querido jefe, nunca podrás ponerte en mis zapatos porque nunca te has dignado a comprobar ni siquiera si llevaba botas o zapatillas.

Las seis, apenas media hora para la música. Willy se incorpora de nuevo. La cobertura de la cápsula hace rato que dejó de ser necesaria. El recuerdo de esta sentencia le ha enervado. Aquel era el último día de Irene en la empresa. Vaya forma de reconocerle la labor de todos esos años. En un rato será el último día de Willy en la misma empresa.

—Liebe, retrasa el despertador quince minutos.

Las seis y catorce. Willy desconoce la canción que Liebe elegirá ese día, pero ya la odia. El monitoreo del descanso ni siquiera se ha conectado. Hoy no habrá informe sobre el tiempo de sueño profundo, ni sobre patrones de respiración. Nunca son óptimos. Desde hace años Liebe dice, con su voz aséptica, que los periodos de sueño REM de Willy son escasos, que sus patrones de respiración están alterados. «Esto cambiará a partir de mañana», se consuela Willy. Su energía se ha ido consumiendo a causa de su propia vida. Mucho trabajo, poco tiempo libre. Se ha perdido lo más importante de una vida. Vivirla. Sí, vivirla con sus hijas, Lidia y Alicia.

La memoria le muestra una escena nítida de la que recuerda cada palabra, cada gesto. Una conversación de las que importan y que da igual el momento en que se producen, porque lo que en ellas se dice le marcan a uno para toda la vida, y eso Willy ahora lo sabe; es el soporte que le va a permitir dar un giro hacia una vida que es la que anhela vivir. Una lección dada por una adolescente llamada Lidia, su hija mayor, y que Willy lleva desde aquel día tatuada en el pecho.

—¿Sabes una cosa? —le dijo Willy a Lidia mientras observaba cómo esta se terminaba el trozo de tarta de queso que tanto le gustaba—. Solo hay dos cosas que nos permiten y nos permitirán convivir con los demás.

—Ya estás con tus filosofadas, papá.

—El amor y no juzgar. En eso deben apoyarse las relaciones con los demás, porque es lo único que nos hace libres para conversar. Para conversar en toda su esencia.

—Para conversar hay que estar, papá —le respondió su hija—. Y tú nunca has estado. Por eso mamá decidió buscarse la vida en otro sitio.

Willy no dijo nada. Solo se quedó contemplando a su hija. Qué diferente de aquella niña que escuchaba reguetón no hacía tanto tiempo.

La habitación se ilumina suavemente a la vez que suena la canción elegida por Liebe. Un golpeteo constante de un bajo, un piano...

«...*Under pressure that burns a building down. Splits a family in two...*».

—Ten cuidado, Guillermo... —Liebe le llama así; así lo programó—. Hoy tu nivel de energía está un cuarenta y cinco por ciento por debajo del umbral recomendado; la falta de descanso no es buena para tu salud.

—Proyecta la ropa que me puedo poner hoy. Recuerda que es mi último día. Me has levantado el ánimo con esta canción. Sube el volumen. Prepara café.

«*Cause love's such an old fashioned word...*». El agua de la ducha, fría.

«...*This is our last dance*...».
Hoy voy a despertar.

* * *

Laura vive en el centro de Madrid. Es una ciudad que con el paso de los años se ha ido engullendo a otras poblaciones, primero las más cercanas, tanto al sur como al norte, y después a otras ciudades de otras provincias: Toledo, Guadalajara. Pero ella creció en un pequeño pueblo de Extremadura. El silencio de aquellas tierras le hizo huir. «Me da miedo la falta de sonidos», dice siempre. Por eso vive en el centro de la gran ciudad, en el epicentro del bullicio.

–Deseo ruido –le dijo a su madre.

–Pero allí no podrás escuchar ni el zumbido de las abejas.

–Mamá, estoy harta de oír hasta las pisadas de las hormigas.

–Pero allí, en Madrid, perderás esta paz...

–La paz me vacía, mamá. Y yo quiero los espacios llenos.

De aquella conversación hace ya muchos años. A partir de hoy, 22 de marzo de 2034, Laura asumirá más responsabilidades. Los nervios le han impedido dormir lo suficiente, pero el zumbido del exprimidor la espabila. No hay abejas, pero hay exprimidor. Se ríe con la ocurrencia. Aproxima su mano izquierda –es zurda para esto, para el resto es diestra– al cristal de la pared y aparecen las noticias destacadas del día. Todas giran en torno a la nueva presidenta del Gobierno. Desliza los titulares hasta que se empieza a oír el discurso de investidura pronunciado el día anterior. La voz de esa mujer invade el espacio; «es simpática», piensa Laura, que la ha votado. La gran esperanza para suavizar la situación, para retornar a tiempos mejores. Así lo cree ella. No como esos que van de libertadores y no tienen ni idea de los verdaderos problemas de nuestra sociedad. «Desde hace mucho tiempo, quizá todo empezó en los locos años veinte –dice la voz de la presidenta–, no hay diálogo político que enriquezca, que genere cambios...»

Esta última frase le hace rememorar algo que le dijo Willy una vez:

–El objetivo de la conversación ha de ser que las personas que participan en ella lleguen a ser conscientes de que al final se produce un cambio, por pequeño que sea. Si no hay como mínimo una pequeña modificación es que la conversación no ha llegado a ser tal.

¡Qué cosas decía Willy! Laura le llama «boss». ¿Después de hoy seguirá llamándolo de esa manera? No, le llamará Guillermo, que es como él quiere que se le denomine.

El clic del exprimidor la saca de sus pensamientos por un instante. Bebe despacio, saboreando el zumo y escucha como este pasa por su garganta hasta aposentarse en el estómago.

Es difícil trabajar con él, pero he aprendido mucho. Willy le dio la oportunidad de incorporarse a un proyecto nuevo en una empresa de tecnología. Él apenas llevaba dos meses en la compañía y en su equipo necesitaba un perfil generalista para el área de desarrollo de personas. Y Laura fue la seleccionada. «Qué rápido pasa el tiempo», dice en alto mientras espera a que el sistema automático termine de preparar el segundo zumo, que esta vez acompañará con un café y una tostada recién impresa. Es el menú calculado por el algoritmo del sistema de salud de su vivienda.

Siempre le ha exigido mucho, pero es de los que deja hacer. Siempre ocupado en reuniones. Algunas veces refunfuñaba... Qué gracia le ha hecho a Laura recordar ese rasgo de su jefe. Quizá le fluían muchas ideas en la cabeza, quizá abarcaba muchas cosas, quizá aceptó atender demasiados frentes a la vez...

–No gruñas tanto, *boss* –le dijo Laura una vez.

—Estoy harto de tanto ego, Laura. En esta empresa no hay una intención real de cambiar, de evolucionar. No les gusta cambiar. Quizá sea miedo. Nuestro queridísimo director general cree que la evolución consiste en invertir en nuevas tecnologías. Le he dicho que eso son solo herramientas, que son el medio, no la solución... Parece mentira que seamos una empresa tecnológica.

La voz de la presidenta sigue invadiendo la cocina mientras Laura le da un mordisco a la tostada untada de aguacate. «No habrá ni ventisca, ni nevada que nos detenga...».

La nevada de aquel enero de 2021 se ha guardado en la memoria de mucha gente, pero a Laura ese color blanco que envolvió todo le provocó sensaciones contradictorias. El silencio que dejó la nieve daba miedo. Odia el silencio. No se escuchaba nada, ni conversaciones, ni pájaros, ni el ruido de los motores. Silencio bajo un cielo que reflejaba toda la claridad de la ciudad a pesar de la noche. Un silencio frío que atravesaba la ropa de Laura hasta arañar su cuerpo. Un silencio que solo se rompía por el desgarrador sonido de las ramas de los árboles al romperse por el exceso de peso.

—Una conversación es lo que genera cambios —dijo Willy—. Sin conversación no se aprende, no se comparte, no se conoce. Sin conversación el conflicto está servido. Sin conversación toma forma la frase aquella de Mark Twain «la guerra es lo que ocurre cuando fracasa el lenguaje».

La puerta de la vivienda de Laura se abre con un siseo al recibir la orden. Va bien de tiempo. A partir de ahora comienza un nuevo reto. Nuevas responsabilidades. «Estos catorce años se me han hecho muy cortos», piensa mientras sale a la calle.

Laura acababa de terminar sus estudios cuando se incorporó a Green. El proyecto en el que tenía cabida, según le contó su futuro jefe el día de su incorporación, estaba vinculado a un nuevo modelo de valoración basado en las conversaciones, en escucharse unos a otros.

–Lo que realmente nos diferencia a los humanos de otros seres vivos es nuestra capacidad para conversar. Hablar es innato, conversar no; para ello hay que entrenarse –había respondido Laura durante la entrevista. Un poco pedante, quizá, pero debió gustar.

La pasión que mostraba Willy al hablar de ese proyecto, que luego se vería paralizado como muchas vidas durante aquellos meses de los primeros años veinte, fue una de las cosas que provocó que Laura aceptara aquel puesto. La otra fue la visión de la estantería llena de libros accesibles a todo el mundo. Solo leyendo el lomo de los mismos se podía averiguar mucho acerca de su propietario. Se podía observar, además, que no seguían un orden estructurado ni por autor, ni por temas, ni siquiera por colores, como hubiese hecho ella, sino que parecía más una estructura basada en los años de su lectura, en las fechas de adquisición o simplemente en la teoría del espacio vacío. *Tribus, Conversación, La clave es el porqué, Momentos perfectos, El arte de comunicar a través de las Historias, Negociar es fácil si se sabe cómo, Homo Deus…*

«Ahora apenas se lee», piensa Laura al rememorar la imagen de aquella estantería. Existen audiolibros y a ella le gusta esta opción porque es de escuchar las historias en cualquier lugar y en cualquier momento. Hoy la gente prefiere las imágenes que resumen las historias. No hay tiempo para detenerse en párrafos largos.

La música ambiente del vagón la saca de sus pensamientos. Mira a su alrededor. Desde hace años ningún transporte público puede ir abarrotado. Qué tiempos aquellos en los que se desplazaba a la facultad en autobús. Conversaciones cruzadas, el sonido de las risas, de las puertas al abrirse y cerrarse en cada parada. No cesaba de entrar gente. Parecían sardinas en lata.

Mientras sale a la plataforma que la llevará hasta la conexión con la otra lanzadera, Laura piensa que durante estos años ha trabajado con una de esas personas que saben escuchar. Sí, de esas cuyos ojos parecen escrutar los pensamientos más profundos de uno hasta localizarlos. Una mirada limpia, aunque consumida por el cansancio vital, o eso parecía. Pensar constantemente en las personas, en los demás, ha de desgastar al más fuerte. Pero Willy haría honor al significado de su nombre.

–¿Sabes lo que significa tu nombre, *boss*?–preguntó en una ocasión Laura.

–No, la verdad –respondió Willy.

–El que tiene la voluntad de defender a su pueblo.

–¿Y el tuyo, Laura?

–Viene del latín, representa el laurel...

–El triunfo, la victoria –se anticipó Willy.

Entra en la lanzadera. No le apetece sentarse, pero es obligatorio. «Cuántas cosas hemos hecho», piensa. «Cuántos proyectos en este tiempo junto a Willy...». Pero para él estos años no han sido fáciles. A veces Laura lo observaba por la ventana de la oficina mientras fumaba en la calle, en el espacio habilitado para ello. Sentado en el banco, en silencio, mientras el sol le acariciaba la cabeza, la cara. «La vida continúa», decía siempre. Se le notaba agotado, a veces ido, inmerso en sus pensamientos.

Había algo más allá del trabajo. Algo en lo personal. No compartía nada. Todo para él solito, claro. «Mira que yo le contaba cosas de mi vida –piensa Laura–, pero él no. Él se limitaba a escuchar en silencio; a veces abría la boca para preguntar algo. Hoy sigue haciendo lo mismo».

–¿Te puedo pedir un consejo? –dijo Laura una mañana en la que el granizo golpeaba con furia los cristales de la oficina.

–Yo no soy quién para dar consejos a nadie.

Este recuerdo provoca que Laura se sonría, lo que hace que la otra persona que está en la lanzadera la mire con extrañeza. El sonido aséptico que impera en ese espacio no invita a sonreír; la gente viaja seria, ensimismada en su mundo, en silencio. Laura cambia el gesto para evitar que la otra pasajera piense que se ríe de ella, de su vestimenta de color amarillo o de esa manera robótica de respirar que tienen algunas personas que siguen usando los filtros nasales.

Sin dar consejos, el mero hecho de contar cómo se había enfrentado él a determinadas situaciones ayudaba a otros a tomar decisiones. Te hacía pensar. Laura continúa con su sonrisa mientras soporta la mirada despectiva de la mujer de amarillo.

Willy hoy cumple sesenta y siete años. El hombre con el que ha trabajado durante catorce años. El hombre que era capaz de pasar de la risa al cabreo en segundos.

–Eres bipolar, *boss* –recuerda que le dijo en una ocasión.

–Depende de con quién –respondió Willy sonriéndose.

Un ligero zumbido, como el de las abejas de su tierra, advierte a Laura de que la lanzadera se va deteniendo. En cinco minutos habrá llegado a las instalaciones de Green y verá a Willy rodeado de gente que quiere despedirse de él. Gente que le aprecia de verdad, que lo respeta. Estos serán los primeros que lleguen. Verá la sonrisa en la cara de su jefe. Se oirán conversaciones cruzadas, como en el autobús cuando iba a la universidad. Entre todo el ruido destacarán el vozarrón de Marley y sus sonoras carcajadas. Seguro que en la cara de Willy no habrá ojeras, ni rictus de agotamiento.

Habrá otros personajes más silenciosos, los que se despedirán por compromiso y que llegarán a su hora, o quizá incluso más tarde. Algunos puede que ni se acerquen y se limiten a decir adiós con un simple gesto con la mano o con la cabeza, como diciendo «tanta paz lleves como dejas». Otros en cambio se acercarán por educación, por el qué dirán, por ser políticamente correctos.

A Willy no le preocupará la reacción de esas personas.

—Ser políticamente correcto es lo que ha acabado con la esperanza de que el ser humano sea capaz de expresar lo que siente de verdad sin miedo a ser enjuiciado y sin enjuiciar a los demás. La semilla de la hipocresía se basa en esto —dijo una vez.

Después de la despedida dejarán de oírse sus comentarios sarcásticos, sus ideas locas e innovadoras, sus gruñidos, su voz de narrador de cuentos, y sobre todo sus conversaciones...

* * *

Lidia, la mayor de las hijas de Willy, no es de las que suele levantarse demasiado temprano, pero hoy hay noticias que dar. Es periodista. Una *influencer* profesional. Hoy día las noticias rutinarias se transmiten de manera automática, no hacen falta personas para ello. El peso del periodismo por tanto recae en investigar hechos que se salen de este sistema automático, analizarlos y expresar opiniones que influyan en los seguidores. Eso no han querido que lo hagan los algoritmos. Al menos oficialmente.

Existen varios tipos de *influencers*: los que están bajo el paraguas del sistema, los que afirman que en el pasado se vivía mejor, e incluso los que argumentan que el mundo se va a acabar mañana. Por supuesto, también existen los que están en contra de todo y de todos.

No ha dormido mucho. Ha estado pendiente de muchas cosas, no solo de la investidura de la presidenta del Estado Federal. Su misión es olisquear temas, como si de un perro sabueso se tratara. Ya no hay de esos perros. Por su manera de comportarse cuando era una adolescente cualquiera hubiese pensado que estaría más cerca de aquellos que luchaban contra todo y contra todos, pero los que la conocen de verdad saben que lo suyo en realidad es no sentirse atada por nada ni por nadie.

Los espacios cerrados la ahogan; no soporta los muros, los paneles opacos. La casa de Lidia es transparente; tampoco tiene esquinas o rincones que pudieran dar sensación de hermetismo. Le gustan las plantas y las flores porque dice que son los únicos seres vivos que convierten en acogedor cualquier lugar. Cada estancia de la casa está adornada por jardineras que provocan una mezcla de aromas que a la gente que no es ella le puede parecer empalagosa, molesta, incluso asfixiante.

Su padre es una de estas personas que no soporta los olores fuertes de la casa; le dan alergia. Lidia se siente diferente a su padre, pero en realidad ambos se parecen en muchas cosas, quizá por eso hayan chocado siempre tanto.

Pero hoy es un día especial. Hoy su padre inicia una nueva vida, una nueva forma de relacionarse con sus dos hijas, o al menos eso dice desde hace algún tiempo. «Puede que a partir de hoy se limen las asperezas entre papá y yo» piensa Lidia.

Continúa con su labor de investigación. Su objetivo es poder hablar ante las diferentes cámaras que adornan su estudio. Así informa. Unas veces en directo, otras en diferido. Hoy emitirá en diferido. Siempre lo hace en dos idiomas para llegar a más gente, con la libertad que le da el no pertenecer a ninguna de las facciones de *influencers* sufragadas por el propio sistema. Se centra en las noticias que no interesan, que se silencian. Esto le ha traído problemas en el pasado. Explicar lo que ha llevado a la situación de escasez de agua está muy manido, pero hablar de los fracasos políticos y sociales o de las rupturas familiares que se produjeron en los años de la pandemia de una manera objetiva, es otra cosa. «Somos lo que somos ahora por lo que ocurrió a partir de aquel año, de aquellos años», había dicho el día anterior la nueva presidenta en su discurso de toma de posesión. «Vaya frase de Perogrullo», había pensado Lidia. Pero esa frase la ha removido.

El estudio está en la planta alta de la vivienda. Un espacio en forma de cúpula acristalada adornado por plantas aromáticas que le ayudan a evadirse del mundo para centrarse en el recorrido por las diferentes imágenes de la base de datos de la hemeroteca de Madrid. Fotos antiguas de los primeros años veinte, cuando Madrid era lo que era. Hoy es una gran urbe imposible de abarcar y de conocer, dividida en tantos sectores... Imágenes que muestran aceras que olían a tristeza. Esquinas con olor a desconfianza. Cruces que hedían a mentira. Árboles sin aromas a verde, sino a dolor. Portales que olfateaban el miedo y la soledad. Así podría empezar Lidia su grabación... Rupturas.

Los temas se mezclan en su cabeza. Mira sin mirar. Cuando hace eso el ojo derecho se le desvía. Cobra vida propia y le vienen los aromas del pasado cargados de desencuentros con su padre.

—¿Otra vez, Li? —le preguntó Willy.

Ella no respondió; se quedó mirando la tele, como si fuera capaz de distinguir las caras de los personajes que desfilaban por la pantalla.

—No tienes ningún cuidado, hija.

El sonido de la música de los cascos llegaba al mundo como un golpe de impertinente pasotismo por su parte. El reguetón era así.

—¿Me quieres escuchar cuando te hablo?

La postura de niña de catorce años, con los pies sobre la mesa, y por supuesto sin quitarse las botas. Daba igual que la madera se pudiera estropear por el roce de las hebillas.

—¿Te importa? —dijo su padre a la vez que se acercaba para desconectarle los auriculares del móvil. Lidia lo miró con reproche, con odio, como si la interrupción hubiese provocado la muerte repentina de todo su entorno vital.

—¿Qué les ha pasado a las gafas?

—Pues que se han roto, ¿no lo ves?

—Sí, ¿pero cómo?

—Al meterlas en la mochila.

—¿Y la funda?

—Ni idea.

—¿Sabes lo que costaron estas gafas?

—Ni me importa.

—Pues lo mismo que tu paga de tres meses.

—¿Y?

—Pues que serás tú quien con tu paga costees el arreglo o la compra de unas gafas nuevas.

—Sí, claro.

—Puedes elegir entre que se te descuente en tres meses, por lo que no tendrás paga durante ese tiempo, o en seis meses, lo que significará que tendrás la mitad de paga...

—Pero ¿qué dices? Mamá no va a permitir eso.

—Ya veremos.

—Siempre estás igual. Luego llega mamá y no se aplica ninguna de tus amenazas.

—No amenazo. Solo quiero que comprendas que estos gastos reiterados por tu falta de cuidado suponen un esfuerzo muy importante para tu madre y para mí. Solo eso.

Catorce años han transcurrido desde aquella escena de las gafas rotas sobre la mesa del salón. Se habían convertido en un objeto inservible. Seguro que el hecho de tener que verlas así fue una decepción para su padre, otra más; puede que le doliera lo que costaron o la estupidez de su rotura por falta de cuidado. Pero Lidia era su hija. Debía llevar ya cinco o seis pares de gafas desde que el oftalmólogo había dicho que la niña no tenía precisamente vista de águila. Astigmatismo y miopía.

Puede que ahí empezara todo. Con aquella frase que le dijo a su padre: «Mamá no va a permitir eso». Seguro que venía de antes. «El trabajo de papá y el año 2020 solo aceleraron el proceso», piensa mientras remueve el jarabe de agave en el café que acaba de prepararse. Su padre olvidó que tenía una vida. Un año después, el divorcio se hizo realidad. Lidia se lo olía, pues el único que no parecía darse cuenta era su padre. Estaba enfrascado en el trabajo. Trabajo, trabajo.

Lidia es consciente, ahora sí lo es, de que no fue una adolescente fácil, ni para su madre, ni para su padre. Ambos lo intentaron todo, incluso retrasar su divorcio, pero era como entrar en un laberinto; nunca encontraban la salida. Y llegó la ruptura. Nunca se le borrará aquella fecha. El 10 de mayo de 2021. Un lunes. Tardó mucho en superarlo porque en parte se culpaba a sí misma de la separación. Aquel día de mayo se convirtió en un día cualquiera del invierno en el que la hierba desapareció bajo el manto de la nieve y el aroma a verde se transformó en un olor a frío, a humedad rancia.

Ahora, en su estudio, mientras recopila material para su emisión en diferido, se da cuenta de que unas lágrimas asoman al balcón de sus ojos. Ella no sabe llorar, lo hace muy poco; siempre se hizo la dura, otras veces no tuvo más remedio que esconder su llanto.

—Papá...

—Dime, hija —responde Willy.

—Nunca me has contado tu versión de vuestro divorcio.

—Ni te la voy a contar. En un divorcio no suele haber solo un responsable, sino dos.

–Ya, pero...

–Li, para darte mi versión, que no te iba a aportar nada, es posible que tuvieras que escuchar cosas del pasado que no vienen al caso ahora. Supondría cuestionar a tu madre. Es tu madre. No puedo, ni quiero hacer eso.

–No te entiendo, papá.

–Y espero que nunca llegues a hacerlo porque eso significaría que habrías pasado por un divorcio, y un divorcio es algo que cuesta mucho superar.

Hoy es un día especial para su padre y puede que para ella también. A pesar de sus diferencias, lo quiere. Lo acepta como es. Papá es papá. La cena de esta noche puede ser el inicio de una nueva vida para él. Lo ha dicho muchas veces.

–Cuando me retire recuperaré el tiempo perdido. Me centraré en ti y en tu hermana –le repetía una y otra vez.

–¿Y vas a esperar a cumplir sesenta y siete años para recuperar el tiempo?

Lidia se acerca la taza a la nariz y el aroma hace que su mente retorne a su trabajo. Ya tiene material suficiente. Hoy es un día especial para ella. Su padre la ha invitado a cenar a su casa. También estará su hermana, Alicia.

* * *

El vehículo de Alicia no necesita ser manejado; es autónomo salvo en una cosa: hay que indicarle el destino. Es de lo poco que les queda a los seres humanos, porque el resto se ha delegado en los algoritmos, en los robots. Ya no deciden lo que quieren comer, sino que el sistema, en función de sus necesidades biológicas de cada momento, les indica cuál es el alimento más idóneo. El sistema determina cuándo se ha de ir al médico. Quedan lejos los tiempos en los que la gente escogía sus días de vacaciones, incluso los lugares de destino. Las empresas ya no seleccionan a sus aspirantes, sino que es el sistema quien determina las personas más adecuadas al perfil demandado por aquellas. Todo son datos, motores de búsqueda, geolocalización, chips identificativos y de salud. Estos temas son los que trata Alicia en su tesis doctoral.

Alicia le recuerda a su vehículo la dirección de la casa de su padre. Esta noche las ha invitado a cenar, a ella y a su hermana. Hoy ha sido un día muy especial para él. «A partir de ahora todo va a ser diferente», piensa Alicia. Imágenes que quiere olvidar, pero que están enquistadas en su memoria, puede que desde esa noche comiencen a difuminarse.

«La vida no es el pollo del arroz con pollo. La vida es todo. Es el propio arroz, las alcachofas, los trigueros, el magro, el tomate, el azafrán, el pimiento, el agua y, claro, el pollo».

En esta sentencia de su padre piensa ahora mientras espera a que el vehículo procese el destino y se ponga en marcha.

Su padre siempre parecía sentenciar cuando se ponía a filosofar. Aquel 10 de mayo de 2021, día que ahora parece tan lejano, no fue bueno para Alicia. Acababa de enterarse de que sus padres se divorciaban. No se lo dijeron los dos, sino su madre. Le hubiese gustado que lo hicieran juntos, pero su padre llegó tarde a casa ese día. En realidad como todos los días. El trabajo siempre era la excusa. Y a la mañana siguiente él corroboró la noticia.

¡Vaya forma de explicarle el divorcio! Qué tendría que ver el pollo con todo eso. Ahora lo entendía. La vida es un conjunto de ingredientes que entran y salen, que se van mezclando y que conforman, si están bien condimentados, sabrosos platos. Pero en aquel momento los ingredientes no eran los que debían ser, ni estaban bien condimentados; además, a ella nunca le había gustado el arroz con pollo.

—Me da igual arroz con pollo que bacalao al pilpil —recuerda que respondió—. Todo me sabe igual, papá; a nada, a vacío. La vida es...

En aquel momento sintió un sabor ácido que le subió desde el estómago hasta la boca. La amargura de perder los besos de su padre al acostarse, al levantarse, lo insípida que iba a ser su vida sin verlo cada día. Durante un tiempo, incluso la comida le supo de manera diferente.

Esta misma mañana, mientras trabajaba en su tesis sobre los cambios producidos en las interacciones humanas desde el año 2020 hasta hoy, en alguno de los libros recomendados por su tutor ha leído un capítulo sobre la alteración de los sentidos ante situaciones traumáticas y por algunas enfermedades. En su caso fue por el divorcio; otras personas, ese mismo año perdían el olfato por otra cosa.

Alicia nota cómo el vehículo se eleva tras apretar el botón de encendido. El motor sisea, la cúpula de cristal le deja ver todo el escenario que la rodea. Las calles se van iluminando a medida que avanza. Se acomoda en el asiento y le pide a su asistente tecnológico que conecte las noticias. La voz en *off* habla de lo único que se habla en esos momentos, además de la nueva presidenta. El agua es el tema. Más bien la falta de ella. Durante años algunas personas lo avisaron, pero nadie las creyó. «Seguramente porque solo afectaba a países de Oriente Medio y del Norte de África», piensa. Hasta que dejó de llover con la asiduidad que lo hacía antes y el problema se convirtió en global. Más grave que una pandemia.

La arcada que le provocó enterarse del divorcio de sus padres, ese mal sabor de boca no se le ha borrado. Los motivos de la ruptura nunca los sabrá; su padre nunca se lo ha contado, pero seguramente una de las principales razones fue su exceso de dedicación al trabajo. O puede que una de las causas de la separación fuesen los comportamientos conflictivos de Lidia, su hermanita mayor...

El divorcio provocó que se perdieran momentos mágicos. Compartir el helado de fresa los sábados era… El recuerdo hace que la boca se le haga agua. Rememorar ese sabor le
transmite tantas cosas… cercanía, familia, amor… Pero luego
todo se tornó oscuro. Se dejó de compartir helado de fresa y
todo perdió su sabor. Lo dulce se tornó en amargo, lo salado
en insípido.

La voz en *off* sigue centrada en el tema del agua. Que si
es consecuencia del mal hacer del ser humano durante un
siglo, la contaminación, que si ya está provocando guerras…

Le costó perdonar a sus padres. Su padre era lo que se
denomina un «padre periférico». No tomaba decisiones sobre nada que atañera a sus hijas. Bueno, Alicia ahora sabe
que más bien no le dejaban decidir, porque su madre es de
esas personas que utilizan la estrategia del «hecho consumado». Ya se sabe, te lo digo una vez hecho. Pero él se dejó llevar
por esa corriente más cómoda, de menor conflicto. Eso parece que le permitía volcarse más en el trabajo, «o quizá era al
revés; ese fuera un refugio», piensa Alicia mientras nota la
suavidad de la frenada de su vehículo antes de que gire a la
derecha.

—Papá, ¿por qué estás todo el día trabajando? —recuerda
que le preguntó una vez.

—Porque tengo mucho trabajo, hija. Muchas responsabilidades —respondió él.

—Pero ¿tú a qué te dedicas?

—A los recursos humanos.

—Suena aburrido, papá.

—No lo es. Yo represento la mirada de muchas personas.
Si esas miradas preguntan, yo respondo; incluso mi mirada
se convierte en ellas.

—Estás como un cencerro, papi.

Su padre evitaba hablar de trabajo, puede que porque el
poco tiempo que pasaba con sus hijas quería desconectar, y

por eso siempre que se le hacía una pregunta relacionada con su trabajo respondía de esa manera tan rara. Alicia se reía. Le gustaban esas cosas de él. Pero era muy poco el tiempo que disfrutaban juntos.

Su hermana Lidia y ella dejaron de ir los fines de semana a casa de su padre porque la mitad del tiempo lo pasaba delante de la pantalla del ordenador respondiendo correos o haciendo informes, o las cosas que él hiciera. Pero él nunca dejó de preocuparse por sus hijas, sobre todo por la pequeña, porque Alicia siempre parecía más vulnerable.

—No hagas el tonto, hija —le dijo su padre cuando se enteró de que quería dejar de estudiar—. Sin estudios vas a tener más complicado llegar a ser lo que te apetezca.

—¿Estudiar? ¿Para acabar como tú?

El vehículo de Alicia avanza a un ritmo constante por la ciudad. Hay un tráfico ordenado. El sonido de las noticias se centra ahora en el discurso de toma de posesión que había pronunciado el día anterior la nueva presidenta del Gobierno. Decía algo sobre las cosas importantes de la vida…

Alicia recuerda la cara que se le quedó a su padre con su respuesta en forma de preguntas llenas de reproches. Vio tristeza en su mirada, dolor, como si le hubieran atravesado el corazón con una aguja. De aquello hacía tiempo, pero Alicia cree que provocó algo en el interior de su cabeza. Tardó un tiempo, pero sus llamadas se tornaron más recurrentes, sus encuentros más intensos, con conversaciones, con risas. Desaparecieron esos silencios de ceño fruncido. Y ahora, hoy, se retira del terreno de juego, como viene repitiendo últimamente. Lo mejor de todo es que sonríe cuando lo dice.

El dedo de Alicia se desplaza hacia la izquierda del panel buscando una voz conocida. Es la hora. La voz de su hermana invade el espacio del vehículo, como si fuera sentada a su lado, como si las dos hablaran a solas en una conversación entre hermanas que apenas se hablan pero que se han reencontrado en ese momento. La sigue a diario. Esté de acuerdo o no con algunas cosas de las que dice, su hermana argumenta muy bien.

«Cuando Madrid era lo que era estuvo lleno de imágenes que mostraban aceras que olían a tristeza. Esquinas con olor a desconfianza. Cruces que hedían a mentira. Árboles sin aromas a verde, sino a dolor. Portales que olfateaban el miedo y la soledad».

El tema del que habla hoy su hermana no le apetece nada a Alicia. Aquellos años fueron los peores de su vida y no por las pandemias, las conspiraciones, las mentiras, ni por el enriquecimiento de algunos, sino por algo que a ella le supuso un punto de inflexión en su vida: el divorcio de sus padres, la ruptura de su mundo.

«...Y la ciudad se llenó de rupturas, de vidas partidas en dos...»

El vehículo se detiene con suavidad y la voz de Lidia se corta cuando se apaga el sistema de propulsión. Es posible que hoy empiece a retornar aquel sabor de los helados de fresa. «Me gustaría», se dice Alicia mientras baja del vehículo. Se queda quieta frente a la puerta de la casa de su padre. Llega antes de tiempo. Sabe que su hermana llegará tarde.

* * *

Marley, que retornó a Green tras unos años embarcado en otros proyectos, está en su laboratorio de trabajo, en la primera planta del edificio que la empresa tiene en el norte de Madrid. Green ya no es una empresa mediana, sino que se ha convertido en un grupo empresarial con sede en varios países.

En el panel vertical se muestra lo que Marley va trabajando en la gran mesa interactiva. Apenas roza la superficie, mueve una mano, con seguridad, luego la otra, las dos a la vez; después los dedos, que parecen flotar, acarician el aire. Cualquiera que lo viera pensaría que está dirigiendo una orquesta. Ya no hay orquestas.

Los dedos se han convertido en la mejor herramienta del ser humano. Con ellos se controla todo. Un solo movimiento en el aire y la tonalidad de la ventana del vehículo varía. Se gradúa el volumen, se abren puertas, se encienden o apagan luces, la climatización, se realizan pedidos, se comparten documentos... Miguel Ángel ya lo representó en la Capilla Sixtina: un dedo que toca otro y el poder otorgado por Dios es tuyo.

Marley ha llegado muy temprano esta mañana para terminar de montar el banco de imágenes que forman parte de un pasado compartido por Willy Olavide y Green Technology. Fotos y grabaciones que ha recopilado a lo largo de la semana y que, a medida que las juntaba, han traído a su mente situaciones, diálogos, espacios... Momentos vividos entre él y Willy. Momentos que Marley puede volver a sentir, palpar, que lo envuelven como si quisieran retenerlo.

Una amistad tangible entre dos personas muy diferentes. Una amistad que los unió hace trece o catorce años. Uno técnico, orientado al diseño, de realidad virtual; el otro humanista, orientado a la persona, de lo real.

En la cabeza de Marley se mezclan conversaciones mantenidas a lo largo de estos años con Willy. Conversaciones entre dos, conversaciones delante de un mantel de tela, de tacto algo rugoso al principio y que se tornó suave con el paso del tiempo. Palabras que acariciaban sus oídos en cada encuentro, sobre todo los de aquellos jueves que podían permitirse comer juntos. Uno de los primeros:

–Un robot o un algoritmo nunca debería sustituir una conversación entre dos personas –dijo el hombre de nariz aguileña sentado frente a Marley en el restaurante al que acostumbraban a ir–. Si esto llegara a ocurrir –continuó tras dar un trago largo de agua– es que nos habremos deshumanizado.

–La batalla la tienes perdida, Willy –respondió Marley.

Suena el aviso del sistema de comunicación injertado bajo su piel en la cara interna del antebrazo. Marley es de los que se han atrevido y le gusta sentirse conectado de esa manera con todos sus dispositivos. Si se pasa el dedo por la zona del injerto, apenas se nota. De forma automática aparece en el centro de la sala la imagen de la futura directora de personas de Green Technology flotando sobre la mesa interactiva. «Lo tengo casi a punto, Laura», dice Marley. «Llego en cinco minutos», dice ella.

Casi ha terminado el montaje. Hay imágenes antiguas, mensajes de compañeros de un sinfín de lugares, hologramas y música. Música de la que le gusta a Willy. Música antigua. «Ordenar esto no es tarea fácil», piensa Marley, pero sabe hacerlo. Empieza, como si repartiera cartas en los viejos juegos de naipes, a ubicar cada cosa en el espacio correspondiente. Es un regalo de despedida, un recuerdo, y por tanto debe seguir un orden.

Todo esto porque hoy es el día en que su amigo deja de jugar. Se aparta del tablero de juego, como le gusta decir a Guillermo Olavide, más conocido por su nombre abreviado, Willy, porque la humanidad tiene prisa y por eso tiende a acortarlo todo, incluso el nombre de uno. Es su mejor amigo, su confidente y su mentor. La palabra mentor le hace recordar a otra persona importante en su vida, pero de eso hace más años: Diego Escalante...

Cuántas conversaciones habían mantenido él y Willy desde aquel 2020. Cuántas veces habían discutido por sus diferencias de criterio, aunque no diferencias insalvables. En el mismo restaurante, frente a un plato de sopa, o de carne, a veces de pescado o crema. Un lugar para comer rápido. Una mesa llena de cubiertos que se notaban desgastados, pero limpios, de platos de loza vieja, de esa que da grima al cortar el alimento con el cuchillo, el vino en jarra de barro. Pero la comida era generosa, y no dejó de serla cuando los cubiertos y los platos se transformaron en utensilios de diseño y colores vivos.

La última conversación de plato y cuchara la habían mantenido la semana anterior. La conversación de despedida. Repasaron su vida desde que se conocieron. Hablaron de cosas de las que pocas veces habían hablado antes. Se preguntaron y se respondieron sobre sentidos y sentimientos. Hablaron de la pandemia que afectó al mundo durante los primeros años de la década pasada, y se hicieron la pregunta que se convirtió en habitual cuando sus efectos desaparecieron:

—¿Cuándo te diste cuenta de que todo había pasado? —preguntó Willy mientras posaba su mirada en los ojos de su amigo.

—Paseaba por mi barrio cuando vi a una mujer —dijo Marley— que mientras regaba las macetas saludaba a los vecinos que pasaban por la puerta de su casa. Seguro que hasta ese momento aquello lo había hecho a hurtadillas, ocultándose de las voces familiares, de las distancias cortas. Cuando, mientras continuaba con mi paseo, vi a un grupo de abuelos en la terraza de un bar, sentados en torno a una mesa. Jugaban al dominó y parecían encantados de volver a sentir el tacto de las fichas blancas y negras.

Después de aquella pregunta, junto con la segunda copa de vino, Marley se sinceró con su amigo sobre cómo se sintió, porque aquellos meses se hicieron muy largos para el mundo y el estado de ánimo sufrió sus altibajos. El efecto hoja de sierra, lo llaman.

Le habló a Willy sobre las sensaciones —su cerebro es visual—, del sueño que se repitió muchas noches de la década de los veinte.

−Me veía como un niño a los pies de un acantilado. Temblaba al notar que, a mi espalda, las olas golpeaban las rocas en las que yo me encontraba. Me daba cuenta entonces de que iba a morir. Miles de gaviotas volaban sobre mi cabeza y ascendían junto a la pared de piedra. De repente yo era una de esas aves; notaba el frío de las gotas sobre mis plumas y volaba hacia arriba, hasta llegar a una inmensa llanura verde en la que, por fin, me sentía de nuevo seguro en tierra firme. Entonces la tierra empezaba a temblar y se resquebrajaba bajo mis patas de gaviota. Intentaba volar, pero mis alas se transformaban en brazos y por más que los agitaba solo rozaba las rocas que se desmoronaban. Y mis uñas desaparecían entre goterones de sangre. Y entonces las gaviotas, que hasta hacía un rato eran mis congéneres, se convertían en otro enemigo más que me atacaba sin piedad.

Marley no había compartido con nadie ese sueño, hasta aquel día. Ya pasó, no se repitió. No sabe por qué se lo contó a Willy. Y tras una pausa, Marley contratacó con la misma pregunta que le había hecho Willy.

−¿Y tú cómo te diste cuenta de que todo había acabado?

−Por muchas cosas −respondió Willy−, pero la que más me impactó fue al ver a una pareja besándose en el centro de la acera, sin ningún pudor ante la posibilidad de las miradas acusadoras y llenas de desconfianza que habían sido habituales durante tanto tiempo. Nos habíamos visto privados de aquello... Las personas necesitamos tocarnos y ser tocadas, desde que nacemos hasta que morimos.

Marley termina de montar el *book* digital. «El mundo entero tardó más de lo que se había imaginado en ver el final −piensa mientras desconecta con un movimiento del brazo la mesa y los diferentes paneles− pero llegó. Llegó aquel momento. Y lo hizo sin avisar, de un día para otro».

−¿Sabes, Marley? −dijo Willy a los postres−. Yo sigo teniendo una pesadilla recurrente. Me veo en un sótano oscuro. Siento miedo, pero no por mí, sino por mis hijas, porque no están conmigo; en realidad no sé dónde están. Entonces decido salir y cuando lo hago me encuentro ante un escenario desolador, lleno de edificios derruidos por las bombas. Oigo que alguien dice que la guerra ha terminado, pero no hay nadie por la calle llena de cascotes. Al rato empieza a salir gente de todos los agujeros, pero no reconozco a nadie. Comienzan a abrazarse, a besarse. Gente que ha permanecido en sus escondites durante el tiempo que ha durado la guerra. A mí nadie se me acerca; no reconozco a mis hijas en ninguna de aquellas personas.

Ya está todo listo para cuando llegue Guillermo. Se había comprometido a dejar de llamarle Willy.

—No quiero más recortes —le dijo Willy mientras pasaba su dispositivo por el lector para pagar la comida.

—Estás como una chota —le respondió Marley.

Marley se conecta con Laura y le traslada que ya está todo listo. «Va a ser una enorme sorpresa», dice la persona que va a sustituir a Willy.

—Podré dejar de fingir que me gusta lo que hago, Marley. Un día dejó de gustarme —soltó Willy antes de salir del restaurante—. Ejerceré de padre sin excusas de ocupaciones que no me llenan. Cumplo sesenta y siete años. Soy joven y tengo muchas cosas por hacer.

—¿Pues sabes una cosa, Willy? A partir de hoy no pienso ser yo quien te acorte ni el tiempo ni el espacio. Gracias Guillermo por compartir mesa y mantel durante estos años.

* * *

—¡Por fin! —le dice a Liebe mientras se desviste para darse una ducha.

Guillermo repasa el día, como si así quisiera cerrar el libro de la vida que había tenido hasta entonces. Muchos se han despedido, otros ni se han acercado para evitar que sus sonrisas de alivio por su marcha pudieran ser descubiertas. Muestras de afecto, la mayoría sinceras, algunas políticamente correctas.

Laura y sus lágrimas, su largo abrazo. Una gran profesional, pero sobre todo una gran persona, con grandes ideas. Su sucesora. Ya está preparada del todo. Quizá le quede un poco sobre cómo desenvolverse en los entornos políticos de la empresa, pero eso se aprende a base de tropezones.

—Alguien lo dijo, «la inteligencia se ha sobrevalorado». ¿Sabes por qué te seleccioné? —le ha dicho Guillermo a Laura—. Por supuesto que por tu inteligencia, pero sobre todo por tus valores. Tras estos años corroboro los resultados obtenidos en tu proceso de selección: tu compasión, tu ternura y tu honestidad.

Ahora le tocará a ella observar, medir competencias, inteligencias, escrutar gestos mostrados y ocultos, las palabras expresadas y las no dichas.

También estaba por allí el director general, con su nariz de toro, torcida, de psicópata. Este, de los políticamente correctos. Guillermo no ha podido evitar decirlo.

—¿Hemos conseguido ser empáticos en Recursos Humanos? —La pregunta no le ha gustado mucho al de la nariz de toro, pero Guillermo se la tenía guardada desde hacía años.

Su gran amigo Marley. Construir una amistad sobre la base de las conversaciones.

—Una pregunta que nunca te he hecho.

—Dispara, Guillermo.

—¿De verdad te gustaba la comida de ese sitio?

—No mucho, pero se compensaba con la compañía.

Cuando ya se estaba despidiendo, después del pequeño cóctel le han obligado a soltar un discurso. Al principio se ha hecho el remolón, pero finalmente ha accedido. Primero ha agradecido los años de aprendizaje y el hecho de haber podido compartir tantas experiencias, buenas y malas. Después se ha venido arriba y ha sentenciado, como dirían sus hijas, sin prepotencia, como argumentaría Laura, sin pelos en la lengua, como lo expresaría Marley: «El ser humano es vulnerable, pero tiene una capacidad de lucha y superación muy grande. Así se ha demostrado a lo largo de la historia. Sigamos sobreviviendo». Puede que me haya pasado, piensa ahora mientras termina de vestirse.

Pero todo esto ha ocurrido esta mañana Guillermo Olavide, hasta ahora conocido como Willy, está en estos momentos en el silencio de su casa. Tiene invitadas. Las mejores invitadas. Lo único que importa.

Se dio cuenta, quizá algo tarde, de que lo importante en su vida era todo aquello a lo que menos tiempo había dedicado.

—Para conversar hay que estar, papá —le había dicho Lidia en cierta ocasión.

—¿Estudiar? ¿Para acabar como tú? —le preguntó Alicia hacía tiempo.

Guillermo siente que, llamándose Willy, perdió años de vida. De disfrutar. Solo trabajo. «Qué gran error —se dice ahora—. Sacrifiqué mis mejores piezas sin darme cuenta, sin atender el tablero, y la vida se aprovechó y me hizo jaque mate en tres movimientos».

—Liebe…, enciende las luces y abre la puerta.

KOLIMA
BOOKS